Bernard Violet

YANNICK NOAH
Le guerrier pacifique

Fayard

ISBN : 978-2-213-63200-1

À Luka, mon bout'chou
de filleul chinois sans papiers...

Nous ne sommes ni des dieux, ni des pourris, juste des êtres humains.

YANNICK NOAH

Prologue

Pourquoi une biographie de Yannick Noah ? La question mérite d'être posée. La réponse est simple : comment ne pas s'intéresser à une icône qui figure en tête des hit-parades des personnalités préférées des Français ? Comment ne pas s'interroger sur la carrière multiforme d'un champion de tennis doublé d'un artiste de talent ? Comment ne pas être interpellé par lui qui est aussi un homme de cœur, d'engagement, de conviction ?

De Noah on sait beaucoup. Une naissance dans les Ardennes, puis une enfance au Cameroun, des rencontres indispensables, et cette victoire à Roland-Garros, en 1983, qui rendit la France amoureuse d'un tennisman transformé du jour au lendemain en héros national. La suite ? Un palmarès impressionnant – 473 victoires contre 208 défaites – et une promotion providentielle à la tête d'une équipe de France remportant à deux reprises le saladier d'argent de la Coupe Davis. Un âge d'or pour la petite balle jaune hexagonale, et un satisfecit pour ce champion hors norme, l'un des rares sportifs à avoir jamais réussi une reconversion musicale. Et quelle reconversion ! Après des débuts laborieux, ses albums dépassent désormais régulièrement le cap du million d'exemplaires vendus. Qu'on le veuille ou non, Noah est aujourd'hui une star incontournable de la variété française.

Du côté passion, il y a aussi ces associations caritatives dédiées à l'enfance défavorisée, pour lesquelles le Franco-Camerounais se démène avec une énergie peu banale. La même qu'il a toujours mise au service de l'éducation de ses cinq enfants. Une progéniture pas peu fière de feuilleter, au seuil de l'été 2008, la nouvelle édition du *Petit Larousse* dans lequel figure désormais leur illustre paternel.

Un destin exceptionnel tracé à force d'obstination et de talent, certes. Mais pas seulement. Fils d'un « Nègre qui a épousé une Blanche », comme il se définit, il est aussi devenu le premier symbole éclatant de cette France métissée qui a adulé par la suite les membres d'une équipe de France de football black-blanc-beur dont le plus célèbre joueur, Zinedine Zidane, reste encore aujourd'hui son seul véritable concurrent dans le cœur des Français. Tous « craquent » pour ce héros si sympa, si proche d'eux. Car, côté court ou côté scène, père de famille ou tapant la balle avec les gamins des banlieues, il y a plein de Yannick, et c'est toujours le même...

Si remarquable soit-elle, la trajectoire de ce personnage à qui tout semble réussir, homme au physique exceptionnel et au charisme éclatant, parfois poil à gratter de la société hexagonale, ne doit rien, toutefois, au hasard. Elle n'a même souvent qu'un assez lointain rapport avec l'histoire officielle que l'intéressé a diffusée à travers ses centaines d'entretiens accordés à la presse écrite ou audiovisuelle.

Que dire, en effet, d'un homme démangé par ses appétits, chez qui cohabitent le showman souriant et l'homme d'affaires avisé ? Que cachent ces activités insatiables qui le poussent à courir la planète ? Une volonté d'être *plus* ? D'exister pour mieux défendre des valeurs de tolérance, de paix, de partage et de solidarité ? Quels sont les ressorts secrets de cette énergie, de cette générosité, de cette incroyable capacité à rassembler, parfois même à faire chavirer les foules ?

Au biographe de tenter de démêler les arcanes de cette existence foisonnante et de débusquer les raisons profondes du « phénomène Noah », de ses provocations répétées, voire de ses pirouettes. Celles-ci ont parfois abouti au fiasco, à l'incompréhension, mais lui ont aussi valu du panache, et surtout cette affection que lui vouent année après année des millions d'admirateurs. Parmi eux, ceux qui font partie de la « France d'en bas » et dont il aspire à être le porte-voix. Ceux, aussi, pour lesquels il se transforme, au choix, en pote, en père ou en grand frère idéal.

Tout naturellement, j'ai sollicité la collaboration du héros de cet ouvrage. Contrairement à d'autres de ses illustres prédécesseurs, il ne se sera guère fait prier pour me faire connaître rapidement son accord de principe pour une rencontre. Depuis son « exil » new-yorkais – où il suit de près la scolarité 2008-2009 de ses petits derniers –, il m'informe dans la foulée qu'il se tiendra à ma disposition à une date précise, à la faveur d'un de ses rares séjours dans l'Hexagone.

Parole donnée, parole tenue pour le champion du box-office qui me reçoit à l'heure et au jour dits, en octobre 2008, dans les locaux de la proche banlieue parisienne où est installée Sportinvest Consulting, la société de son ami d'enfance Olivier Devismes, qui gère désormais ses affaires, efficacement secondé par Catherine Adet. Les présentations faites, le jeu des questions-réponses peut commencer. Il va se poursuivre durant plusieurs heures dans le cadre du bar *lounge,* zen et urbain, mis à notre disposition. Le ton est amical mais résolument professionnel. Le personnage public qu'est Yannick Noah a admis depuis longtemps qu'il lui est difficile d'échapper aux regards et aux questions. Sans tabou ni complexe, il va donc répondre à toutes mes interrogations. Étonnante sincérité de la part d'une star qui n'a pas forcément appris, au fil des ans, à contrôler son image. Mais l'homme est ainsi. Refusant l'hypocrisie, il me martèle d'emblée que rien ne vaut, à ses yeux, la franchise et la simplicité. Au lecteur de juger sur pièces à travers les copieux *verbatim* reproduits au fil de ces pages.

Pour réaliser cet ouvrage, j'ai également archivé quelques milliers de pages, visionné de nombreux documents audiovisuels, interviewé plusieurs dizaines de témoins privilégiés qui, à un titre ou à un autre, ont joué un rôle dans l'existence et/ou la prodigieuse carrière du sportif-chanteur. Je les ai rencontrés à Paris et aux quatre coins de l'Hexagone. La plupart d'entre eux, plus passionnés les uns que les autres, m'ont livré un témoignage spontané. D'autres m'ont indiqué les pistes à suivre pour mieux appréhender le phénomène Noah :

ses dons innés, ses audaces, son aisance à changer d'univers, à s'adapter à tous lieux et à tous interlocuteurs, telle une éponge, sans jamais toutefois renier ce qui fait son originalité. Tous font partie de l'univers de Yannick, guerrier candide et lucide, champion de témérité et de vérité.

On l'aura compris : mon but ici est de brosser le portrait d'un homme au-delà de sa légende, au-delà de la réputation et des déclarations qui, même si elles ne sauraient totalement mentir, n'ont pas toujours tout dit. Au fil d'une contre-enquête la plus méthodique et rigoureuse possible, je me suis attaché à démêler l'écheveau d'une carrière aux multiples facettes, commencée au début des années 1970 et promise à de longues années encore.

De sa vie personnelle je n'ai retenu que les confidences publiques des uns et des autres, et celles que l'intéressé a lui-même choisi de faire. Difficile de les occulter. L'adolescence sacrifiée du prodige de Yaoundé, sa vie d'adulte étonnamment remplie n'expliquent-elles pas en grande partie une vie sentimentale plutôt compliquée, et, au-delà, ses propres créations ? Yannick Noah est d'ailleurs le premier à l'admettre : « Je considère que la vie publique et la vie privée sont mêlées. »

Sans le tennis et la musique, sa trajectoire aurait-elle pu être différente ? Pas forcément. Notre héros a voulu un destin hors du commun, façonné à sa manière, et il l'a réussi de façon exceptionnelle : en rêvant sa vie.

1

Une enfance ardennaise

« Mes racines ? Elles sont dans l'imaginaire de l'autre et elles varient selon le lieu où je me trouve. Lorsque je réside en France, je suis perçu comme un Noir. Et je vis donc avec les vibrations d'un Noir. D'un Noir particulier, certes, lorsqu'on me reconnaît, mais aussi d'un Noir de base lorsque l'on ne me reconnaît pas. Lorsque je séjourne au Cameroun, je n'ai pas les vibrations d'un Blanc. Pas davantage celles d'un Camerounais. À ce moment-là, mes vibrations sont celles d'un métis. Au final, je préfère lorsque les gens me reconnaissent. C'est plus simple. Ils savent que je suis un peu les deux. D'où ce sentiment profond d'être de nulle part[1]. » C'est Yannick Noah qui parle. Avec lucidité. Par fierté aussi, au nom d'une enfance à travers laquelle il n'a cessé de puiser sa soif de revanche sociale, la maîtrise de sa double identité, sa quête de reconnaissance, d'amour et de légitimité.

1. Entretien avec Yannick Noah, par l'auteur, le 20 octobre 2008. Pour des raisons de confort de lecture, toutes les références des citations ont été regroupées à la fin du présent ouvrage.

En ce jour de printemps 1961, Sedan est en liesse. Son équipe de football, les Sangliers des Ardennes, vient de ravir la coupe de France à Nîmes. Au stade de Colombes, dans la banlieue parisienne, où s'est disputée la finale, l'entraîneur Louis Dugauguez et ses joueurs exultent. Parmi eux : Zacharie Noah, le père d'un bambin prénommé Yannick. Ce jour-là, lui aussi est de la fête. Sa mère, Marie-Claire, n'a pas fait le voyage pour la capitale, mais elle figure parmi la foule des supporters qui attend les vainqueurs sur le quai de la gare de la ville. Lorsque le train stoppe enfin, des hourras fusent de tous côtés. Ils sont plusieurs centaines à être venus accueillir leurs marcassins ! Dans une liesse indescriptible, les voilà justement qui brandissent le trophée à leur intention, sous une pluie de confettis.

Dans la foule, Marie-Claire Noah se fraie un chemin afin de rejoindre Zacharie. Ce dernier lève les bras et laisse éclater sa joie en apercevant sa jeune femme et son fils. Ni une ni deux : l'enfant est déposé sur la prestigieuse coupe de France. Son premier trône ! Autour de lui, les autres joueurs font cercle en riant. « Ce jour-là, Yannick est devenu en quelque sorte la mascotte des Sangliers », me conte Claude Brény, le brillant attaquant de l'équipe et ami des Noah.

Yannick, lui, a vu le jour un an plus tôt, le 18 mai 1960. Ce jour-là, il est 12 h 45 lorsqu'il pousse son premier cri dans l'une des salles d'accouchement de l'hôpital municipal. L'homme devenu star ne m'en voudra certainement pas de révéler qu'il ne fut pas franchement un joli poupon aux yeux d'un noir profond et aux traits fins. De son propre aveu, et après avoir feuilleté l'album de famille, « redoutable preuve à conviction », lui-même sera bien obligé de constater, encore une fois avec humour, qu'il était « hideux », et de se comparer, si besoin était, à une authentique « tronche de cake ». Heureusement, les mois passant, surgiront bientôt ses fameuses « dents du bonheur » qui lui permettront de tout faire avec un sourire irrésistible. Notamment auprès des filles, puis des femmes auprès desquelles sa réputation de séducteur impénitent n'est plus à faire.

Le choix d'un prénom n'est jamais une mince affaire. Il est souvent considéré comme un pari sur l'avenir. Il peut être aussi un hommage à un parent ou à un ami. Ce sera le cas avec celui que les parents Noah décident d'attribuer au nouveau-né : Yannick. Celui aussi du meilleur ami de Zacharie : Yannick Lebert, longtemps buteur numéro un du championnat de France amateur, avant d'être recruté par Sedan où il est vite devenu la coqueluche du stade Émile-Albeau. Séduisant, l'homme passe aussi pour un grand séducteur. « En réalité, il aurait suffi de peu pour que le bambin se prénomme Roger », m'apprend Lebert qui coule aujourd'hui des jours paisibles dans une petite commune champenoise. Et de m'expliquer comment, au moment de la naissance de Yannick, le duo s'était transformé en trio avec le recrutement par l'UAST de Roger Lemerre, futur sélectionneur des Bleus lors de leur succès à l'Euro 2000. Amitié aidant, ce sera bientôt à Lemerre et à Lebert de promettre d'attribuer l'un ou l'autre de leurs prénoms à la première naissance qui surviendrait. Ce sera ainsi le cas avec la naissance de l'aîné de Lemerre, bientôt baptisé Zacharie. « Seul *hic* lorsque mon épouse mettra au monde une charmante petite fille... », me rapporte encore Lebert. Avant de préciser avec humour :

« Comme il était difficile de l'appeler Roger, nous avons opté pour Marion... »

Pas question, toutefois, pour Lemerre et Noah, d'en tenir rigueur à leur séducteur de pote. D'autant moins lorsque celui-ci est *ipso facto* désigné comme le parrain du petit Yannick. Mais c'est sans compter sur l'implacable calendrier footballistique qui empêchera le buteur, pour cause de match à l'extérieur, de porter le nouveau-né sur les fonts baptismaux. Contrarié, Lebert n'a d'autre solution que de se faire remplacer au pied levé par un autre ami du trio, Bernard Rousseau, un industriel sedanais. Jouant décidément de malchance, le même Lebert n'aura que rarement l'occasion de faire sauter sur ses genoux la future star du tennis. Et pour cause : comme nous allons bientôt le voir, toute la famille Noah s'apprête à quitter les Ardennes pour l'Afrique. De son côté, son célèbre filleul n'a pas gardé de souvenirs précis de son parrain footballeur. Et lorsqu'ils auraient pu fêter leurs retrouvailles, l'affaire, encore une fois, pour Lebert, tournera court.

Ce jour de juin 2004, le chanteur à succès Noah se produit au Parc des expositions de Reims, non loin de la commune où réside Lebert. Celui-ci se fait une joie de s'y rendre en espérant pouvoir enfin embrasser son cher filleul. Mais sa visite n'a pas été annoncée et lorsque l'ancienne vedette des Sangliers ardennais fait mine de se diriger vers les coulisses, il lui est aimablement conseillé de faire demi-tour. Décidément, le mauvais sort s'acharne...

Retour à 1961 et à cette traditionnelle cérémonie de baptême dont le petit Yannick est le héros. Comme la coutume l'exige alors, ce sont deux autres prénoms que les parents Noah proposent, en ce jour béni, de lui accoler en bloc : Simon et Camille. Le premier est celui de son grand-père paternel, le second celui de sa grand-mère maternelle. Ses aïeux se sont-ils penchés sur les interminables supputations que les astrologues de tout poil échafauderont, le descendant devenu célèbre, d'après la configuration des planètes Mercure, Vénus et Mars (la « planète des sportifs ») qui veilleraient sur ce Taureau ascendant Cancer ? L'histoire ne le dit pas. Enfin, pas tout à fait, puisque le futur champion du monde, en de rares occasions, se prendra lui-même au jeu. Laissons-lui à ce propos la parole : « Timide : oui. Sensible : oui. Émotif : oui. Ça m'arrive de pleurer sur le court. » Avant de conclure que, de son point de vue, « les analyses astrales correspondent à la réalité dans une proportion de quatre-vingts pour cent... »

De Sedan, Yannick dit n'avoir gardé que des réminiscences diffuses : « J'ai plutôt en mémoire des photos délavées, comme celles où je pose aux côtés de mon père footballeur, ou de ces clichés de vacances d'été que nous passions à Aiglemont, le village où habitaient mes cousins. Avec eux, j'allais chercher des fraises des bois et je jouais dans des cabanes en forêt, au bord de la Meuse. » D'autres souvenirs fugaces de sa petite enfance, d'aucuns en ont aussi conservé par-devers eux. Ainsi de l'édile de Sedan, Claude Démoulin, contant comment il eut l'occasion, à maintes reprises, de saluer Marie-Claire Noah, alors enseignante, poussant le landau où gazouillait le futur champion de Roland-Garros. Ce même enfant du pays que le maire socialiste de la cité de Turenne tient à recevoir, en ce jour d'avril 1986, avec tous les honneurs. Difficile pour Yannick d'y échapper : il doit inaugurer le centre d'entraînement départemental de tennis qui portera désormais son célèbre patronyme. Le héros du jour se déclare bien entendu flatté, mais aussi un tantinet perplexe : « Il est vrai que, parfois, je me sens déboussolé lorsqu'il s'agit de savoir d'où en réalité je viens. Je ne sais pas au juste si j'ai davantage mes racines ici qu'en Afrique... »

Également présente à ses côtés, sa mère ne bronche pas aux propos sibyllins de Yannick. Sa sincérité n'est-elle pas l'une des principales causes de sa popularité ? Il est vrai aussi que sa préoccupation du moment est tout autre. Sourire avenant, l'Ardennaise tente de mettre un nom ou un prénom sur les visages qui ne lui sont pas étrangers. Plusieurs anciennes connaissances l'interpellent, et le nom prononcé la rassure aussitôt. « Ah oui, je me souviens très bien, nous étions voisins, à Sedan ! » Bien des années auparavant, elle aussi avait égrené devant son aîné ses propres souvenirs liés à son enfance et à son adolescence sedanaises. Narrant comment, depuis son plus jeune âge, son journaliste de père, Marcel Perrier, la traînait, chaque fin de semaine, et pour son plus grand bonheur, à toutes les manifestations sportives de la région.

Le personnage est de ceux auxquels on s'attache presque d'emblée. S'il voit le jour au début du XXe siècle dans l'Allier, d'une mère « enfant trouvée » et d'un père ébéniste, c'est dans les Ardennes que Marcel Perrier a passé l'essentiel de son enfance et de sa prime jeunesse. Aîné d'une fratrie de quatre enfants, il a quatorze ans lorsqu'il devient apprenti jardinier, avant de se retrouver charpentier à La Ciotat où la famille s'installe lorsque le monde va accoucher d'une guerre monstrueuse, la prétendue « der des ders », la Grande Guerre. C'est à ce moment-là que l'adolescent ambitionne de devenir instituteur. À force de volonté et de persévérance, l'autodidacte décroche le concours d'entrée à l'École normale. Après trois années de formation, son rêve est enfin réalisé lorsqu'il reçoit son affectation pour l'école primaire de Nouzonville, près de Charleville-Mézières. En janvier 1931, on le retrouve au même poste, cette fois-ci, à Sedan. Mais, bientôt, d'autres nuages sombres s'amoncellent sur l'Europe. Ils ont pour nom Seconde Guerre mondiale. Définitivement fidèle aux Ardennes, et sans attendre, Marcel Perrier s'engage dans les rangs d'un des régiments qui seront les plus exposés à la puissance allemande, le 147e RIF. La plupart de ses amis laisseront leur vie sur le champ de bataille ; Marcel, lui, en sera quitte pour une sérieuse blessure.

Démobilisé, le recteur de son académie lui confie un poste d'inspecteur, mais il lui est peu loisible d'y exercer ses qualités de pédagogue. L'un de ses anciens élèves me dit s'en souvenir comme d'un prof « à la forte corpulence et à l'inséparable chapeau, exigeant et à la voix qui portait ». Cette même voix qui va bientôt résonner au sein du collège Turenne de Sedan où Perrier enseignera jusqu'à la fin de sa carrière le dessin et la musique.

Parallèlement à ces occupations résolument artistiques, ce fin lettré prête sa plume à plusieurs journaux régionaux et nationaux dont il devient le correspondant. Au fil des ans, une bonne dizaine de magazines sportifs et autres quotidiens s'attacheront ses services. Parmi eux, *L'Ardennais, L'Union* et *L'Équipe.* Ses comptes rendus ? « À la fois précis et très agréables à lire, se rappelle

Claude Lambert, lui-même longtemps correspondant sportif dans la région. Pour la même rencontre, il se faisait un point d'honneur de rédiger cinq ou six moutures différentes que son épouse dictait aux secrétaires de rédaction à partir de l'unique téléphone installé dans les sous-sols du stade. » « Perrier n'avait pas la plume dans sa poche », complète de son côté Claude Dugauguez, frère cadet de « Monsieur Louis », l'ancien entraîneur du club ardennais aujourd'hui disparu. Et d'autant mieux, poursuit-il, qu'il avait été sportif lui-même : « Dans sa jeunesse, il avait pratiqué l'athlétisme et le football. Plus tard, il s'essaiera à la boxe, mais sans y exceller vraiment. Il n'était pas assez agressif. Je le charriais d'ailleurs parfois à ce sujet, mais lui me disait qu'il ne pourrait jamais changer sa nature. » « Il était souvent à l'affût de potins, se souvient de son côté l'ancien buteur Lebert. Moins par indiscrétion que pour mieux être en avance sur ses confrères journalistes à une époque où Sedan dominait le championnat. Cela étant, je ne l'ai jamais vu taper dans le ballon rond. Il aimait ça, simplement. »

Le mot juste et la métaphore inventive, il est vrai que, dans le « privé », Marcel Perrier est aussi, à ses heures perdues, l'auteur de nombreux poèmes qu'il fait imprimer avec ses propres deniers. Au total, une vingtaine de recueils composés de sonnets et autres pièces à forme fixe et à l'inspiration variée : souvenirs d'amours adolescentes, la nature ardennaise dont il aime la beauté, sans pour autant oublier les drames de la guerre, cette mort omniprésente qui l'a frôlé à plusieurs reprises dans sa région d'adoption : « *Peut-on les oublier / Tous ces morts innocents dont la famille pleure ?* » Mais la vie reprend tôt le dessus, et le voilà qui évoque à nouveau avec sensibilité et réalisme l'amitié, l'éphémère bonheur des amours – « *Hormis celui de père et mère !* » –, ou encore celui de s'abandonner à un rire d'enfant. À commencer par celui de son petit Yannick qui, une fois adulte, fera de ses recueils ses livres de chevet.

À ce moment-là, en 1994, son « pépère Marcel », comme il le surnommait dans un de ses carnets intimes rédigé dans sa septième année, a disparu. Une fin de vie que Yannick, alors capitaine de l'équipe de France de Coupe Davis, a tenu à accompagner : « Après le décès de sa seconde épouse, je me souviens qu'il a longtemps vécu seul. Ses enfants et petits-enfants étaient loin de lui. Lorsque son état physique commença à sérieusement décliner, j'ai toutefois tenu à lui rendre visite à plusieurs reprises. En me rendant à son chevet, j'avais le cœur triste, mais j'en repartais aussi plutôt rasséréné. Intellectuellement, il a toujours été là. Mieux : jusqu'à la fin, il garda son sens de l'humour. À chaque fois, il nous répétait, à maman et moi : "Ne vous inquiétez pas, je suis prêt". De fait, il avait tout organisé : le lieu de ses funérailles, la liste des personnes dont il souhaitait la présence... Ce fut une consolation. Mais il me manque encore. »

Au moment de sa rencontre avec Zacharie, Marie-Claire Perrier, née d'un premier mariage, vient d'entamer, elle aussi, une carrière d'enseignante. Elle est alors rattachée au collège sedanais Élisabeth-de-Nassau. Après plusieurs mois d'idylle, Zacharie et Marie-Claire décident de convoler en justes noces. En 1959, l'union est célébrée dans la petite commune de Pouilly-sur-Meuse, à une trentaine de kilomètres de Sedan, presque « en cachette », comme le révélera plus tard Yannick. Avant d'expliquer comment, en ces années-là, les mariages mixtes sont encore en butte à de forts préjugés.

De celui qui est devenu depuis peu son époux, Marie-Claire connaît par cœur le parcours. Celui-ci débute à Yaoundé, au Cameroun, où Zacharie a vu le jour en février 1937. Puis ce sera la France où le garçon est expédié afin d'y suivre ses humanités. Là, il est reçu dans une famille d'accueil. Mais, au fil des ans, c'est sa passion du football qui l'emportera sur les études classiques. Le Camerounais a dix-neuf ans lorsqu'il est enrôlé comme défenseur dans l'équipe de Saint-Germain, qui n'est pas encore le PSG, avant de décrocher, à l'automne 1957, un poste de titulaire à l'Union athlétique de Sedan-Torcy (UAST), autrement dit chez les Sangliers ardennais. « On surnommait ainsi les joueurs pour leur abnégation », me précise Claude Lambert, fervent archiviste du club. Et de l'abnégation, il leur en faut, aux Verts et Rouges, promus professionnels quelques années auparavant, mais sans en recevoir les émoluments ! C'est encore l'époque de ce qu'il est convenu d'appeler les « footballeurs ouvriers ». Parallèlement à leur passion, et par la force des choses, tous les joueurs exercent une activité salariée. La plupart d'entre eux ont trouvé refuge aux Draperies sedanaises, l'une des principales usines de la ville. Depuis plusieurs siècles, le textile constitue le premier patrimoine industriel local. C'est le cas pour Zacharie qui pointe comme employé de bureau au service « fabrication » de l'entreprise. Un étage en dessous, son pote Lebert, lui, a en charge celui des achats. Selon ce dernier, si les journées de travail sont interminables pour les autres personnels – plus de cinq cents ouvriers –, elles sont moins contraignantes pour la vingtaine de joueurs du club employés aux Draperies et qui bénéficient d'horaires allégés. En accord avec les frères Maurice et Lucien Laurant, patrons de l'usine, mais aussi et surtout directeur sportif et président de l'UAST...

Autant dire que rien de la vie de leur « ouvriers-footballeurs » n'échappe aux Laurant. À commencer par leurs débuts et leurs fins de journée que les « vedettes » des Draperies doivent impérativement consacrer à l'entraînement ; les mercredis et les dimanches, eux, sont réservés aux rencontres à domicile ou à l'extérieur. Sur le terrain – paradoxe, pour des spécialistes du textile ! –, les protégés des frères Laurant ne font pas spécialement dans la dentelle... Leur équipe pratique un football « vif, rugueux, très physique », se rappelle Claude Brény, l'ancien buteur sedanais. Avant d'ajouter : « Nous avions la culture de la gagne. » Mais, heureusement, arrivent aussi les après-matchs, qui, eux, se déroulent au café des Socquettes, place Turenne, où les « marcassins » ont l'habitude de se retrouver dans une ambiance bien souvent des plus joyeuses. Son propriétaire, il est vrai, n'est autre qu'Alex Rozak, le gardien de but du glorieux club. Dans ces conditions, c'est peu dire que la chronique du ballon rond va bercer les premières années de Yannick.

Jusqu'à la naissance de la future star, Zacharie et Marie-Claire occupent un appartement rue de Mulhouse, à proximité de l'hôtel de la Croix-Blanche, dont la propriétaire n'est autre que Camille, première épouse de Marcel Perrier. Mais celui-ci apparaît vite trop étroit, et voilà le couple qui s'intalle bientôt dans un logement plus vaste d'une HLM, la tour de la Sorille, de construction récente. Malgré son éloignement du centre-ville, ou peut-être grâce à lui, ses habitants semblent bénéficier d'une grande quiétude, pour ne pas dire d'une certaine douceur de vivre. Pour nourrir la maisonnée, Marie-Claire prend l'habitude de se rendre Chez Fantino, le seul magasin d'alimentation générale du coin, où elle est accueillie par l'accent italien chantant de ses propriétaires. C'est dans le même quartier, non loin de la passerelle Saint-Vincent, et au milieu d'espaces verts, que son bambin va faire ses premiers pas. Alors âgée d'une dizaine d'années, Nicole Discrit, dont les parents sont les voisins des Noah, se souvient comment, parfois, ces derniers lui confiaient la poussette du petit Yannick, alors âgé d'un an et demi. « C'était un enfant très souriant, très vif, très éveillé. Je me rappelle plus particulièrement ses grands yeux noirs, ses lèvres pulpeuses et ses fameuses dents du bonheur. Il babillait beaucoup et était très curieux. Pour moi, c'était un enfant né sous une bonne étoile. »

La Sedanaise n'a gardé qu'un vague souvenir, en revanche, des deux autres membres de la fratrie Noah : Nathalie, qui voit le jour en juin 1962, suivie, deux ans plus tard, de la seconde sœur de Yannick, Isabelle – toutes deux rebaptisées affectueusement Natal et Zaza. Et, puisqu'on est dans les surnoms, au biographe de préciser que, vingt ans plus tard, la première épousera Pépino, *alias* le tennisman Patrick Proisy, alors devenu directeur de marketing pour la France de IMG-McCormack, société américaine gérant la carrière des sportifs professionnels ; tandis que la seconde fera ses débuts de comédienne dans plusieurs longs métrages (*Frantic*, de Roman Polanski, et *L.627*, de Bertrand Tavernier) et de téléfilms français (*Navarro, Juliette en toutes lettres, La Grande Fille*), avant de se fâcher définitivement avec son illustre frère au moment du divorce de celui-ci d'avec le mannequin britannique Heather Stewart-Whyte. Ce qui n'empêche pas leur mère de garder par-devers elle une image attendrie et poétique de sa progéniture : « Yannick serait l'âtre, Zaza la flamme, Natal la chaleur de notre foyer. »

Nous n'en sommes pas là lorsque, à l'automne 1962, arrive ce jour tant attendu où Yannick découvre l'école. La maternelle de Blanpain, qu'il fréquente, est située à quelques minutes de marche du quartier de la Sorille. Construit au cours des années qui ont suivi la fin de la Seconde Guerre mondiale, l'établissement possède deux cours distinctes avec vue sur la Meuse ; la première est réservée aux primaires, la seconde aux bouts de chou qui viennent à peine de quitter leur barboteuse. Parmi les condisciples du très jeune Yannick, la propre sœur de Nicole Discrit, alors âgée de trois ans. Une gamine à la langue bien pendue, me confie cet ancien cadre d'une société de communication à vocation culturelle, depuis Sète où la Sedanaise s'est aujourd'hui installée. Ainsi de ce jour où sa cadette s'approche de Zacharie, qui est alors en train de lessiver le véhicule familial d'un rouge éclatant. C'est d'abord une première question posée à l'époux de Marie-Claire : « Tu nettoies ta voiture ? » Après un bref silence, l'Africain lui sourit avant de lui répondre gentiment par l'évidence. Mais, déjà, la gamine de l'interpeller à nouveau : « Et toi, pourquoi tu te laves pas ? » D'abord interloqué, Zacharie ne peut s'empêcher d'éclater d'un rire tonitruant. « Il riait tellement qu'il est venu aussitôt nous rapporter ce savoureux dialogue à la maison, me conte Nicole Discrit. Il faut dire aussi que mon père était un fervent supporter des Sangliers. »

Ces mêmes Sangliers auxquels Zac est malheureusement contraint de faire ses adieux. En cette année 1963, et alors que son équipe vient de s'incliner en quart de finale de la coupe de France face à Lyon, le robuste défenseur est confronté à un sérieux problème physique : une hanche douloureuse. Le diagnostic médical est formel : c'en est fini des compétitions. Contraint de renoncer à son sport favori, « Zacharie-le-courageux », comme on le surnomma après une première et grave blessure survenue en 1958, se fait une raison. Il est alors âgé de vingt-six ans. Les salaires pratiqués à Sedan et le système de protection sociale alors en vigueur ne lui laissent guère le choix.

Pour lui et sa famille, ce sera le Cameroun.

2

Simon Papa Tara et Maman N'Gon

À Yaoundé, au cours de cet été 1963, Yannick découvre le brûlant soleil d'Afrique. En un premier temps, la famille s'installe dans une maison du camp Sic, de ce qui est aujourd'hui devenu l'ancien centre-ville. « C'était une cité où toutes les maisons étaient accolées les unes aux autres », me décrit la star Noah qui, en revanche, n'a pas gardé en mémoire que ce quartier accueillait aussi des cabanes en bois ou en tôle. Là, la famille séjournera trois ans avant d'emménager dans une « case » d'Étoudi, dans le nord de la capitale. Le choix de ce quartier ne doit rien au hasard. Il tire son nom de la tribu qu'il abrite depuis plusieurs générations et dont le fondateur n'est autre que l'arrière-grand-père de Yannick, Noah Tsogo. Autour de l'aïeul, un vaste clan composé pour l'essentiel de ses épouses – une soixantaine – et de sa flopée d'enfants. Tous parlent l'ewondo, l'une des soixante-douze langues du Cameroun. Yannick lui-même s'initiera dès son arrivée à ce langage plutôt complexe qui s'articule sur trois tons de base (bas, moyen, haut) et deux tons combinés (haut-bas et bas-haut). Son alphabet, lui, est calqué sur le latin, mais pas uniquement puisqu'il compte en tout trente-quatre lettres ou groupes de lettres. Quant au vocabulaire, on y relève de nombreux emprunts à l'anglais. Ces derniers s'expliquent par l'histoire de cette contrée d'Afrique occidentale qui, jusqu'à la proclamation de son indépendance en 1960, fut occupée par des colons allemands, puis britanniques et français. Lorsque la famille Noah y débarque, le pays est dirigé par Ahmadou Ahidjo, un autodidacte qui restera au pouvoir jusqu'en 1982, année au cours de laquelle il cédera sa place à Paul Biya, toujours en poste aujourd'hui.

À Étoudi vit une grande figure familiale qui marquera à tout jamais la future star : son grand-père, prénommé Noah Simon Bikié, patriarche et propriétaire de plusieurs maisons. Du haut de ses quatre-vingt-cinq ans, Noah Bikié – ce qui signifie « Noah de fer » – est un personnage attachant et haut en couleur, certes quelque peu porté sur la bouteille, mais sans jamais être saoul, précise aussi Yannick qui, une fois devenu chanteur, lui dédiera l'une de ses plus belles chansons, *Simon Papa Tara*. Lors de la sortie de l'album sur lequel figure ce titre phare, son héros est alors décédé depuis une quinzaine d'années. En 1985, Noah Bikié aura été victime d'une balle perdue au cours d'un putsch raté au Cameroun. Pour Yannick, ce fut une perte incommensurable, à peine atténuée par sa croyance aux signes : « Par descendance, je suis la réincarnation de mon grand-père, chef de notre village. Quand j'avais huit ans, il me disait toujours : "Tu sais comment tu t'appelles. Tu sais que moi, je ne mourrai jamais, je serai toujours là." Je disais oui. Quand il est mort, mon père me disait qu'il le voyait, le soir, la nuit, qu'il discutait avec lui, qu'il lui prodiguait des conseils. »

Autre personnage incontournable dans la vie du jeune Noah : sa grand-mère Elisabeth Mekongo, *alias* Maman N'Gon. Entre ces deux-là, ce fut dès le départ une grande histoire d'amour, Maman N'Gon n'ayant jamais considéré son petit-fils autrement que comme son « Que-gué-gué », autrement dit son « petit chéri ». En Afrique, contrairement à ce que l'on constate aujourd'hui dans notre Occident aux familles atomisées, les grands-parents ne sont pas mis à l'écart, mais consacrent beaucoup de leur temps à leurs petits-enfants. À eux de leur transmettre leur savoir, leur expérience, et surtout leur amour. Pour le plus grand bonheur de Marie-Claire, particulièrement attachée, elle aussi, à la vieille femme dont elle apprécie rapidement le courage, la douceur et la sagesse. « Nous n'avions pas la même couleur, nous n'avions pas la même langue, mais, le soir, tu prenais ma main et m'emmenais contempler le coucher du soleil devant ta case... Ma ding Wa, Maman », écrira-t-elle ainsi, à son propos, dans un ouvrage poétique paru en 2000.

La maison qu'occupe la famille Noah à Étoudi n'a rien de luxueux. Bientôt baptisée La Marfée, du nom de la forêt sedanaise où Zacharie le footballeur s'entraînait avec son équipe, l'endroit ne possède ni l'eau courante, ni l'électricité. Pour s'éclairer, on utilise des lampes à pétrole. Pour l'eau, Zacharie doit se rendre à Yaoundé deux à trois fois par semaine afin d'y remplir de volumineuses dames-jeannes pouvant contenir plusieurs dizaines de litres du précieux liquide qu'il déverse ensuite dans des fûts déposés sur un échafaudage de fortune. Tout autour du quartier familial où les cases sont disséminées de manière anarchique, une végétation luxuriante. Et pour cause, détaillera plus tard Yannick à l'un de ses amis, maître de conférences à l'université de Paris-VIII : « On n'est pas dans la ville, on vit en dehors, on habite en brousse. Et vivre en brousse, au moment de la saison des pluies, c'est la pluie, et comme notre maison est en tôle, on entend un vrai concert de percussions ! Quand on est enfant, c'est merveilleux. On est sous les draps et on se sent protégé... Le tam-tam des gouttes nous berce... Aujourd'hui encore, lorsque je vais au Cameroun, je dors plus facilement quand il pleut et que le boucan est incroyable ! »

À proximité de la maison familiale, une école où Marie-Claire occupe un poste d'institutrice. Là, pour un maigre salaire, elle enseigne pêle-mêle le français, l'anglais, la géographie et l'histoire. Le soir, après les cours, et afin d'assurer le quotidien, elle devient aussi démarcheuse pour Larousse dont elle essaie, non sans peine, de placer les volumineuses encyclopédies. C'est à ce moment-là que son époux « Zac », comme elle le surnomme affectueusement, est de retour à la maison après avoir assuré ses nombreuses heures à la capitale dans l'un des établissements bancaires qui l'emploie. Quelques années plus tard, le même préférera revêtir le costume d'agent commercial chez le concessionnaire local des automobiles Renault. S'il possède son propre véhicule, Zacharie est d'abord un fan de motos, plus belles les unes que les autres, et pour le grand plaisir de son aîné qu'il entraîne souvent avec lui à travers la campagne camerounaise : « C'est certainement mon père qui m'a transmis cette passion que j'ai pour la vitesse. Il a toujours possédé de superbes motos sur lesquelles il roulait très vite. J'adorais ces balades. »

Pour l'heure, les trois enfants Noah reçoivent une éducation aux principes simples et stricts, basés sur le respect des traditions et la tolérance. « J'ai été élevé par mes parents avec certaines convictions, se souvient Zacharie. J'ai une identité que j'ai gardée et que j'ai voulu transmettre à mes enfants ainsi qu'aux jeunes que je côtoie. Ils doivent savoir d'où ils viennent. Ce qui permet de mieux gérer sa vie, selon ses moyens. Je fais en sorte qu'on ne vive pas de rêves. On peut vivre de son petit travail à condition de le faire honnêtement, et on est alors heureux. »

Heureux, honnêtes, les parents Noah répugnent plutôt aux démonstrations affectives. Fils respectueux, Yannick se montre pudique lorsqu'il s'agit de les évoquer : « Rares sont les fois où mon père s'est assis avec moi pour discuter. » Avant de confesser, avec une émotion teintée d'amertume, comment il ne fut jamais le destinataire de gestes tendres : « Je crois que je porte une blessure profonde, depuis ma petite enfance. Je n'ai jamais douté de l'amour de mes parents. Mais leur manière de l'exprimer, compte tenu de leur caractère et de leur éducation, était par trop pudique. On ne s'embrassait pas, on ne se touchait pas, on ne se disait pas qu'on s'aimait. J'en ai conclu, de manière erronée, qu'il fallait que je prouve quelque chose pour être aimé, que je réalise de grands exploits pour mériter leur amour. » Mais, aujourd'hui, l'ancien champion devenu chanteur s'interroge encore sur cette apparente froideur de ses parents : « Je pense qu'elle s'explique par l'éducation qu'ils avaient reçue et par les relations qu'ils entretenaient eux-mêmes avec leurs propres parents. »

Heureusement, voici les vacances estivales. Lorsque les finances le permettent, toute la famille s'embarque pour la France. Ainsi en cette année 1968 où Yannick découvre la Côte d'Azur. Un rêve pour le garçon qui, du haut de ses huit ans, constate que les gosses blancs y sont quand même plus nombreux que les petits Africains... « Deux mois avant de partir, mes valises étaient prêtes. J'étais tellement content d'aller en France. Il y avait des Blancs partout ! »

De retour au Cameroun, et pour ses autres moments de détente, les Noah n'ont que l'embarras du choix. Ainsi de ces brèves excursions dans la réserve de Waza qui deviendra bientôt l'un des hauts lieux touristiques du pays. Ou de ces vacances scolaires qu'ils prennent l'habitude de passer à Kribi, petit village de bord de mer. Des déplacements qui prennent chaque fois l'allure d'expéditions lorsque la petite troupe s'engouffre à bord de la Fiat 500 familiale. Dix à douze heures sont en effet nécessaires pour rejoindre l'océan. Et ce, dans le meilleur des cas. « Quand nous tombions en panne, il fallait parfois attendre des heures avant qu'une autre bagnole arrive pour nous pousser, ou que quelqu'un nous aide à réparer », se rappelle avec amusement Yannick. Mais, une fois sur place, c'est le bonheur de se retrouver tous ensemble. La joie aussi, pour « Titi », comme préfèrent le surnommer affectueusement ses parents, de retrouver la rivière qui se jette dans la mer en enjambant la plage, ces mêmes longs bancs de sable où il reviendra souvent, une fois devenu célèbre. Combien de fois il aimera alors les parcourir à cheval, des heures durant, sans rencontrer âme qui vive !

Côté hébergement, la tribu Noah trouve refuge, les premières années, dans des campements de fortune, avant d'être accueillie ultérieurement chez une des tantes de la famille qui a décidé de s'installer à demeure dans ce coin de paradis.

Puis il y a aussi la fête et la musique. Zacharie ne conçoit pas la vie sans elles. À Étoudi, rares sont les week-ends sans que la maison familiale n'ouvre ses portes aux amis de passage. Pas un week-end sans que ne résonnent à plein tube des airs de jazz, de salsa et de merengue. Et quand il est question de prendre la voiture, impensable de ne pas enfourner les grosses cassettes huit pistes que l'ex-footballeur est l'un des premiers à posséder. Un jour, son aîné est le destinataire de deux disques : Jimi Hendrix, *Are You Experienced*, et Creedence Clearwater Revival, *Green River*. Pourquoi ceux-là ? « En fait, il était branché avec le gars qui tenait la papeterie et qui vendait aussi des disques, se souvient Yannick. Et dès qu'il y avait des arrivages, mon père prenait tout ce qui tombait. En gros, il se jetait sur tout ce qui était jazz, et il m'avait refilé ces deux trucs rock qu'il avait pris dans le lot. » La chanson française, elle, est plutôt la spécialité de Marie-Claire dont les chanteurs préférés s'appellent Jacques Brel, Georges Moustaki, Serge Reggiani, Pierre Perret, Alain Barrière. Et, de temps en temps aussi, Sheila et Hervé Vilard, dont la chanson *Capri* est alors un énorme tube.

Le sport n'est pas oublié pour autant. Mais, dans la famille Noah, à chacun le sien. Pour Marie-Claire, ce sera le basket-ball qu'elle pratique depuis sa jeunesse.

À Yaoundé, elle a tôt fait partie des joueuses de l'équipe nationale dont elle deviendra même bientôt l'entraîneuse. À ce moment-là, elle est loin d'imaginer que son premier petit-fils, Joakim, deviendra un jour l'une des stars des parquets universitaires américains, avant de rejoindre la prestigieuse équipe des Chicago Bulls.

De son côté, Zacharie ne refuse pas les rencontres de football pour lesquelles on le sollicite régulièrement. Des matches amicaux, certes, mais qui lui permettent de suivre de près les performances des meilleurs athlètes, réunis sous la bannière de la Fédération camerounaise du ballon rond, et déjà surnommés les Lions indomptables. Les mêmes qui ne vont pas tarder à rugir sur l'Afrique et à l'occasion des compétitions internationales au cours des deux décennies suivantes, avec leur célèbre buteur Roger Milla.

En attendant ces heures glorieuses, Zacharie se découvre une seconde passion : le tennis, qu'il pratique chaque dimanche matin en compagnie de son épouse. Lorsqu'on a été un sportif de haut niveau, la pratique d'une autre discipline ne pose guère de problèmes d'adaptation. L'ancien professionnel sedanais a tôt fait de devenir un joueur honorable. Nous sommes en 1968 et son choix ne doit rien au hasard. Longtemps considéré comme un divertissement de luxe, l'ex-jeu de paume, dont faisaient jadis leurs délices ducs, comtes et autres marquis, commence peu à peu à se démocratiser. Cette même année, les premiers tournois « open » – c'est-à-dire ouverts à la fois aux amateurs et aux professionnels – voient le jour.

À ce moment-là, le jeune Yannick est inscrit dans un établissement dirigé par des religieuses de la capitale. « Pour des raisons pratiques », croit se souvenir Noah. Mais peut-être aussi parce que, du côté de la famille paternelle, on s'avoue très pieux : « Élevé dans la plus pure tradition catholique, papa est devenu sur le tard de plus en plus pratiquant, alors que maman, elle, ne croit en rien. Une athée indécrottable ... », me confesse-t-il encore. Dans cet établissement qui jouit d'une excellente réputation, la future star se montre un élève plutôt motivé. Il consent à faire d'autant mieux le nécessaire qu'il possède une année d'avance sur ses condisciples. Mais de me préciser aussi : « Les études m'ont toujours intéressé. Du moins jusqu'à mon arrivée à Nice. »

Comme tout bon élève qui se respecte, Titi doit aussi assumer parfois quelques mauvaises notes. Lorsque celles-ci tombent, il hésite à en faire part à ses parents dont il préfère imiter le paraphe au bas du carnet. Jusqu'au jour où son imitation maladroite est débusquée. Naturellement, la sanction tombe : privé de tennis pendant plusieurs semaines.

Aussi loin que les souvenirs lui reviennent, c'est à huit ans que la future star commence à taper dans la petite balle jaune. Au début, et non sans paradoxe, le débutant n'est pas spécialement fasciné par ce sport qui le fera roi. Ses passions sont plus prosaïques : récupérer de vieilles roues de vélo ou de voiture qu'il s'amuse à faire rouler à l'aider d'un bâton. Son rêve est de collectionner un jour de grosses roues de camion. Pendant quelque temps, il s'est bien essayé au football, mais il s'est vite aperçu qu'il n'y était pas franchement doué.

Ses premiers échanges sur les courts de tennis, eux, ressemblent plutôt à un tennis-ping-pong ; sa première raquette est alors une simple planche en bois. Ses parents, il est vrai, n'ont pas forcément les moyens de lui payer un équipement qui reste, à l'époque, une dépense somptuaire. Son terrain d'entraînement est tout aussi rustique : c'est celui réservé aux joueurs de boules du quartier. Devant tant d'efforts déployés, son père décide toutefois de l'inscrire à son club. Et, dans la foulée, c'est à son oncle paternel, Jean Noah, qui fait alors des études aux États-Unis, de lui offrir sa première vraie raquette : en bois et aux cordages en boyaux de chat... À lui aussi qu'il reviendra de conter à son apprenti tennisman de neveu les exploits des grands joueurs internationaux d'alors. Parmi eux, un certain Arthur Ashe que l'enfant se met à rêver de rencontrer un jour.

Nous n'en sommes pas encore là lorsque, sous l'impulsion de son premier professeur, Gabriel Onana, alors champion du Cameroun et futur entraîneur de l'équipe nationale, Yannick découvre une discipline singulière, aux règles déconcertantes. À commencer par cette curieuse façon de comptabiliser les points. Ou, comme le décrivit un jour un athlète, cette « longue tapisserie qui se fait et se défait, maille par maille, dont les points changent selon l'inspiration du moment et le dessin proposé par l'adversaire ». D'où cette progression mathématique qui, partant de zéro, conduit au gain d'un jeu, d'un set, puis d'un match, après avoir emprunté des échelons asymétriques – 15, 30, 40, lequel doublera en cas d'égalité...

Pas simple, mais passionnant, admet Yannick dont les progrès sont impressionnants. Au fil des mois, le voici qui passe du court numéro 4, celui des débutants, au court numéro 1 du Tennis Club de Yaoundé, réservé aux joueurs chevronnés. Là, il vient à bout de joueurs plus âgés, et parfois même de seniors. À neuf ans, Titi se montre un apprenti attentif aux conseils de son prof, mais aussi à ceux prodigués par son paternel : « Avec son accent africain très prononcé et sa voix lente et grave, et comme si c'était la voix d'un ange gardien, je l'entends encore me répéter : "Yannick, dans la vie, il faut marner ! Je ne serai pas toujours là pour te le redire ! Alors, il faut que tu marnes, que tu bosses et que tu bosses !" »

Et que tu te débrouilles avec les moyens du bord, aurait pu ajouter Zac. Sans imaginer les trouvailles que son rejeton va s'appliquer à mettre au point. C'est d'abord l'eucalyptus planté à une quarantaine de mètres de la maison qui, transformé en cible, fait les frais de ses entraînements quotidiens. Pour la plus grande joie de sa sœur Nathalie, convaincue que son aîné ne parviendra jamais à atteindre l'arbre, connu pour ses multiples vertus, dont celle de chasser les moustiques. Pour l'heure, le moustique a pris l'allure de sa cadette, aux provocations espiègles. Titi, lui, enrage et se promet de relever le défi : « Je le visais tous les jours, mais, comme il était loin, je ne le touchais pas souvent. Je pensais que si j'arrivais à le toucher à tous les coups je pourrais gagner un grand tournoi ! »

En attendant la gloire, et pour fêter comme il se doit son dixième anniversaire, voilà notre roublard préado qui se transforme en organisateur d'un tournoi. Et de conter : « Tous mes copains devaient payer un dollar afin de pouvoir y participer, en espérant gagner un trophée que j'étais sûr de remporter. C'était ma façon à moi de me faire un cadeau d'anniversaire. »

Mais le vrai cadeau – ou la Providence – va se manifester deux ans plus tard, en février 1972. Cette année-là, Arthur Ashe profite d'une tournée-prestation de tennis en Afrique pour faire étape à Yaoundé où l'un de ses amis, Charlie Pasarell, doit célébrer ses noces. Aussitôt informées, les autorités sportives locales ne peuvent s'empêcher de solliciter Ashe afin qu'il assiste à une démonstration de leurs espoirs, parmi lesquels figure bien entendu le jeune Noah. Une rencontre déterminante dans la vie du fils de Zacharie et de Marie-Claire. Du parcours du champion, qui n'a pas encore trente ans, Yannick connaît les grandes lignes que lui a dessinées quelques semaines auparavant l'oncle Jean. Par la suite, lui-même découvrira les moindres détails d'une existence peu banale.

Issu d'un ghetto noir d'une ville du sud de la Virginie, le jeune Ashe vient de souffler sa sixième bougie lorsqu'il échange ses premières balles sur le terrain de sport où son père occupe un poste de gardien. L'enfant est malingre, mais son talent précoce. De belles dispositions dont il ne lui est guère aisé de faire la démonstration : les matches mixtes sont alors interdits dans cet État de l'Est américain. À défaut, le voici, à douze ans, vainqueur de l'American Tennis Association, organisation réservée aux *colored people*. Bientôt inscrit dans un collège de Saint Louis, Missouri, il devient le premier Noir à remporter le championnat national des jeunes espoirs. L'année suivante, une bourse lui ouvre les portes de l'équipe de l'UCLA, la prestigieuse université de Los Angeles, Californie. Champion universitaire, il devient à vingt ans le premier joueur de couleur sélectionné dans l'équipe de Coupe Davis des États-Unis. « Premier Black à... », Ashe l'est encore à de nombreuses reprises. En 1968, le voici qui remporte le tournoi du Grand Chelem à Forest Hills, avant d'intégrer l'équipe américaine qui reprend la coupe aux Australiens. Cinq ans plus tard, à Wimbledon, il triomphera de Jimmy Connors, alors numéro un mondial. La consécration pour Ashe dont on admire à la fois le talent, la pondération et l'intelligence.

Fervent défenseur des droits civiques et humains, le champion s'est transformé entre-temps en « missionnaire de la cause black », comme dira plus tard Noah. C'est à son instigation que l'Afrique du Sud, où règne l'apartheid, doit se retirer de la compétition de la Coupe Davis en 1970. Entre deux victoires, il se met également à l'écriture d'un ouvrage sur l'histoire et la place de l'athlète noir dans le sport américain. Il y explique entre autres comment la lutte pour l'égalité des droits passe aussi par le sport. Sans oublier de rappeler comment le petit-fils d'esclave afro-américain Jesse Owens avait laissé le monde bouche bée, aux Jeux olympiques de Berlin, en 1936, lorsque Adolf Hitler, chancelier du IIIe Reich, avait refusé de féliciter le quadruple médaillé d'or. Ou encore les poings levés de Tommie Smith et John Carlos, lors des JO de Mexico, en 1968, en guise de protestation contre la ségrégation raciale sévissant encore aux États-Unis.

Ce jour de février 1972, c'est un homme affable et souriant, portant Rayban fumées, qui débarque sur le court de tennis de Yaoundé. À la demande des responsables du club local, Ashe a accepté volontiers d'échanger quelques balles avec de jeunes espoirs. Tous se montrent plutôt flattés et impressionnés. La plupart se présentent dans leurs plus beaux atours, et n'ont pas oublié l'incontournable poster à faire signer par le champion. Yannick n'a pas non plus oublié le sien, mais a en revanche quitté le domicile familial sans sa raquette. L'espace de quelques minutes, autant dire qu'il n'en mène pas large. Heureusement, l'un des joueurs présents a tôt fait de lui prêter la sienne.

Les échanges entre le maître et l'élève durent une dizaine de minutes. Titi n'en croit ni ses yeux ni ses oreilles : « À chaque fois que je renvoyais la balle, mes copains criaient "Ouais ! Ouais !" C'était vraiment fantastique, pour moi, de jouer avec Ashe. J'étais très, très nerveux, presque sur un nuage... Je frappais dans les balles sans trop savoir où j'étais. »

Lorsque la démonstration s'achève, l'ambassadeur itinérant du tennis se déclare surpris par les qualités de son jeune adversaire : « Je n'ai jamais rencontré un enfant qui joue aussi bien à cet âge. Il m'a vraiment bluffé. Il a même réussi un *ace* contre moi ! » En témoigne sa propre raquette en fibre de verre, qu'il tient à lui offrir en guise de récompense : « *Its for you. You have a good play, kid !* » (« C'est pour toi. Tu joues bien, mon garçon ! ») « Peut-être le plus beau cadeau de ma vie », reconnaît Yannick qui n'osera plus se séparer, même la nuit, de la raquette magique. Aussi magique que ce poster que l'adolescent a chouravé, la veille, au sein du club de son père, et qu'il tient à tendre à son héros, quelques minutes avant son départ pour l'aéroport. Là encore,

Ashe ne se fait guère prier pour lui offrir une dédicace en forme d'espoir : « *To Yannick, I hope I'll see you in Wimbledon* » (« Pour Yannick, que j'espère rencontrer à Wimbledon »). Sa façon à lui de conseiller à ce gamin pas comme les autres de persévérer. Pas peu fier, ce portrait, le garçon l'affichera au-dessus de son lit pour le contempler encore et encore. Y voit-il une prophétie ? Imagine-t-il que, dix ans plus tard, ce rêve se réalisera ? Et plus encore !

Ashe le sait mieux que quiconque : rares sont les athlètes de haut niveau à avoir découvert leur discipline de prédilection sur le tard. Et, dans ce cas, autant débuter le plus jeune possible. Un point de vue que partage totalement Zacharie Noah à qui l'Américain suggère de rapprocher son aîné d'un centre d'entraînement français. Mieux : il se dit prêt à défendre le dossier de candidature de son champion en herbe auprès de Philippe Chatrier, patron de la Fédération française de lawn-tennis qui, en 1976, deviendra définitivement la Fédération française de tennis (FFT). Ce dernier, lui explique encore Ashe, est chargé de recruter la crème des enfants et adolescents susceptibles de faire carrière.

Parole donnée, parole tenue. De passage à Paris où il est reçu par Chatrier, Ashe évoque en ces termes sa rencontre avec le petit prodige camerounais : « L'un de vos sujets coloniaux est un joueur très, très prometteur, mais il ne va pas le rester s'il végète à Yaoundé. » Le message est reçu cinq sur cinq. Il est vrai aussi qu'à cette époque le tennis français est bien pauvre en talents prometteurs. Sans attendre, l'ancien journaliste – Philippe Chatrier a fondé au début des années 1950

Tennis de France – contacte les Noah afin de leur suggérer un prochain séjour en France. Au programme, un stage d'une semaine au cours de laquelle leur fiston devra se soumettre à des tests physiques, techniques et psychologiques. À la clé, la perspective de rejoindre Nice où ont été installées les premières sections « sport-études » : le premier établissement français apte à accueillir de jeunes espoirs du tennis tout en leur assurant la poursuite d'études classiques. Mis au parfum, Titi ne dissimule pas son enthousiasme, et le voilà même déjà qui boucle sa valise.

Destination Paris où le garçon débarque au mois de juillet suivant. Malgré son jeune âge et sa relative petite taille, l'essentiel des tests se révèle positif. Côté sportif, Chatrier n'est pas le seul à assister aux échanges de balles du candidat Noah. À ses côtés, plusieurs responsables nationaux : le conseiller technique Jean-Claude Marchon, présenté comme un pédagogue hors pair, et, ce qui ne gâte rien, personnage fort sympathique, ainsi que Patrice Beust, responsable du programme jeunes de la Fédération. Aujourd'hui encore, Beust se souvient de la prestation du débutant devant ses aînés : « Je l'ai vu jouer dix minutes, je n'avais pas besoin de voir la onzième. Cet enfant avait des ambitions et des rêves. »

Pour les trois hommes, l'affaire est entendue : Yannick peut rejoindre Nice. Reste à convaincre ses parents, naturellement inquiets de devoir se séparer de leur aîné. « Pour nous, c'était un pari énorme de le laisser partir. Il n'avait que douze ans », confie Marie-Claire Noah. Mais, à partir du moment où celui-ci est d'accord, il n'y a pas de raison non plus de contrarier une vocation qui ne demande qu'à s'affirmer. « Mes parents ont eu le courage, l'inconscience, le *feeling*, l'instinct de prendre cette décision. Pour moi, c'est la plus belle preuve d'amour qu'on peut donner à un enfant. » Et un défi un peu fou que Yann, comme disent désormais ses parents et amis, se dit prêt à relever.

3

L'envol

Ce jour de septembre 1972, l'été joue les prolongations sur la Côte d'Azur. Du haut de ses douze ans, Yannick découvre le cadre de sa nouvelle vie : le Parc impérial de Nice, un ancien hôtel de luxe transformé en lycée. Au temps de sa splendeur, le lieu se situait en rase campagne et était apprécié pour son calme. Depuis, la ville s'est rapprochée et le domaine est désormais relié à deux artères importantes : le boulevard Gambetta et celui du Tsarevitch. Pendant ses cinq ans de formation, l'adolescent aura maintes fois l'occasion de les arpenter lors de ses escapades en ville et autres expéditions dans les collines avoisinantes : Caucade, Righi, Cimiez et le versant ouest du Mont-Boron.

Les apprentis champions n'ont que la rue à traverser pour rejoindre les courts. En contrebas de l'imposante bâtisse, une vingtaine y ont été aménagés, bien des décennies plus tôt, par le Nice Lawn Tennis Club (NTLC). Grâce à ses premières vedettes, dont une enfant du pays, Suzanne Lenglen, la réputation de ce club de formation aura largement dépassé ce coin de terre azuréen. Après avoir mis sur pied quelques tournois et reçu un label international, le voici qui organise, en 1971, son premier Open, d'où est sorti vainqueur un joueur encore inconnu, le Roumain Ilie Nastase.

La section sport-études du Parc impérial a été ouverte au cours de cette même année. L'établissement y accueille une dizaine d'espoirs pour lesquels un emploi du temps a été spécialement concocté. Un programme qui leur permet de pratiquer leurs activités tout en poursuivant leurs études classiques. L'élève Noah, lui, est inscrit en quatrième. Première surprise agréable pour le bizuth : l'équipement complet qu'on lui offre dès son arrivée. Tout y est : trois raquettes neuves et un short sans poche. Seconde surprise pour le nouveau venu : il fait partie des plus jeunes élèves de sa classe. Les autres ont une quinzaine d'années.

Tout nouveau, tout beau. Puis, patatras lorsque la chaleureuse ambiance familiale commence à lui manquer. Après quelques semaines d'euphorie, voire de « bonheur », le garçon ressent l'isolement, la déprime. Malgré les nombreux échanges épistolaires avec ses parents, il a du mal à dissiper l'angoisse diffuse qui l'étreint dans la solitude de la nuit : « Durant le premier trimestre, il n'y a pas un soir où, en me couchant, je n'ai pleuré. » Heureusement, les vacances de Noël approchent et il sera bientôt de retour au Cameroun. Lorsqu'il débarque à Yaoundé, tous ses bagages l'accompagnent. Sous entendu : il n'a pas l'intention de retourner en France.

Les jours passent. Trop vite, au goût de Yannick. Retournera, retournera pas à Nice ? L'adolescent hésite.

À certains moments, devant ses parents, il se dit excité en évoquant sa passion pour le tennis. À d'autres il confie son spleen d'être trop longtemps éloigné de ceux qu'il aime. Un autre jour, à bout d'arguments, il prétexte un souffle au cœur qu'un médecin niçois aurait décelé. Cette dernière information n'est pas entièrement fausse ; mais les examens qu'il subira bientôt constateront que si son cœur bat en effet très lentement, c'est plutôt une chance pour un futur sportif de haut niveau... Guère dupes, Zacharie et Marie-Claire comprennent toutefois les déchirements de leur aîné, mais, en pédagogues avertis, ils lui laissent la responsabilité de son choix. « Si tu veux rester au Cameroun, ce n'est pas un problème ; si tu veux retourner à Nice, nous serons tout aussi contents pour toi. » Un choix cornélien pour l'enfant qui ressent très fort le désir de rester auprès de siens, mais qui se surprend lui-même lorsqu'il s'entend répondre : « Je repars ! » « J'avais les boules, lorsque j'ai dit ça, mais c'était trop tard ! » se souvient encore Yannick. Avant d'ajouter : « Après ça, plus jamais je ne regarderai en arrière. Je foncerai. » À preuve, cette photographie que sa mère tente de prendre au moment où il embarque dans l'avion qui va le ramener en France. On y voit son garçon lui tourner le dos, les larmes plein les yeux. Quelques secondes auparavant, son regard avait croisé celui de Papa Tara, son grand-père tant aimé. Et la future star d'avouer les sentiments qui dominent alors en lui : « Je ne sais pas où j'ai puisé la force de quitter les miens. »

De retour à Nice, Yannick retrouve sa situation de pensionnaire. Le cœur n'y est toujours pas. Surtout en ces fins de semaine, quand ses condisciples repartent chez eux, alors que lui est contraint de rester en internat. Il n'est pas le seul. Son meilleur pote, Pierre Lebègue, partage aussi le plus souvent son sort. La famille du garçon réside en effet à Amiens, à un millier de kilomètres de là, et il ne lui est pas toujours aisé de la rejoindre pour un simple week-end. « C'est important d'avoir un bon copain avec lequel on peut discuter, partager les problèmes. Certes, ma famille me manquait toujours autant, mais si Pierre n'avait pas été là, ma solitude aurait été beaucoup plus difficile à supporter », se souvient Yannick. Avec ses autres camarades de classe, ce dernier est bien obligé d'admettre que l'entente n'est pas toujours aussi cordiale. Notamment lorsque, pour se changer les idées, il se met à pousser à fond le volume de son électrophone : « Mon amour immodéré pour la musique remonte vraisemblablement à l'époque de mon arrivée à Nice, où j'étais tout seul. Je manquais de compagnie et la musique me remontait. Même en rédigeant mes devoirs, j'écoutais mes 45 tours en mettant à fond mon mange-disque avec tous les tubes de l'été, plus James Brown et les Poppies. Je me faisais engueuler par les plus vieux ! » Ceux-là mêmes qui croient malin de lui subtiliser ses plaquettes de chocolat ou de l'affubler du sobriquet de « Bamboula »... Bref, de lui faire subir toutes les avanies de l'enfance en internat, auxquelles le jeune pensionnaire n'échappera pas.

Cela étant, et hormis ce surnom imbécile dont certains l'affublaient de temps en temps, Yannick affirme n'avoir jamais vraiment souffert du racisme, sans être toutefois complètement dupe : « Il est là, mais les coups ne peuvent me toucher, ne me toucheront pas. Le pauvre type qui me traite de “sale nègre” me fait de la peine. Je n'ose même pas imaginer son mode de pensée, sa façon d'être ou de vivre. Ce doit être tellement triste ! J'éprouve pour lui plus de pitié qu'autre chose. » En même temps, c'est tout à fait le genre d'agression qui décuple sa rage de vaincre. À treize ans, Yannick le promet : « Vous verrez, le Bamboula, un jour, il va tous vous massacrer ! »

Sa soif de revanche, le garçon a tôt fait de la puiser dans un entraînement intensif où il se jette à corps perdu, sous le contrôle de Patrice Beust. Mais aussi de Tiburce Daru qui deviendra plus tard le préparateur physique de plusieurs équipes de football – PSG, Bordeaux, Arsenal –, avant de se transformer en prof de sport pour les apprentis chanteurs de la Star Academy... De foot, justement, il est souvent question avec les deux entraîneurs qui en ont formellement interdit la pratique à leurs ouailles : les risques de blessures y sont trop grands. Mais c'est souvent sans compter avec l'indiscipline de sa petite troupe. En général, celle-ci profite des absences des « boss », parfois sollicités pour des tournois se déroulant aux quatre coins de l'Europe. Ces jours-là, un entraîneur de la Fédération est désigné pour les remplacer à Nice. C'est dans une de ces circonstances qu'en 1974 Patrice Hagelauer débarque au lycée Impérial, à l'improviste et au vif étonnement des apprentis tennismen qui sont alors en train de taper dans le ballon rond sur le stade de l'établissement. « Ils ont paniqué un moment, mais tous sont restés là, sauf Yannick qui s'est enfui pour mieux se dissimuler derrière un arbre, me conte avec humour Hagelauer. Il avait peur de se faire engueuler. Je lui ai dit de revenir, et nous avons commencé à nous entraîner. »

D'autres souvenirs de ce premier contact entre l'élève Noah et celui qui allait devenir, quelques années plus tard, son entraîneur privé ? Hagelauer me confie en avoir conservé de nombreux, à commencer par celui d'un garçon attachant, particulièrement motivé, marqué par cette obstination parfois absurde qui est propre à l'enfance. Ou comment, par exemple, son protégé notait méticuleusement sur un petit carnet les heures d'entraînement supplémentaires qu'il s'imposait – parfois jusqu'à vingt heures par semaine – par rapport à ses camarades moins déterminés. « Yannick se fatiguait plus que les autres sur les courts », complète de son côté Patrice Beust, conscient que les entraînements soutenus sont souvent plus difficiles à endurer alors que le corps est en pleine croissance.

Fin psychologue, l'ancien joueur de la Coupe Davis sait aussi apporter à son élève le soutien moral qui lui permet de tenir le coup. Et il le tiendra durant quatre longues années encore. « Patrice m'a appris que le vrai talent, c'était de bosser. Je n'étais pas plus doué qu'un autre. Mais j'ai pigé le truc. Je ne faisais plus ça pour les autres, pour mes parents, mais bien pour moi ! »

L'amitié aidant – ses condisciples s'appellent alors Pierre Lebègue et Gilles Moretton –, la deuxième année de l'apprenti tennisman se déroule sous de meilleurs auspices. Yannick commence même à participer à diverses compétitions. En 1973, il fait partie des sélectionnés en équipe de France minimes. Il en ressort champion. L'épreuve s'est déroulée sur l'un des courts parisiens de Roland-Garros, du nom du premier aviateur à avoir traversé la Méditerranée à la veille de la Première Guerre mondiale – conflit où il perdra la vie au cours d'un combat. Paradoxalement, l'aîné des Noah n'avait jamais entendu parler ni du héros de la chasse française, ni même de l'existence du stade parisien. Et d'avouer qu'au Cameroun seule la réputation de Wimbledon lui était revenue aux oreilles. Alors âgé de treize ans et demi, difficile pour lui d'imaginer qu'il y gagnera un jour la plus belle victoire de sa vie, celle qui le fera roi. Pour l'heure, la future star se souvient : « Nous dormions sous des tentes plantées dans l'enceinte du stade. Un bien beau souvenir ! »

Presque aussi beau, mais forcément moins avouable que ceux de ses premières virées dans les grands magasins de la capitale. Là où l'adolescent espiègle apprend à chaparder. À ses risques et périls : « On faisait des descentes aux Galeries Lafayette pour piquer des cakes, parce que la cantine était loin d'être terrible. C'est la première et dernière fois que j'ai volé. » Enfin presque, puisque le galopin avouera bien plus tard y avoir aussi « chouravé » quelques vinyles de ses interprètes préférés : « J'écoutais la musique des "grands". » Sous-entendu : celle de ses potes de l'époque, alors très branchés Rolling Stones. Puis il y avait les cousins de Grenoble, qu'il retrouve de temps à autre ; mais eux, les Guibbaud, c'est plutôt Deep Purple ou Ten Years After. « J'entends tout ça, mais, en même temps, je reste très James Brown », poursuit Yannick qui, toutefois, ne dédaigne pas les autres rois du rythm'n'blues : les Nelson Pickett, Aretha Franklin ou Percy Sledge... Son « truc » étant d'abord de danser et chanter en même temps. De là à imaginer qu'il fera un jour carrière dans la musique... Trop tôt pour le dire, mais l'idée fera son chemin au fil des ans.

En attendant, c'est bien à partir de ce moment-là que le tennis prend à ses yeux une tout autre dimension. La suite est logique, lorsqu'il intègre en 1974 l'équipe des cadets. À la clé, son premier voyage de tennisman. Destination : l'Angleterre, qu'il gagne en bateau jusqu'à Douvres en compagnie de Christophe Paquet, Gilles Moretton, Régis Brunet et Jérôme Vanier. À la disposition de la petite troupe, un minibus qui reliera les principales villes anglaises prévues au programme. « À chaque étape, les garçons étaient reçus dans une famille d'accueil britannique, sauf Yannick, en butte à une forme de racisme dont il ne se plaignait pas, mais qui m'obligeait à le loger à l'hôtel avec moi », me confie Alain Lambert, responsable de l'équipée.

Faut-il voir dans cette singulière attitude une explication de la défiance qu'explicitera plus tard la star à l'égard du mode de vie britannique, en particulier à Londres où elle ne se sentira jamais vraiment à son aise ? Noah ne le pense pas lorsqu'il me confie : « Je me souviens très bien de ce séjour de 1974. Mais ce n'est pas une situation qui m'a marqué. Si, plus tard, j'aurai effectivement des problèmes relationnels avec l'Angleterre, ce ne sera pas à partir de là. Cette affaire de famille d'accueil refusant de me recevoir m'est passée au-dessus de la tête. Par ailleurs, je pense qu'Alain avait su me présenter habilement la chose. C'était mon premier grand voyage hors de France en compagnie de potes. J'avais deux ans de moins qu'eux, et ma seule préoccupation concernait les matches que nous devions disputer. »

Pour l'heure, il est vrai qu'Alain Lambert se déclare un entraîneur et un capitaine plutôt fier des résultats engrangés par le plus jeune membre de son équipée. Et l'ex-capitaine, devenu aujourd'hui enseignant bénévole de tennis au club municipal varois d'Ollioules, de me décrire les qualités de cet adolescent à la fière allure : « À cette époque, Yann possédait déjà un style fluide et un mental au-dessus de celui des autres. J'entends par “mental” sa façon à lui d'être présent sur le court, toujours prêt à jouer les points importants. J'étais content de ses prestations. Au cours des premiers matches, nous étions menés 6/0, mais, dès le lendemain, on a réussi à inverser le score grâce à lui. Et pour finir à 9/6. Il était surtout très bon en double. »

L'adolescent précoce a gardé lui aussi en mémoire quelques souvenirs de ce périple hors de l'Hexagone. C'est d'abord le bonheur de se retrouver entre copains, mais aussi de vivre sa première idylle : « C'est tout à fait exact, j'y ai vécu mon premier flirt, me confesse-t-il. Un flirt pas très poussé, certes, puisqu'il s'est limité à pas mal de petits bisous. Mais je découvrais le monde, et j'étais heureux. » Puis c'est une autre découverte, celle-ci plus professionnelle, d'une surface qu'il ne connaissait pas : le gazon. « Où il a excellé », reprend Alain Lambert, avant de m'expliquer les raisons pour lesquelles, au cours de sa future carrière, il s'en défiera : « Avec l'âge, il prendra trop d'envergure et aura beaucoup de mal à y trouver ses appuis. C'est ainsi qu'il ne brillera jamais vraiment à Wimbledon. »

Autre souvenir enthousiaste pour Yannick, cette première compétition internationale à laquelle il participe, au mois de décembre de la même année 1974. Et pour cause : le voici invité en Floride afin d'y disputer The Junior Orange Bowl International Tennis Championship, conjointement organisé par la Fédération internationale de tennis et l'United States Tennis Association, présidée par... Arthur Ashe ! Pour le jeune Français, l'Américain a bien fait les choses. Il lui a réservé une vaste chambre dans l'un des palaces de la capitale de Floride avec lequel le champion de tennis, également devenu homme d'affaires, est alors sous contrat. Mais de ces aspects triviaux Yannick se moque bien, imaginant comment il va pouvoir occuper ses journées d'un séjour prévu pour durer un long mois. En fait, l'essentiel de ses activités sera dédié aux entraînements sur quelques-uns des cinquante courts que possède l'établissement hôtelier !

Depuis 1962, la compétition annuelle à laquelle est alors convié le jeune Français se déroule dans le comté de Miami-Dade, dans l'enceinte de l'Orange Bowl, l'immense stade qui accueille le reste du temps les matches de football américain ou des concerts géants. De nombreux joueurs de classe internationale s'y sont illustrés et s'y illustreront bientôt. Parmi eux, de futurs numéros un mondiaux : Jimmy Connors, Mats Wilander, Jim Courier, Andre Agassi, entre autres.

Malgré sa joie de se trouver dans un lieu aussi prestigieux, le jeune Frenchie n'atteindra malheureusement pas la finale. Il en est d'autant plus contrarié qu'il ressent là comme une injustice. Curieusement, en effet, on l'avait inscrit parmi les compétiteurs de moins de seize ans alors qu'il s'imaginait figurer parmi ceux de moins de quatorze. Une bizarrerie qui ne l'empêchera pas de garder des souvenirs « formidables et inoubliables » de ce premier grand déplacement à l'étranger, d'abord placé sous le signe de la fête et des retrouvailles avec son ami et glorieux aîné : Arthur Ashe. Émerveillé, le jeune Français a aussi découvert l'Amérique : première rencontre et passion immédiate pour ce pays plein de musique et de vie.

Tout aussi enthousiasmant, le séjour qu'il effectue l'année suivante – 1975 – en Australie pour une série de tournois qui se déroulent successivement à Perth, Adelaïde, Melbourne et Sydney. Un périple sportif et joyeux, à en croire Patrice Hagelauer qui fait également partie du voyage en tant que joueur et responsable du groupe. Un chaperon qui veille de près, dans un premier temps, à l'installation de sa troupe dans plusieurs familles d'accueil australiennes. Aux côtés de Yannick sont également présents Christophe Freiss, Dominique Bedel, Régis Brunet, Didier Frantz, ainsi qu'une fille, Brigitte Simon, alors considérée comme la première Française sur herbe. « C'était très convivial et n'avait rien à voir avec ce qu'on connaît aujourd'hui, me conte Hagelauer, devenu aujourd'hui patron de la section tennis du Team Lagardère. Nous étions alors logés chez l'habitant. C'était très drôle. Yannick s'est retrouvé avec Brunet et Bedel chez des Australiens. Ils dormaient tous trois dans une roulotte qui penchait légèrement. Yannick craignait qu'elle ne se renverse si jamais tous se retrouvaient à dormir du même côté. Chaque soir, le trio rejoignait par train leur refuge. Fallait voir l'ambiance qui y régnait ! Je me souviens d'un super 31 décembre qu'ils ont ainsi passé dans leur roulotte. » Autre souvenir que Hagelauer a gardé en mémoire : l'obole qu'il versait à chacun de ses diablotins à l'heure des repas. La tournée avait été dotée d'un maigre budget et les récriminations ne se faisaient pas attendre. À commencer par Yann, comme préfère l'appeler Hagelauer, le plus petit de la bande, qui avait plus d'un tour dans son sac : « Il me traitait de radin, il disait qu'il mourait de faim. C'étaient des discussions interminables, mais drôles. Je lui disais de se débrouiller avec ce que je lui allouais. En fait, la somme était largement suffisante, mais c'était là un jeu. Parfois il lui restait même de l'argent qu'il utilisait pour s'acheter des bricoles. »

Lorsque sonne l'heure des compétitions, le jeune Noah peine souvent à passer les premiers tours, mais fait montre d'une boulimie peu banale. « C'était incroyable : il n'en avait jamais assez de jouer », assure Hagelauer qui me dit avoir été subjugué par la volonté de l'adolescent. Il poursuit : « Il alternait simples et doubles à un rythme effarant. Parfois, deux ou trois matches dans la même journée. Il en redemandait toujours, et, en plus, il gagnait ! Comme entraîneur, mon but était alors de le faire jouer au maximum sur herbe où il pouvait améliorer ses volées, et, en même temps, de le rendre plus agressif, de développer son esprit de compétition. Bref, de jouer et jouer encore sous un soleil qu'il appréciait particulièrement. » Toujours de l'avis de son futur mentor, les progrès de l'élève sont alors tout à fait impressionnants.

À preuve, ce deuxième séjour que le jeune homme accomplit à Miami, toujours dans le cadre des compétitions de l'Orange Bowl. Cette fois, il est bien décidé à en découdre. Pari presque réussi lorsqu'il atteint la finale à l'issue de laquelle il est toutefois contraint de s'incliner contre celui qui deviendra désormais son grand rival : Ivan Lendl.

Rebelote, l'année suivante, où il sera éliminé une fois encore, mais, cette fois, en quart de finale, par un adversaire qu'il avait pourtant battu deux semaines plus tôt. La raison de cette contre-performance, Yannick l'avoue sans façon : « J'étais tombé amoureux d'une fille et j'avais eu des problèmes avec elle... Je n'étais pas dans mon état normal ! »

Quelques mois plus tard, ses frasques sentimentales ont disparu lorsqu'il se retrouve associé en double avec Arthur Ashe. Le maître et l'élève enfin réunis à Wimbledon ! Un rêve pour Yannick qui dissimule mal son immense trac. « T'imagines, me retrouver à dix-sept ans aux côtés de mon idole ! » À trente-cinq ans, Ashe entame alors une seconde carrière à la suite d'une blessure au talon qui l'a tenu écarté des courts l'année précédente. Aujourd'hui, il est de retour devant une dizaine de milliers de spectateurs qui ont rempli les tribunes du plus célèbre central au monde. En attendant leur tour, Ashe et Yannick se retrouvent dans un réduit où l'ambiance n'est pas à la fête. Concentration de chaque instant oblige. Dans le silence qui les unit, le jeune joueur se prend à douter. Mais déjà l'arbitre les invite à rejoindre le court. « *Come on, Yannick !* » lui lance Ashe. Dès la première balle, le Français oublie ses appréhensions. Redoublant d'efforts, le duo remporte en cinq sets, sous les ovations, le premier tour qui l'oppose au Rhodésien Pattison et au Sud-Africain Mitton. « Je me souviens être tombé dans les bras de Ashe comme si nous avions gagné le tournoi, se rappelle Noah. Lui était calme, très posé, toujours discret et, surtout, il avait beaucoup de classe. »

Cette humilité dans la victoire, Yannick a encore l'occasion de l'apprécier, cette même année, lorsque les deux hommes se retrouvent au tournoi de l'US Open. Une seconde rencontre couronnée de succès face aux Américains Gene Mayer et Hank Pfister, alors tête de série numéro dix. Pour l'aîné de Zacharie et Marie-Claire, encore un rêve qui se réalise, mais, pour Ashe, en revanche, ce sera le dernier exploit : l'année suivante, l'Américain est victime d'un infarctus qui nécessitera deux interventions chirurgicales. Certes, le champion rejouera au tennis en 1980, mais, à partir de ce moment-là, on le retrouve surtout sur la chaise de capitaine de l'équipe de Coupe Davis – il dirigera notamment l'équipe qui battra la France en finale à Grenoble en 1982 – et derrière le micro de commentateur. C'est alors que Yannick se propose d'analyser la qualité des rapports qu'il entretient avec son découvreur, qu'il considère moins comme un ami que comme un père spirituel : « Je ne peux pas dire que je n'estime pas tout ce qu'il a fait et continue encore de faire. Au contraire. Je considère Ashe comme un grand monsieur du tennis, du sport en général, et j'ai beaucoup d'admiration pour lui. Mais je n'ai jamais eu avec lui des contacts étroits. Certains pensent que c'est mon ami ; en fait, nous n'avons jamais eu des relations véritablement amicales, mais peut-être celles d'un père et de son fils. »

Tous ces déplacements ne sont pas sans conséquences pour Yannick. À l'automne 1977, sa scolarité – il doit entamer son année de première – ne va pas dépasser les deux jours. L'année scolaire précédente, elle, avait déjà été marquée par des absences répétées, l'obligeant à s'interroger sur l'opportunité d'interrompre ses études afin de se consacrer entièrement au tennis. Ne vient-il pas de décrocher le titre envié de champion de France juniors ? Sa décision est toutefois loin de faire l'unanimité. Alors directeur technique national, Jean-Paul Loth fait le déplacement à Nice pour le convaincre de poursuivre ses études jusqu'au baccalauréat. Il lui rappelle combien une carrière sportive est éphémère et aléatoire, toujours à la merci d'une mauvaise blessure. Mais, à l'évidence, l'adolescent ne veut rien entendre. De leur côté, ses parents ne se montrent guère plus enthousiastes à l'évocation de ses projets, mais ils connaissent aussi le caractère entier, la détermination de leur garçon. Là encore, ils lui laissent donc la liberté de choix. Un choix de vie d'autant mieux assumé que Yannick a le sentiment d'être entré depuis belle lurette dans le monde adulte. Voilà plusieurs années déjà qu'il assure son autonomie financière grâce aux prix remportés dans les tournois et à différents contrats publicitaires. « La première fois que j'ai gagné de l'argent, j'avais quatorze ans ! Je venais de signer un contrat avec Adidas qui me versait 1 000 francs par mois (NdA : l'équivalent de 150 de nos euros). C'était énorme, d'autant plus que j'étais logé et nourri. En vérité, je n'étais pas encore professionnel, mais je n'étais plus amateur. Et je savais ce que je voulais. »

Mai 1978 : Yannick fête ses dix-huit ans. Au regard de la loi, il vient d'atteindre sa majorité civile, l'âge légal à partir duquel chaque Français devient pleinement capable de faire valoir ses droits. Sous l'égide de la Fédération internationale de tennis (FIT), il est désormais entré dans le circuit professionnel. À lui les grands tournois qui vont l'amener à se déplacer aux quatre coins de l'Hexagone et à travers le monde entier, et selon une hiérarchie bien établie de compétitions.

En simplifiant, le tennis professionnel masculin est alors géré par un organisme tripartite, chapeauté par le Conseil professionnel (MIPTC), la plus haute instance dirigeante, domiciliée sur Park Avenue, à New York, au sein de laquelle sont représentés la Fédération internationale (FIT), l'Association des joueurs (ATP) ainsi que les organisateurs de tournois. Chaque année, c'est le MIPTC qui prend ainsi en charge l'organisation du Grand Prix, comprenant quatre-vingt-trois tournois, distribuant au total plus de vingt millions de dollars. À lui aussi de fixer un code de conduite aux joueurs devant participer obligatoirement à un minimum de quatorze tournois par an, seule façon de déterminer semaine après semaine la hiérarchie mondiale des joueurs.

Les tournois les plus importants sont au nombre de quatre et sont plus connus sous l'appellation de Grand Chelem. En janvier, c'est d'abord celui d'Australie ; en mai-juin, celui de France, ou Roland-Garros, suivi de près par Wimbledon, à Londres. Pour participer au dernier, l'US Open, il faut attendre septembre et se rendre aux États-Unis, plus précisément à New York. Bien entendu, le rêve de tout joueur professionnel est de remporter le Grand Chelem. C'est aussi celui de Yannick, qui ne désespère pas d'y parvenir un jour si l'on en croit l'une de ses déclarations à la presse de l'époque : « C'est mon rêve et mon objectif suprême, ma volonté presque quotidienne. »

À ce Grand Chelem – dont le nom semble avoir été emprunté au bridge ou au whist – s'ajoutent deux autres compétitions d'importance : la Coupe Davis, qui réunit les meilleurs joueurs au sein d'une équipe nationale, et les Masters Series auxquels sont conviés les meilleurs, autrement dit ceux figurant à l'ATP, classement technique réalisé par ordinateur et prenant en compte les résultats sur les douze derniers mois : un baromètre, en quelque sorte, qui établit la hiérarchie mondiale des joueurs tout en demeurant la référence indispensable sans laquelle il est impossible de concevoir un tournoi professionnel. C'est lui, en effet, qui permet d'en désigner les têtes de série. Pour l'anecdote, précisons que le premier numéro 1 de l'histoire de l'ATP fut le Roumain Ilie Nastase, déjà évoqué, connu depuis lors pour son immense talent, mais aussi pour ses pitreries...

Autant dire que Yannick n'est pas peu fier d'appartenir désormais à ce club très fermé des sportifs professionnels. Après avoir été « couvé » à Nice pendant cinq ans, il doit désormais prendre son envol, s'organiser seul, partir à la découverte du monde impitoyable des « grands ». Mais l'ambition est là aussi, dévorante. « Gagner des matches, être une idole, ce n'est pas négligeable, mais l'important est d'atteindre mon but », confie le jeune homme lors de son premier entretien à la télévision. En l'occurrence, France Régions Côte d'Azur où le journaliste Alain Georgeault vient de lui tendre le micro. Au jeu des questions-réponses, et malgré sa timidité naturelle, le jeune Noah semble déjà savoir ce qu'il veut. Face à la question choc du reporter :

« Avez-vous les dents longues ? », Yannick, sourire aux lèvres, ne se démonte pas : « Oui, j'espère bien arriver, dans les trois ou quatre ans, parmi les dix meilleurs joueurs mondiaux. » Et Georgeault de se souvenir encore aujourd'hui de l'impression que lui avait alors faite le champion en herbe : « Il avait non seulement cette affabilité naturelle et plutôt sympathique, mais aussi cette rage de vaincre tout à fait impressionnante, sans oublier ses qualités physiques exceptionnelles. Je me souviens notamment de ses magnifiques guiboles ! »

Dans cette cour des grands, le Franco-Camerounais sait qu'il devra affronter la fine fleur du tennis mondial : Jimmy Connors, Victor Pecci, Guillermo Vilas et Ivan Lendl. À lui aussi, quelques avantages financiers. Voilà une bonne décennie que les Américains se sont aperçus qu'avec le phénomène tennis, on pouvait gagner de l'argent. Et même beaucoup d'argent pour un sport en plein essor, qui offre l'avantage d'être télégénique et surtout universel. Équipementiers sportifs, compagnies aériennes, couturiers, parfumeurs, constructeurs automobiles, depuis quelques années déjà – mais le meilleur et le pire sont à venir – le tennis stimule les investisseurs, tout en rapportant des sommes faramineuses aux professionnels de la petite balle jaune. On est loin de l'« amateurisme » pur et dur censé garantir l'éthique du jeu et la respectabilité des dirigeants.

Mais revenons au sport, au vrai ! Le premier tour d'un tournoi du Grand Chelem constitue toujours une aventure. Une aventure qu'il convient de négocier sans embûche, particulièrement quand on n'est pas tête de série, mais un simple prétendant parmi d'autres. Pour Yannick, la première étape importante de sa nouvelle carrière se déroule à Paris, avec sa sélection en Coupe Davis contre la Grande-Bretagne. À ses côtés, les Français Patrice Dominguez, Patrick Proisy – son futur beau-frère – et François Jauffret. Vis-à-vis de ce dernier partenaire, Yannick ne cache pas son admiration. Il est vrai que le Bordelais détient alors le record de sélection en équipe de France pour le prodigieux trophée. Entre les deux joueurs, l'accord est parfait, Yannick ayant apprécié d'emblée la grande expérience et les qualités humaines de Jauffret qu'il a tôt fait de surnommer affectueusement « La Gaufre ». Un souvenir de ses années lycéennes à Nice au cours desquelles La Gaufre fut l'un des rares camarades à accueillir en famille le pensionnaire Noah.

Depuis sa création, la formule instaurée par Dwight Davis au début du siècle reste inchangée : les rencontres se déroulent sur trois jours au cours desquels alternent quatre simples et un double. Malgré la bonne ambiance qui règne au sein de l'équipe tricolore, la France n'accédera pas cette année-là à la finale. Mais le goût de cette défaite n'est pas trop amer pour le public. Car, en ce week-end du 14 juillet, les milliers de spectateurs entassés sur les gradins, de même que les millions de téléspectateurs, ont vu naître un futur champion : Yannick Noah. Son score honorable lui permet ainsi d'être propulsé de la seizième à la deuxième place du classement français. Un satisfecit pour son capitaine, Pierre Darmon, qui n'avait pas hésité à miser sur Yannick en dépit de son âge. À dix-huit ans, celui-ci est en effet le plus jeune sélectionné de l'histoire du tennis hexagonal. Mais Darmon se rappelle encore aujourd'hui combien son protégé « possédait des qualités athlétiques et morales rares, et, qui plus est, déterminantes ». Et de m'expliquer : « Il ne se satisfaisait pas de ses succès, mais, combatif et agressif, il redoublait de travail pour en décrocher d'autres. » Bien sûr, et comme tous les joueurs, Yannick n'est pas exempt de défauts, mais Darmon savait aussi comment le jeune champion pouvait considérablement les améliorer : « Il était grand, et ça le gênait un peu dans son jeu de jambes. Pour les changements de rythme et la précision de placement, notamment. Souvent, en position de grand écart, il lui était difficile de repartir. » Mais rien d'anormal à cet état de fait, affirme encore Darmon avec humour : « S'il avait été parfait, on lui aurait octroyé son bâton de maréchal, et la suite de sa carrière n'aurait plus rien eu d'extraordinaire. »

Du côté des cadres de la Fédération française, on ne dissimule pas non plus sa satisfaction. Comme Darmon, le sélectionneur national Jean-Paul Loth est à l'évidence séduit par ce joueur athlétique, au jeu spectaculaire, dont les principaux atouts sont le service, le coup droit et les lifts.

Vieux routier du tennis, Loth en possède toutes les cartes. C'est en 1968 qu'il assume pour la première fois des responsabilités de capitaine en prenant en charge les équipes de France cadets, puis juniors. Quatre ans plus tard, Philippe Chatrier fait appel à lui pour remplacer Georges Deniau lorsque celui-ci quitte son poste d'entraîneur national. En 1976, face à la faiblesse des résultats de l'élite française, le voici nommé directeur technique national, avec mission de restructurer la politique sportive de la FFT. Il crée alors l'école fédérale dans le but avoué de découvrir des « petits bras » prometteurs. Et c'est peu de dire que tous les grands succès que la France décrochera au cours des années suivantes, à Roland-Garros ou en Coupe Davis, le seront justement avec des joueurs faisant partie d'une génération entièrement formée à son école. C'est l'époque des espoirs nommés Guy Forget, Thierry Tulasne, dix-neuf ans, l'âge aussi d'Henri Leconte, qui fait ses débuts avec les traits juvéniles et l'air emprunté d'un premier communiant. Ce n'est pas tout : il y a aussi Patrice Kuchna, Loïc Couteau et, bien sûr, Yannick Noah. Flatté, ce dernier se dit déterminé à honorer cette confiance en gravissant rapidement les échelons. À commencer par ce tournoi de Nice pour lequel Loth l'a retenu, mais où Yannick n'est pas franchement « attendu »... Ce qui ne constitue pas forcément un handicap, bien au contraire ! Ne faisant pas partie des favoris, le joueur échappe ainsi à la pression de ceux qui doivent à tout prix ramener des points. Et le jeune Noah va en gagner, des points !...

Beau prétexte pour participer à la fête annuelle des tennismen français qui se déroule dans la foulée du tournoi. Perruque blonde, chaussures à talons, voici notre héros travesti en chanteuse de cabaret devant une salle écroulée de rire. Pour la plus grande joie de son interprète, qui n'en revient pas : « Je m'étais senti étonnamment bien pour quelqu'un d'aussi timide que moi à l'époque... »

En attendant, c'est bien ce jour-là que le grand public découvre ce jeune espoir du tennis français : grâce à la télévision qui a retransmis la compétition niçoise au cours de laquelle l'apprenti champion atteint, à la surprise générale, la finale contre l'Espagnol Higueras. La presse sportive n'est pas en reste lorsque, dès le lendemain, elle évoque avec enthousiasme la « révélation franco-camerounaise ». C'est le début de la notoriété pour Yannick qui voit sa vie changer d'une semaine sur l'autre : « J'étais extrêmement ébloui, je trouvais cela fantastique. » Il n'est pas le seul. Des responsables galonnés ne dissimulent pas davantage leur impatience à recevoir la nouvelle « vedette » du tennis tricolore : pour Yannick vient en effet de sonner l'appel sous les drapeaux...

4

Le conscrit

Automne 1978 : pour dire les choses franchement, Yannick n'est guère emballé à l'idée de rejoindre les conscrits de son âge, sollicités pour un service national alors obligatoire d'une durée de douze mois. Difficile toutefois pour lui d'y échapper ! C'est d'abord le temps des classes, qu'il effectue dans l'enceinte du quartier Kilmaine de Tarascon (Bouches-du-Rhône). Là, le servant Noah découvre les horaires immuables de l'armée : réveil à 6 h 30, puisque l'avenir militaire est à ceux qui se lèvent tôt ; petit déjeuner, suivi d'une séance de décrassage sportif avec, comme clou éventuel, le parcours du combattant. L'instruction vient ensuite : plusieurs heures à faire du maniement d'armes, de l'ordre serré, quelquefois du tir et autres activités annexes, jusqu'à l'heure du dîner à 18 h 15. C'est enfin quartier libre jusqu'à 22 heures, quand tout le monde doit regagner les chambrées.

Ses classes achevées, notre appelé se voit affecté d'office à l'École interarmées des sports (EIS) de Fontainebleau, en Seine-et-Marne. Là sont regroupées différentes armes, dont le célèbre bataillon de Joinville, aujourd'hui dissous, mais alors réservé aux sportifs de haut niveau.

Installé dans un décor forestier à la sortie de Fontainebleau, le site de l'EIS, ou camp Guynemer, s'étend sur plusieurs dizaines d'hectares. Du matin au soir, et sans grande logique apparente, s'y côtoient tous les uniformes. Ainsi, escrimeurs et rugbymen portent celui de l'armée de l'air, les rameurs celui de l'infanterie, les basketteurs et les tennismen celui de la marine. C'est le cas pour Yannick qui vient de revêtir le tricot rayé à col bleu, la vareuse panachée de drap bleu et le pantalon blanc, sans oublier le célèbre béret à pompon rouge, emblème de la Royale.

Officiellement, les sportifs, lorsqu'ils sont en période d'entraînement, ont un emploi du temps réglé comme du papier à musique. Là encore, réveil à 6 h 30, toilette, appel, lever des couleurs et petit déjeuner. Une heure plus tard sonne l'heure du rassemblement et du départ sur les divers lieux d'entraînement que les jeunes militaires rejoignent en car ou en camion. De retour au casernement, un copieux déjeuner les attend, suivi d'une sieste réparatrice. Puis c'est le début d'un second entraînement, jusqu'à 18 heures...

À l'opposé des casernes traditionnelles, souvent de massifs et austères bâtiments, le camp Guynemer est un ensemble de petites maisons à étage. C'est dans l'une d'elles que le matelot Noah séjourne désormais. « À l'époque, l'EIS n'était pas le fortin qu'elle est devenue aujourd'hui, martèle Joseph-Claude Tignères, alors patron de l'école, à la retraite depuis quelques années avec le grade de général. On pouvait entrer et sortir comme on voulait. »

Dans son antre couleur kaki, Yannick est loin d'être isolé. Son copain de chambrée est un autre tennisman de sa connaissance : Pascal Portes, son complice des années tennis-études à Nice. Quelques mois seulement les séparent. Comme Noah, Portes a arrêté ses études afin de se consacrer entièrement au tennis. Amitié et passion aidant, le duo s'est régulièrement retrouvé, ces derniers mois, sur les courts de l'Hexagone et aux quatre coins du monde. Lorsqu'il s'agit d'évoquer les qualités de son compère originaire du Lot-et-Garonne, Yannick se montre intarissable : « Pascal était un garçon très facile à vivre, un être adorable. Il ne disait jamais de mal de personne. Il aimait bien la vie, tout en étant tranquille et cool... Il gagnait vraiment à être connu. Quand on ne le connaissait pas très bien, il donnait l'impression d'être froid, de se foutre un peu de tout. En réalité, il n'avait pas confiance en lui ; pas très bien dans sa peau, il se sentait parfois mal à l'aise. »

« Portes était un jeunot timide qui, en même temps, savait ce qu'il voulait », complète de son côté Jean-Claude Tignères. Et l'officier général de se remémorer avec humour la complicité qui unissait les deux incorporés : « Ils n'étaient pas franchement des Rambo, des fanas militaires. Ils étaient comme deux frères, deux gosses. » De Noah, le militaire affirme avoir conservé l'image d'un garçon « sympa », mais lui aussi très réservé. À quelques exceptions près : « Ce n'était pas le Noah expansif qu'on connaît maintenant. Même s'il avait parfois de gentilles réactions de môme qui s'exprimaient par des accès de joie bruyants. Un gosse, un grand gosse, mais doué, subtil et sérieux dans son domaine. »

On l'aura compris : si l'EIS reste le passage obligé, pour un sportif de haut niveau contraint d'y effectuer son service national, sa vocation est aussi et peut-être d'abord de lui permettre de ne pas rompre avec son activité. Ainsi, tout au long d'une saison sportive, de disputer de nombreuses rencontres ou de servir de *sparring-partner* à ses aînés. De fait, les appelés ne séjournent que très rarement dans l'enceinte militaire proprement dite : en moyenne deux jours par semaine. « Ils arrivaient le lundi. On leur faisait faire quelques trucs militaires, le reste du temps étant réservé aux entraînements. Je crois que Yannick a dû prendre deux ou trois fois la garde. Et encore, jamais en guérite à l'extérieur, mais dans un local fermé », se rappelle encore Jean-Claude Tignères, grand sportif lui-même, plusieurs fois médaillé d'or de football et de basket-ball ; autant dire que le tennis n'était pas à proprement parler sa première passion. Et, par la force des choses, d'en confier la responsabilité à deux entraîneurs attitrés : parmi eux, Henri Crutchet, sportif émérite qui débuta dans la carrière par la pelote basque avant de devenir un rugbyman de haut niveau.

Trois jours par semaine, Yannick et ses condisciples prennent la direction du Centre national d'entraînement situé dans l'enceinte du prestigieux stade de Roland-Garros. Là, les champions ont le choix entre un complexe couvert en terre battue, des courts couverts en dur et une salle de musculation. Pour des raisons pratiques, on les autorise à séjourner sur place où des logements spartiates sont mis à leur disposition. Pour Yannick, un prétexte tout trouvé pour participer à des virées nocturnes dans la capitale qu'il sillonne à bord de la Simca Horizon verte de Pascal Portes. Mais, alors que ce dernier préfère la plupart du temps renouer avec une vie familiale paisible, Yannick, lui, opte systématiquement pour la fête. Celle des boîtes de nuit où il retrouve quelques copains. Ou plutôt « la bande des Cinq » qu'il forme avec Didier et Alain Fitoussi, Michel Grach, Philippe Cotten *alias* Moulinot... Plus tard viendront les chanteurs du groupe Téléphone et Hervé Cristiani, interprète du fameux tube *Il est libre, Max*...

À peine remis de ces joyeuses festivités d'où les filles ne sont pas exclues, loin de là – Yannick va bientôt devenir le locataire d'une garçonnière rue Poussin, dans le XVIe arrondissement, aux murs peints en noir, équipée d'une chaîne stéréo, d'un fauteuil rond Pier Import et d'un « plumard », comme il dit –, le voilà attendu pour d'autres rendez-vous exclusivement sportifs, ceux-là.

À la fin de cette année 1978, il déboule aux Philippines. L'épreuve se déroule dans une salle de Manille dont le tournoi ne connaît certes pas le prestige de celui de Wimbledon, mais on peut fort bien admettre que le public philippin n'a pas moins envie de voir Borg et McEnroe que le public londonien. En attendant, l'affiche lui offre un jeune Français inconnu, appelé à disputer une rencontre sur un court tapissé de coquillages pilés, contre un champion autrichien : Peter Feigl. De dix ans son aîné, Feigl ne laisse rien passer à son jeune adversaire. Du moins pendant un premier temps, car Yannick a tôt fait de reprendre le dessus sur celui qui vient d'atteindre les quarts de finale de l'Open d'Australie. Jusqu'à la victoire finale. Un satisfecit encourageant pour le vainqueur tricolore, doublement heureux : « Cette victoire me donna confiance pour la suite et, en plus, il s'agissait de mon premier gros gain dans un tournoi : 12 750 dollars ! »

Quelques jours plus tard, l'heureux joueur débarque à Calcutta, en Inde, où il réussit là encore à s'imposer, mais, cette fois, sur son ami Portes. Lot de consolation pour son pote de chambrée : une sélection, l'année suivante, comme représentant de la France en Coupe Davis. De son côté, Yannick a le sentiment de franchir une étape importante de sa carrière sportive débutante. Grâce à ses performances, il se retrouve désormais à la 38e place au classement ATP, et à la 55e au classement final du Grand Prix, cette série de huit tournois officiels (Nice, Monte-Carlo, Metz, Toulouse, Bordeaux, Aix-en-Provence, Coubertin, Roland-Garros) mise sur pied par la Fédération internationale afin d'équilibrer les quatre monuments du Grand Chelem. Comme pour le classement ATP déjà évoqué, des points y sont attribués aux joueurs en fonction de leurs résultats. En fin d'année, les huit joueurs totalisant le maximum de points sont qualifiés pour les Masters.

De ses premiers déplacements à travers le monde, Yannick affirme qu'ils furent « fantastiques ». Principale raison : « L'attrait des voyages jouait à fond. » Dans ses chambres d'hôtel, et comme il en avait pris l'habitude à l'époque du pensionnat à Nice, la musique reste sa première compagne. Elle lui permet de neutraliser l'ennui et, surtout, d'éviter de trop gamberger, ce qui n'est pas recommandé avant une compétition. Alors on s'occupe comme on peut : « Lorsque je ne téléphone pas – je n'arrête pas de téléphoner à droite et à gauche –, j'ai besoin de musique. Si, par hasard, j'ai oublié mon magnétophone ou ma radiocassette, je suis terriblement malheureux. Ça ne tourne pas rond. Or, je ne peux pas vivre sans rien faire. Le silence devient obsédant. La musique, c'est la joie de vivre ! »

Enfin, pas seulement. Il y a aussi les passions éphémères qui surgissent au gré de ses périples. Ainsi des histoires d'amour comme celle qui survient bientôt à Dakar, au Sénégal, où le jeune homme participe à un tournoi secondaire. La rencontre terminée, le voici de retour à son hôtel où il remarque qu'un attrayant jupon patiente depuis de longues minutes dans le hall. Malgré sa timidité, Yannick prend sur lui et l'aborde avec délicatesse. La jeune femme lui apprend qu'elle est consultante de mode à Paris. La suite, c'est l'amoureux transi qui la conte lui-même : « Je suis immédiatement tombé fou d'elle, et elle folle de moi, je crois. Elle était certes plus âgée que moi, mais quand vous êtes amoureux, ça ne compte pas. Nous sommes restés ensemble pendant trois ans, et tout a changé. Je me suis senti plus fort, plus confiant. » Et de le prouver bientôt.

En 1979, l'amour et la rage de vaincre aidant, Yannick enchaîne succès sur succès. Au début de l'année, il participe ainsi à la coupe du Roi. L'épreuve n'a rien de comparable avec la Coupe Davis, mais le joueur l'envisage d'abord comme une préparation physique, technique et psychique. En témoignent ses deux victoires sur le Tchécoslovaque Tomas Smid. Puis arrive justement sa seconde participation en Coupe Davis. Nous sommes alors au mois de mars. Après les premiers simples et le double, la France est menée deux à un. Personne ne croit vraiment à sa victoire sur Tom Okker. Dans la hiérarchie mondiale, le Hollandais se situe loin devant le Français. À trente-cinq ans, Okker a par ailleurs l'expérience de son côté. Yannick, lui, est convaincu qu'il s'agit là de la rencontre à ne pas perdre.

Les premiers échanges lui donnent tort. À plusieurs reprises, son adversaire lui retourne de sacrés services. Premier set gagnant pour lui. Mais Noah n'a pas dit son dernier mot. À preuve lorsqu'il décroche le deuxième set, avant de céder le troisième à Okker. Sur sa chaise de capitaine de France, Pierre Darmon sent que la partie est loin d'être gagnée. Il s'interroge sur les réelles performances de son poulain. La réponse ne se fait pas attendre. Nous sommes au cinquième set. Yannick mène 5-4 et 40-0 sur son service : trois balles de match. C'est le moment terrible pour les nerfs, quand la victoire est proche. Des cris fusent. Yannick ne se laisse pas démonter. Il suit son service au filet, puis sert un *ace* qui plombe définitivement Okker. C'est fini. De joie, le Français jette sa raquette en l'air. Le camp tricolore est en liesse. Il vient de remporter le match décisif face aux Pays-Bas. De son propre aveu, le héros du jour ne comprendra que bien plus tard l'importance de cette victoire sur Tom Okker : « Depuis, j'ai eu d'autres satisfactions, mais rien de commun avec cette inoubliable performance d'Amsterdam... »

Mais déjà d'autres tournois l'attendent – Nancy, Madrid, Bordeaux – d'où il repart chaque fois victorieux. Première conséquence de ces succès : à dix-neuf ans, le voici désormais champion de France et considéré à juste titre comme le nouveau leader du tennis bleu-blanc-rouge. Au prix parfois de quelques frayeurs. Ainsi de ce match censé se dérouler dans la capitale de Lorraine, où Yannick a failli ne pas arriver. Au volant de sa première voiture, une Autobianchi Abarth, le voici qui dérape sur une chaussée mouillée. Plus de peur que de mal pour l'amateur de vitesse et pour les organisateurs de l'Open de Lorraine, grandement soulagés lorsque l'émule de Fangio réussira à arriver à temps, puis à repartir avec la coupe.

En juin 1979, prudence oblige, c'est dans la voiture d'un ami que Noah rejoint Roland-Garros où l'équipe de France doit affronter la Suisse. Serein, le Français vient à bout de ses deux adversaires : Heinz Gunthardt et Roland Stadier. En revanche, quelques semaines plus tard, contre la Tchécoslovaquie, rien ne va plus. Il y est défait par Lendl. Trop de nervosité ? Probablement. La veille, Yannick a avalé quelques somnifères qui auront laissé des traces lors de la compétition. Toute honte bue, le joueur ne cache pas sa déception.

Des défaites, le jeune champion en connaîtra bien d'autres. Elles font partie du jeu, si l'on ose dire. L'important est alors de les comprendre, d'en analyser les raisons. Une forme d'autocritique à laquelle Yannick se plie bien volontiers. Le défaitisme, ce n'est pas dans son caractère. Et, à chaque fois, de positiver, comme il aime à dire : « Je retiens les secteurs de mon jeu à l'origine de ma défaite du jour, et je travaille encore plus mes points faibles à l'entraînement. » Intelligent, l'aîné des Noah n'ignore pas davantage que le facteur psychologique peut parfois creuser la différence entre un bon joueur et un champion. Mais il y a aussi l'indéfinissable, ces jours noirs où le moral est au plus bas, lorsqu'il se retrouve « saturé » de tennis. Dans ces cas-là, le remède s'impose de lui-même : des vacances pour ne pas tout laisser tomber. À l'automne 1979, celles qu'il entame coïncident avec son retour à la vie civile.

Entre-temps, Yannick a fait l'acquisition d'un duplex rue Erlanger, vers la Porte d'Auteuil, dans le XVIe arrondissement de Paris. C'est là qu'il a pris l'habitude de recevoir son groupe d'amis. À l'exception de Pascal Portes et de Michel Grach, affectueusement baptisé « Mimi » et futur directeur de la communication à la FFT, aucun n'appartient au milieu sportif. La plupart sont des étudiants et ont le même âge que lui. Des amis sincères qui ne lui parlent jamais de tennis, mais de musique, de l'air du temps, entre autres banalités. À eux les sorties en boîte et les concerts. Fréquemment, ils se retrouvent à la brasserie Fernand, dans le quartier de Montparnasse. Le tennisman aime l'ambiance bon enfant qui y règne. Dans les années 1930, les plus grands artistes du moment – Modigliani, Cocteau, Man Ray – avaient l'habitude de fréquenter ce lieu alors baptisé l'Ancien Jockey. On venait y danser et manger en toute convivialité. De cette époque faste et glorieuse ne subsistent aujourd'hui que des photos souvenirs affichées aux murs. Côté cuisine, les préférences de Yannick vont vers l'une des spécialités de la maison : le pavé de thon sauce soja. Mais il se laisse aussi parfois tenter par le tartare de saumon à l'huile d'olive, la terrine de queue de bœuf ou le rognon de veau sauce moutarde.

Sans exclusive, le jeune homme rejoint parfois ses potes à la Coupole, toujours à Montparnasse, pour l'ambiance et le décor. Lorsque la fatigue ne les a pas épuisés, à eux encore de prolonger la soirée du côté de l'Élysée-Matignon, ou au 78, l'ancien Lido, haut lieu branché des nuits parisiennes. L'occasion, pour Yannick, de faire quelques rencontres avec des célébrités du cinéma et de la musique. En deux mots, ce qu'il est convenu d'appeler le Tout-Paris. N'a-t-il pas commencé lui-même à en faire partie ?

En 1980, s'il n'a pas encore gagné de tournoi majeur, il est déjà une vedette. Au fond, il aime bien ça. « Je mentirais si j'affirmais que je n'aime pas être, par exemple, reconnu dans la rue... Je ne le recherche absolument pas, mais c'est une réalité. Tant mieux ! C'est sympathique, de la part des gens. Ça me fait plaisir. » Mais de constater aussi que le statut est aléatoire et que certains comportements se révèlent à la longue plutôt fastidieux : « Ainsi, quand on est entre copains, voir un type arriver, me taper sur l'épaule et me dire : "Alors, Noah, tu vas nous en gagner, des matches !", c'est assez pénible. L'aspect positif, quand on est connu, c'est le fait que plein de portes s'ouvrent devant soi... J'ai rencontré en effet des gens que je n'aurais jamais connus si je ne m'étais pas appelé Noah. Des musiciens, des chanteurs, des acteurs : le monde du spectacle me fascine. J'aime donc bien que l'on se retourne sur moi. J'aime sentir que je produis un petit effet. La notoriété présente des avantages non négligeables : je n'ai jamais eu de retrait de permis de conduire, alors que j'ai déjà été arrêté au moins une dizaine de fois pour excès de vitesse. À chaque fois il y a un policier très gentil qui me reconnaît, et c'est gagné... »

En marge de ces soirées entre copains, ou d'autres plus mondaines, Yannick prend l'habitude de fréquenter assidûment les salles obscures. Quitte à se faire charrier, il avoue ne pas dédaigner les mélos musicaux comme le remake de *A Star Is Born,* avec Barbra Streisand, qu'il sera retourné voir une bonne douzaine de fois. Il jure en connaître tous les dialogues par cœur. Et pour cause : c'est au cours de sa première projection qu'il a noué une tendre idylle avec une jeune danseuse américaine prénommée Allison...

Parmi les autres productions du moment, ses préférences vont à *The Shining,* de Stanley Kubrick, adaptation du roman éponyme de Stephen King, et à *The Turning Point (Le Tournant de la vie),* de Herbert Ross, avec Shirley McLaine, l'une de ses actrices préférées. Côté acteur, son héros est définitivement Dustin Hoffman, l'interprète magistral du *Lauréat* (1967), de *Marathon Man* (1976) et de *Kramer contre Kramer,* projeté sur les écrans hexagonaux en 1980. On s'en souvient, le long métrage conte avec émotion et justesse les affrontements d'un couple pour la garde de leur fils. Banale et cruelle histoire que Yannick s'angoisse de vivre un jour...

Tout aussi morose, cette même année 1980 qui ne va pas répondre à ses espoirs de tennisman. C'est d'abord son échec lors de la nouvelle édition de Roland-Garros. Dans son entourage, on a bien suggéré qu'il pouvait créer la surprise, et il l'aura créée en épinglant José-Louis Clerc et Eliot Teltscher. Mais, en huitième de finale, face à Jimmy Connors, *alias* Jimmy la Foudre, rien ne va plus pour le Français, victime d'une chute. Dans les tribunes, sa mère et ses sœurs s'inquiètent. À juste raison. Contraint d'abandonner, c'est un Yannick malheureux qui assiste à la victoire finale du Suédois Björn Borg. Mais de « positiver » aussitôt lorsqu'il se jure d'y revenir un jour pour décrocher le célèbre saladier d'argent des Mousquetaires.

Rapidement remis sur pied par le kiné attitré de l'équipe de France, Robert Laurens, Yannick renoue avec la ronde insensée des tournois. À commencer par cette nouvelle rencontre pour l'équipe de France en Coupe Davis, qui se déroule à Montpellier, chef-lieu de l'Hérault. Dans l'histoire de la Coupe, c'est la seconde fois que les Bleus affrontent l'URSS. Deux matches pour deux défaites. En son for intérieur, le joueur n'a pas le sentiment d'avoir démérité. Mais le public présent ce jour-là ne partage pas son point de vue. Et d'exprimer bruyamment sa mauvaise humeur. Battu par Vadim Borisov, Yannick y entend même les premiers sifflets de sa carrière. Pour lui, c'est un mélange de déception et d'incompréhension : « Cela m'a peiné. Déjà je venais de perdre un match que j'aurais dû gagner, et par-dessus le marché j'étais conspué et critiqué par les spectateurs. C'est un très mauvais souvenir... »

Tout autant que ce scandale médiatique dont Yannick est à la fois l'auteur et la victime, en ce mois de septembre 1980, avec la publication d'un entretien choc publié dans le mensuel *Rock & Folk*. Six pages d'une interview réalisée à une heure avancée de la nuit au bar de l'Élysée-Matignon, la boîte branchée parisienne, par deux jeunes reporters aux dents longues : Jean-Luc Maître et Thierry Ardisson, futur animateur de *Tout le monde en parle* sur France 2. Mais de cet entretien-fleuve on ne retiendra que trois brèves citations faisant polémique. Un interrogatoire burlesque mais dont les mots, une fois imprimés, perdent de leur cocasserie : « Des mecs chargés, j'en vois dans tous les tournois. De plus en plus ! », commence ainsi par déclarer Yannick à ses interlocuteurs. Avant de mettre nommément en cause Björn Borg, alors quintuple vainqueur de Roland-Garros et numéro un mondial, et Victor Pecci, finaliste surprise des Internationaux de France en 1979. Visiblement passionné par le sujet, le duo de faux policiers – leur rubrique s'intitule *Descente de police* ! – souhaite en savoir davantage, notamment sur ces produits dopants utilisés par les monstres du tennis mondial. « La coke, les amphés et le hasch sont les drogues les plus prisées », répond Noah sans méfiance. Mais aussi de s'en plaindre : « Ça fait chier, parce qu'on ne se bat pas avec les mêmes armes. Moi aussi, je peux le faire, si je veux absolument gagner un match, on ne le saura jamais ! Personne n'en parle ; pourtant il suffit d'ouvrir les yeux ! » Sous entendu : les contrôles antidopages sont rares et connus de tous quinze jours à l'avance, laps de temps suffisant pour éliminer toute trace de substance interdite. Mais ce n'est pas fini. En guise de conclusion, ou emporté par la chaude ambiance régnant alors au Ginzbar – surnom du génial créateur Serge Gainsbourg –, Yannick révèle qu'il ne se refuse pas un « pétard » de temps en temps, un petit paradis artificiel pour apaiser quelques angoisses.

Dans le landernau du tennis, et à quelques jours de l'US Open, inutile de préciser que les déclarations à l'emporte-pièce de la vedette du tennis français ne passent pas inaperçues. Et d'autant moins qu'on les chuchote et les colporte en les simplifiant et les amplifiant. C'est d'abord un tollé chez tous ses confrères, à l'exception de Pecci qui, aussitôt sollicité, se refuse à tout commentaire relatif à de telles insinuations. Une certaine élégance dans le mépris, contrairement à Bergelin, le coach de Borg, dont l'opinion se résume à une injure colorée : « *Bull shit !* »

À Paris, au ministère des Sports, c'est d'abord l'incrédulité. On met en doute l'authenticité de l'entretien. Mais les reporters de *Rock & Folk* font savoir par dépêche AFP qu'ils tiennent à disposition l'intégralité de l'enregistrement de leur entretien...

Par voie de presse toujours, c'est au tour de Philippe Chatrier de faire connaître sa position. Officiellement, le dopage n'existe pas, ou alors, qu'on lui en apporte la preuve ! martèle-t-il. Et, pour faire bonne figure, le président de la Fédération française de tennis annonce la mise en place d'une commission constituée d'experts. Vraie fausse commission ? Ses conclusions, rendues publiques en janvier 1981 sous la direction de Jean-Pierre Cousteau, médecin officiel de l'équipe de France, lui en donneront l'allure. Celles-ci tiennent en quelques lignes et sonnent comme un chapelet d'évidences. Primo : il est impossible de se doper aussi bien pendant un match qu'au cours d'une saison entière ; deuxio : aucun cas précis n'a été à ce jour rapporté ; tertio : le contrôle antidopage est certes prévu dans les textes, mais son efficacité reste à démontrer, vu la complexité des méthodes utilisées ; quarto : la FFT va demander à la Fédération internationale d'étudier le problème du dopage et, si besoin est, d'y apporter les remèdes qu'elle jugera adéquats...

Rapport « politiquement correct » ? Comme la suite le démontrera, on peut l'affirmer sans trop de risques de se tromper. D'autant que le docteur Cousteau lui-même, plusieurs mois avant de donner son imprimatur au fameux texte de la Fédération, n'avait pas publiquement nié l'usage de produits illicites par les tennismen. Mais, prudence oblige, de montrer du doigt les seuls « joueurs sud-américains », tout en précisant dans la foulée « qu'ils ne sont pas forcément les meilleurs... ». Sollicité sur tous ces sujets, le neveu préféré du célèbre explorateur de fonds sous-marins ne souhaite pas aujourd'hui s'exprimer davantage, se retranchant derrière le sacro-saint « secret médical »...

Noah, lui, fait partie des meilleurs. Un surdoué bientôt obligé de jouer profil bas. Menacé de sanctions, le voici contraint, les jours suivant la publication de son entretien choc, de faire marche arrière. En quelques phrases, et devant les micros tendus, il dément ses propos, affirmant qu'il s'agissait d'une interview-gag, à ne pas prendre au premier degré. D'ailleurs, toutes les personnes autorisées n'affirment-elles pas que l'usage de la drogue est totalement incompatible avec la pratique du tennis ?

Toutes ces pieuses contorsions – mais ne serait-ce pas plutôt une conspiration du silence ? – n'ont en réalité qu'un objectif : étouffer un scandale à propos d'un phénomène qu'on ne souhaite pas voir. Mais n'est-il pas déjà trop tard ? Le pavé dans la mare de Noah ne tarde pas à faire des émules. Au fil des ans, d'autres, après lui, se montreront en veine de confidences. Ainsi de cet arbitre affirmant en 1982 avoir vu « des vents de panique souffler sur des tournois, parce qu'on n'arrivait pas à trouver la drogue demandée par une tête de série »... Ou du coach Ion Tiriac lâchant trois ans plus tard : « On ne peut plus se permettre d'attendre. Ce que j'ai vu et entendu dans les vestiaires de Flushing Meadow m'a littéralement effrayé ! » Ou enfin du meilleur tennisman norvégien rapportant avec force détails comment « les joueurs mettent de la cocaïne dans leurs poignets et leur serviette pour en puiser pendant le match ». De fait, il faudra attendre une bonne dizaine d'années pour que l'Association des joueurs professionnels (ATP) mette en place un service d'aide aux joueurs désireux de se faire désintoxiquer. Puis ce sera le renforcement des contrôles et des sanctions sur le circuit professionnel masculin. À partir de là, le tennis fera désormais dans le réalisme. En partie du moins, car si de plus en plus de joueurs subissent ces contrôles, pas question, en revanche, d'en communiquer les résultats. La raison : ne pas « entacher gravement » la liberté individuelle des intéressés...

Restent les confidences de Yannick sur son propre usage du cannabis qui, à l'en croire, aura perduré jusqu'à la trentaine, et dont il ne fera jamais vraiment mystère. « Oui, je veux bien être l'ambassadeur des fumeurs de joints, même si je ne fume plus », déclare-t-il ainsi dans le documentaire – *Yannick Noah, la force du rêve* – que son actuelle compagne, Isabelle Camus, lui consacre en 2005. Au grand dam de certains bien-pensants qui ont tôt fait de le stigmatiser. Ainsi de ce député gaulliste de l'Oise chez qui le discours moralisateur a tôt fait de rattraper le débat scientifique. Les poings serrés, le voici qui fait allusion sans le citer au tennisman : « J'aurais souhaité que ce champion de tennis fût incarcéré. Il faut faire un exemple, nous n'avons pas le droit de pervertir la jeunesse ! » De leur côté, les partisans de la libéralisation du cannabis rappellent que la « fumette » est hors du champ du dopage. Paradoxalement, elle ne l'est ni plus ni moins que le bain à l'éphédrine ou la surconsommation de café. Mieux : le hasch ne figure pas sur la liste des produits interdits par le Comité international olympique (CIO), liste qui est la référence antidopage de base, la détection de consommation d'alcool et de cannabis étant laissée à l'appréciation des autorités sportives. Le législateur français devait-il se montrer plus strict que le CIO ? interrogent encore les mêmes partisans.

Quoi qu'il en soit, le joueur se serait bien passé, pour l'heure, de ce type de médiatisation. Pour son entourage, Yannick doit très vite retrouver le chemin des courts afin de préparer les prochains rendez-vous sportifs. À commencer par ce match contre... Borg, à Flushing Meadow, dans le cadre de l'US Open déjà évoqué.

Face aux gradins qui plongent sur le rectangle magique, le match s'annonce difficile et le Français dissimule à peine ses appréhensions devant le duel qui l'attend. « J'étais sûr d'"exploser" devant lui. » L'« affaire » n'y est pas pour rien. La veille de la rencontre, impossible de dormir : « J'ai gambergé. » Et, forcément, lorsqu'on a la tête ailleurs, la défaite n'est pas loin. Ce qui ne va pas manquer de se produire face au Suédois. Une correction dont il tirera la leçon sur le plan sportif, et la morale sur le plan humain. Comme souvent dans les moments difficiles, il a pu compter ses véritables amis dans l'univers si fermé de la compétition. Durant la récente tempête médiatique, rares ont été ceux qui ont tenu à lui exprimer leur solidarité. « Quand on a des problèmes, les “amis” se font beaucoup plus discrets... », constate-t-il. Pas de coups de fil, pas de petits mots à son intention de la part de ces joueurs avec lesquels il partage pourtant l’essentiel de son temps. Blessé dans son amour-propre, sa morale tiendra désormais en peu de mots : dorénavant, ce sera du chacun pour soi : « Avant, quand je ne donnais pas tout de moi, je me sentais coupable. C’est un sentiment que j’ai toujours éprouvé vis-à-vis des autres. Je m’imaginais devoir tout leur donner. Aujourd’hui, j’ai réalisé que je ne dois rien à personne. » Mais aussi qu’une carrière sportive de haut niveau comme la sienne est exigeante, et qu’un nouveau départ s’impose sur des bases à la fois plus disciplinées et mieux organisées.

C’est dans cet état d’esprit qu’en octobre 1980 il décide de faire appel à un coach personnel.

5

L'ami « Hagel »

L'idée de solliciter un entraîneur privé ? Cela fait quelques mois déjà que Yannick y songe, mais sans grand enthousiasme. Indépendance oblige ! Le jeune homme supporte mal l'idée de se soumettre à une discipline trop astreignante, de vivre aux ordres. Lucide, il n'ignore pas non plus que son jeu doit s'améliorer et que quelques bons conseils sur l'orientation de sa carrière ne seraient pas superflus.

Réflexion faite, plusieurs choix s'offrent à lui. Mais un nom retient plus particulièrement son attention : celui de Patrice Hagelauer. Les deux hommes se connaissent depuis de nombreuses années et s'apprécient. Fils d'un ingénieur des travaux publics, Hagelauer est né en 1948 au Maroc où son paternel exerce ses activités. Diplômé de l'Institut national des sports, c'est en 1972 qu'il devient professeur d'éducation physique avant d'être nommé, l'année suivante, aux fonctions d'entraîneur national à la Fédération française de tennis (FFT). Autant dire que ce mélomane et amateur de peinture impressionniste a suivi de près l'évolution du futur numéro un français. Il l'a d'ailleurs régulièrement entraîné aussi bien lors des coupes Galéa-Valério, réservées aux meilleurs juniors européens, que lors de rencontres comptant pour la Coupe Davis. Outre ses qualités d'entraîneur, l'homme est aussi fin psychologue, n'ignorant rien des problèmes « extra tennis » de Yannick. S'il sait se montrer d'une parfaite discrétion, il est aussi parfois capable d'une grande franchise.

À l'en croire, Hagelauer n'aurait d'ailleurs pas été étranger à la décision de Yannick : « Il est venu me voir, car il ne voulait plus travailler avec Portes et Moretton qui étaient loin derrière lui dans le classement. À l'époque, j'entraînais les trois, et cela posait des problèmes au niveau de l'organisation. Il fallait souvent secouer Pascal pour l'amener à travailler, quelquefois même lui confisquer sa montre au cours des entraînements, car il surveillait en permanence le temps qui ne passait pas assez vite à son goût. À l'inverse, il me fallait freiner Yann qui exigeait de travailler encore et encore. Il est donc venu me dire : "J'adore mes potes, mais je ne veux plus travailler avec eux. J'ai besoin que tu t'occupes de moi tout seul." »

Pour Hagelauer, l'expérience vaut d'être tentée. Il connaît les qualités de ce joueur hors du commun. Un fonceur et un gagneur, doté d'un physique exceptionnel, à la fois délié et athlétique. Mais si l'expérience l'intéresse au plus haut point, elle ne sera toutefois pas sans conditions. Ce passionné se dit certes prêt à relever le défi, mais sous réserve d'avoir les coudées franches. En clair : Yannick devra jouer le jeu, autrement dit envisager quelques sacrifices. Un *deal* que son champion respectera – enfin, plus ou moins... – pendant près d'une dizaine d'années. D'autant mieux que, de son côté aussi, les choses ont été clairement exprimées : « Le jour, d'accord, tu t'en occupes ; mais la nuit, c'est moi qui m'en occupe. » Le tour de force de Yannick sera de s'accomplir aussi bien le jour que la nuit, comme nous le verrons bientôt.

Pour Hagelauer, néanmoins, tout n'est pas si simple. Son statut ne prévoit pas un détachement auprès d'un unique joueur, si brillant soit-il. Il doit auparavant obtenir le feu vert de la Fédération française de tennis. Son président, Philippe Chatrier, ne se fait guère prier. Sauf qu'il doit se faire « couvrir » à son tour par le ministère de tutelle d'Hagelauer, en l'occurrence celui de la Jeunesse et des Sports, alors dirigé par Jean-Pierre Soisson. Informé, celui-ci exprime de sérieuses réticences. Favorable à la formule du tandem Hagelauer-Noah, c'est au tour de Jean-Paul Loth de monter au créneau. Persuasif, le directeur technique national finit par obtenir gain de cause. Côté pratique, Hagelauer continuera à percevoir son salaire d'entraîneur national tout en étant rémunéré par Noah sous la forme de remboursement des frais de déplacement, billets d'avion et autres frais d'hébergement. Mais ce n'est pas tout. À la demande de Yannick, l'entraîneur interviendra aussi en dehors des séances d'entraînement, notamment dans ses relations avec la presse, en association avec Pierre Darmon, numéro deux de ProServ, la société américaine gérant ses affaires, dont j'aurai l'occasion de reparler.

Sur le plan sportif et dans un premier temps, le nouveau coach s'applique à régler les problèmes techniques et tactiques de son poulain. Selon lui, le tennisman doit améliorer son déplacement sur les courts et son jeu de jambes. « Yannick manquait de facilité à évoluer dans sa technique. Il suffit de le voir jouer au golf ! Ma tâche a donc d'abord consisté à développer les phases de jeu qu'il maîtrisait : service, volée, smash, couverture du filet, défense en fond de court. Une base énorme. En revanche, pas question de trop insister sur ses faiblesses, car il y a alors de gros risques, à vouloir tout chambouler, à entraîner la perte de confiance que le joueur a en lui. »

Au fil des mois, Yannick admet que le travail accompli avec Hagelauer lui est profitable à tous égards. Un travail sérieux, constructif, capital pour l'avenir, explique-t-il : « Ses qualités techniques, son expérience d'ancien joueur de Coupe Davis en double ont été également prépondérantes. D'ailleurs, au départ, j'ai un peu calqué mon jeu sur lui. Dans mon revers, il y a un peu du sien. »

Confiance et travail aidant, l'association sportive et amicale va se révéler particulièrement efficace. En 1981, c'est sur la terre battue de Roland-Garros que Yannick obtient ses premières performances notables. Là où il avait été en huitième de finale l'année précédente, par abandon contre Jimmy Connors, il atteint cette fois-ci les quarts de finale en battant Guillermo Vilas, mais en perdant ensuite contre Victor Pecci. Sa joie et sa légère déception n'échappent pas au cinéaste William Klein qui filme cette année-là les coulisses du French Open de Roland-Garros. C'est d'ailleurs la première et dernière fois qu'une équipe de tournage sera autorisée à imprimer sur pellicule les scènes insolites, les instants rares et intimes qui précèdent l'arrivée des joueurs sur le central. On voit ainsi la caméra du réalisateur américain sur les talons de Borg, Connors, Lendl, Evert, McEnroe, Nastase, Vilas, et bien entendu Noah. On découvre ce dernier dans un vestiaire, puis dans une salle de massage. Klein filme les premiers échauffements, les inquiétudes de Jean-Paul Loth en apprenant l'entorse dont vient d'être victime le joueur tricolore. La caméra est partout, surtout là où elle ne pourrait plus aller aujourd'hui, sauf dérogation spéciale octroyée par France Télévisions qui détient les droits exclusifs sur la retransmission des matches. Et pour quel spectacle, puisque c'est cette même année 1981 que Borg va s'emparer de son sixième et dernier Roland-Garros, le quatrième consécutif, en effleurant magistralement les lignes de ses *passing* croisés et décroisés !

Mais Yannick n'a pas dit son dernier mot. Toujours au cours de cette même année 1981, le voici qui débarque à Richmond, aux États-Unis, pour la finale d'un grand tournoi, la première de sa jeune carrière. Son adversaire n'est autre que Lendl, encore lui ! Depuis 1977, les deux hommes se sont rencontrés une bonne demi-douzaine de fois. La plupart du temps à l'avantage du Tchèque. Autant dire que les deux joueurs se connaissent parfaitement, à défaut de se porter une grande estime réciproque. « C'était le prototype du gars politiquement correct que je n'appréciais pas trop, se souvient Noah. Le vrai premier de la classe ! Moi, mon truc, c'était plutôt Vitas Gerulaitis qui arrivait au stade dix minutes avant le match, en Rolls-Royce, entouré de cinq nanas en minijupe ! »

Le Frenchie mène 1 à 0 et fait un break dans le deuxième set. Il se dit surpris par la violence inouïe des balles du Tchèque. Mais il tient bon jusqu'à l'abandon inattendu de son adversaire. Spectateur plus attentif que les autres, Arthur Ashe, revenu spécialement dans sa ville de Richmond pour voir ce match, quitte les tribunes pour aller féliciter chaleureusement son protégé. À l'en croire, il n'en revient pas de sa fulgurante ascension. Numéro un français à la fin de l'année précédente, Yannick vient d'accéder à la treizième place mondiale. On est encore loin de l'objectif que s'est fixé Patrice Hagelauer – parvenir à se classer parmi les cinq premiers mondiaux –, mais il garde espoir. D'autant plus que Yannick demeure toujours très attentif aux consignes que lui prodigue son coach. Après chaque match, la discussion va bon train entre ces deux-là, l'entraîneur ne se privant pas de souligner les erreurs commises, tout en s'appliquant à distribuer bons points et judicieux conseils à son poulain.

En 1982, Yannick continue à collectionner les victoires. Quatre tournois gagnés, dont celui de Dallas aux États-Unis. Une dernière rencontre originale dont le vainqueur repart avec un prix en nature : ce jour-là, le Français a l'embarras du choix entre une voiture de luxe, un tableau de maître, une enveloppe remplie de dollars, mais à l'unique condition que les billets verts soient destinés à l'acquisition d'un cheval de course ! Yannick réfléchit peu : ce sera un pur-sang dont il découvre dans la foulée la robe et le poil soyeux dans les haras de Deauville – une pouliche nommée Iron Dam, « Dame de fer ». Un trotteur prometteur, lui affirme-t-on. Si ce n'est qu'Iron Dam ne se fera guère remarquer dans les futures compétitions qui la verront courir. Qu'importe pour son heureux propriétaire qui ne tarde pas à faire l'acquisition d'autres montures : Yaoundé et Montoune, respectivement âgées de trois et deux ans. Lorsqu'il est de retour en France, c'est un haras situé près de Fontainebleau que Yannick prend bientôt l'habitude de rejoindre. Là, dès que son emploi du temps le lui permet, un aimable propriétaire met à sa disposition quelques-unes de ses montures. L'occasion pour le cavalier émérite de se ressourcer : « Ma vie est alors tellement mouvementée qu'il est agréable de se retrouver seul avec son cheval dans le calme des bois. Pour moi, un rêve de quelques heures... »

Mais oublions l'équitation pour revenir au tennis et à cette année 1982 dont le point d'orgue est ce match qui l'oppose, en juillet, à celui qui est devenu, par la force des choses, son adversaire « privilégié » : Lendl. Cette fois-ci, c'est dans le cadre de la Coupe Davis France-Tchécoslovaquie que les deux joueurs, qui ont la même ambition et le même talent, se retrouvent une fois encore.

En ce jour d'été, Yannick va-t-il revivre le scénario de Richmond deux ans plus tôt ? Le Français l'imagine sans trop y croire lorsque Lendl mène bientôt par six victoires à quatre. Mais, il le sait aussi, les prochains échanges s'annoncent serrés, voire décisifs. De fait, le set suivant tourne à la véritable corrida. Les spectateurs, pour mieux soutenir le numéro un français, ne cessent de brocarder son adversaire. Des « Lendl à Moscou ! » fusent des gradins. Livide, le Tchèque se raidit, fait face, gestes et regards de défi à l'appui. Moment désagréable pour le tennis. Six semaines auparavant, pendant les Internationaux de France, le comportement du même Lendl avait, de la même façon, fortement choqué. Au cours de sa finale perdue contre Wilander, il s'en était pris à tout le monde, aux arbitres, au public, regardant sa montre en levant les yeux au ciel pour mieux illustrer son ennui.

Mal aimé, voilà belle lurette que Lendl a l'habitude de l'être. Aux yeux des Français, c'est certain, il ne passe pas pour un séducteur. Il n'a pas le panache de Connors, ni le génie de McEnroe, l'éternel contestataire des centraux, ni l'humour de Nastase, ni le charme de Vilas ou de Panatta. Il ressemblerait plutôt à Borg, le mythe en moins, la raideur en plus. Ce qui lui vaut d'ailleurs ses surnoms de « Buster Keaton des courts », de « Prussien », d'« Ivan le Terrible ». À New York ou à Dallas, le public n'apprécie pas davantage ce « communiste », alors que la presse américaine le compare parfois à un tueur de l'Ouest, impassible et « machiste ». Fort heureusement pour lui, il lui reste son pays natal, la Tchécoslovaquie, où il est applaudi sans retenue lorsqu'il revient y jouer.

Ce jour de juillet, à Roland-Garros, le public français sent-il confusément que le destin de champion de Noah va une fois encore passer par Lendl ? Probablement. Mais voilà déjà son favori qui exprime toute sa puissance au service. L'affaire est vite entendue : il vient de remporter la victoire de ces quarts de finale. Au grand soulagement des spectateurs présents et à la plus grande satisfaction de la presse sportive. Cette même année, le voici d'ailleurs qui entre pour la première fois dans le top 10 mondial en gagnant quatre titres. Et ce n'est pas fini : à Monte-Carlo, Yannick vient enfin à bout d'un Björn Borg, star démobilisée et en fin de carrière, certes, à seulement vingt-six ans, mais star tout de même !

Fier, le Franco-Camerounais l'est tout autant lorsqu'il est bientôt désigné pour conduire l'équipe de France de Coupe Davis en finale contre les États-Unis. Fier et inquiet. La rencontre doit se dérouler au Palais des sports de Grenoble où Noah et ses compagnons de raquette – Leconte, Moretton et Tulasne – doivent réussir l'impossible : battre l'épouvantail américain. Or Yannick ne l'ignore pas : rien n'est joué pour le clan Bleu, même si, pour d'aucuns, un pareil exploit a déjà été réalisé. À la surprise générale, les mois précédant la finale tant attendue, le quatuor a en effet successivement épinglé l'Argentine, la Tchécoslovaquie et la Nouvelle-Zélande. En sera-t-il de même à Grenoble ? Yannick et ses amis font leurs comptes : leurs adversaires alignent un champion du monde en titre – McEnroe –, deux des meilleurs joueurs du moment sur le circuit international – Gene Mayer et Elliot Teltscher. Autant dire que chaque point va compter dans l'âpre combat qui s'annonce. Combat âpre et non dénué d'humour lorsque, avant le match, l'incorrigible McEnroe se lâche devant les journalistes en affirmant ne pas nourrir, lui, d'appréhensions particulières : « Non, je ne crains pas Noah. C'est plutôt sa coiffure qui me faire peur ! »

Pendant ce temps-là, l'homme aux dreadlocks arpente les allées du Palais des sports grenoblois. Il tient à saluer le patron de l'équipe yankee, qui n'est autre que... Arthur Ashe. Les retrouvailles entre les deux hommes sont courtoises, sans déborder de chaleur. « J'étais très troublé par le fait qu'il soit capitaine de mes adversaires, confesse Noah. Pour moi, cela n'avait pas de sens. J'étais fier de défendre les couleurs de la France, mais mal à l'aise quand Arthur donnait des conseils à McEnroe pour me battre. Il m'avoua bien des années plus tard que ce fut, pour lui aussi, un horrible moment. »

Quoi qu'il en soit, l'Américain aux Rayban fumées sait qu'il conduit la meilleure équipe au monde, mais qu'il n'est pas au bout de ses surprises avec une équipe française plutôt déterminée. Sa façon à lui de se faire peur ? Probablement. Car, malgré l'ambiance surchauffée de la salle, le constat s'impose rapidement au soir du 28 novembre, lorsque l'équipe US remporte la Coupe Davis 1982 au prix d'une défaite cinglante pour les tricolores : 1 à 4. Même Yannick a fini par craquer devant McEnroe qui l'a battu en cinq sets au terme d'un véritable combat de monstres sacrés : leur rencontre a duré près de cinq heures ! « Big Mac » se montre toutefois fair-play lorsqu'il souligne les qualités rares de son malchanceux adversaire : « De nous tous, il est celui qui a le plus de talent. C'est un soliste. Jamais un joueur n'a eu un coup d'œil pareil. Je n'avais pas frappé ma balle qu'il était déjà en train d'engager le retour. » Les fêtes de Thanksgiving, durant lesquelles s'est déroulée la finale, auront été tout aussi instructives pour le Français qui n'a cessé de penser que son équipe était là juste pour participer, non pour gagner. Et d'admettre que sa préparation a davantage été physique que mentale. Constat dont il ne manquera pas de tirer les leçons pour la suite.

Pour l'heure, malgré cet échec, Yannick peut se glorifier d'appartenir désormais à l'élite du tennis : il est entré dans le club des dix meilleurs joueurs mondiaux.

À des années-lumière de ces préoccupations sportives, c'est sur un autre centre d'intérêt que se penche depuis peu la presse people, auquel l'espiègle McEnroe a récemment fait allusion : la métamorphose capillaire de Yannick, cette coiffure « rasta » à la Bob Marley que l'étoile montante du tennis a désormais faite sienne. S'agit-il d'un signe distinctif à caractère religieux ? Ses cheveux poussent-ils plus vite que ceux du commun des mortels ? Est-ce bien sa propre chevelure ? s'interrogent ainsi les chroniqueurs spécialisés. À défaut de réponse, d'aucuns affirment que l'idée lui en serait venue à la suite du mariage de sa sœur Nathalie au Cameroun. Vrai, faux ? Seule certitude : si Noah a adopté cette coiffure pour rester incognito, c'est raté ! L'affaire est devenue un événement à la fois tennistique et mondain. Au lieu d'obtenir l'effet escompté, le Franco-Camerounais n'a réussi qu'à diviser ses fans entre « pour » et « contre ». Et les uns et les autres de questionner à leur tour : histoire de montrer que cette coiffure-là en vaut bien une autre ? Façon d'affirmer son ouverture aux autres, de se poser en citoyen du monde ? Ou, au contraire, d'afficher une forme d'africanité et de naturalité ostentatoires ? Avant de devenir une mode, pour certains, en effet, les dreadlocks manifestent avant tout un rejet des canons esthétiques occidentaux.

Amusé, l'intéressé n'a pas l'intention d'entrer dans le jeu qui secoue, l'espace d'un automne, le petit monde du tennis : « Je fais ce que je veux. Ma tête m'appartient ! » Puis, au bout de quelques mois, il révèle l'historique de ses tresses rasta, dont il affirme ne plus pouvoir se passer, alors qu'au départ son choix relevait plutôt du gag. Une histoire toute simple, confie-t-il, qui débuta au milieu de l'été, durant de brèves vacances. Une amie tenant un salon de coiffures africaines et antillaises du côté de la Bastille lui suggère de l'affubler de petits tortillons de laine tressés à partir des cheveux et terminés par un nœud. L'idée l'amuse. Du moins sur le moment. Il ignore alors combien cette coiffure demande de travail, de patience, de compétence, sans compter quelques souffrances. Ce jour-là, il aura dû rester rivé près de six heures sur le fauteuil de son amie. Mais de reconnaître aussi que cette épreuve ne se répétera pas, heureusement, avant une bonne année ! Pendant ce temps là, fini le peigne, et, ce qui ne gâte rien, une nouvelle tête qui lui plaît énormément. Surtout lorsqu'elle lui permet de vivre cette expérience inhabituelle : dans la rue, désormais, personne ne le reconnaît plus, y compris ce policier qui l'arrête une nuit, sur le coup de 3 heures du matin, pour excès de vitesse du côté de la place Dauphine. Contrairement aux autres pandores qui se montrent en général plutôt coulants à son égard – cela lui arrive au moins une fois par semaine –, le ton de celui-ci se révèle des plus menaçants. Pas question de demander au chauffard de filer et qu'on ne l'y reprenne plus, comme ses collègues qui, une fois remisé leur carnet de contraventions, l'apostrophaient par un amical « Allez, Yannick ! » ; cette nuit-là, il est menacé d'un bref séjour en prison, avant de se voir finalement adresser un avertissement sévère. « Tout d'un coup, je n'étais plus un joueur de tennis connu, mais un Africain comme les autres, confie Noah. Rien d'agressif, certes, mais un regard différent. En fait, je n'ai jamais connu de problèmes de racisme en France. Cela se passait plutôt dans le regard des gens, quelque chose d'assez indéfinissable que j'avais oublié : l'absence de préjugé bienveillant, admiratif aussi, habituellement attaché à la notoriété. Comme le dit très justement Larry Holmes (NdA : célèbre boxeur américain) : “Lorsque vous êtes noir et que vous avez de l'argent, alors vous n'êtes pas noir.” C'était très intéressant. »

Tout aussi intéressants ces messages que la presse croit discerner dans chaque nouvelle coquetterie du tennisman. Ainsi de ce jour où il s'offre un poignet aux couleurs de la Jamaïque, derrière lesquelles on croit voir en fait celles du Cameroun, autrement dit la défense d'une cause. Ce que Yannick ne réfute d'ailleurs pas totalement : « Comme pour ma nouvelle coupe, on pourra désormais dire que je représente mes amis rasta. Sachant que ça me donne plus d'énergie... »

De l'énergie, le champion semble en avoir à revendre. Entre les heures d'entraînement auxquelles il se soumet quotidiennement, le voici qui commence à suivre des cours de philosophie à l'université de Nanterre, près de Paris. Là, il s'initie entre autres aux ouvrages d'Émile Cioran, l'écrivain philosophe franco-roumain.

Curieusement, jamais aucune publication française ne fera allusion à cette passion de la star du tennis pour un auteur, il est vrai, pas très grand public. Cela étant, Yannick n'y a jamais fait non plus référence. « De fait, je n'ai jamais été officiellement inscrit à Nanterre, mais il est vrai que j'y ai suivi quelques cours en tant qu'auditeur libre, me révèle-t-il lors de notre rencontre. C'est Michel Grach, mon meilleur ami, qui en avait eu l'idée. À l'époque, Michel y suivait des cours de philo et nous habitions tous deux rue Erlanger, dans le XVIe. On vivait là quasiment en communauté avec deux copines : des moments fantastiques ! Puis, un jour, il m'a proposé de l'accompagner à Nanterre. C'est ainsi que je me suis retrouvé à suivre quelques cours. C'était marrant. Je laissais ma Porsche rue Erlinger et nous nous y rendions à bord de sa 2 CV. » À l'en croire encore, c'est son ami Grach qui lui a fait découvrir une foultitude d'auteurs, parmi lesquels Cioran, donc, chez qui il apprécie plus particulièrement les aphorismes ironiques sur la souffrance d'exister, sur cette quête vaine du bonheur qui ne peut que s'achever dans le désenchantement. « J'ai notamment découvert comment le cynisme peut parfois protéger, poursuit Noah. Je me souviens aussi comment j'annotais de nombreuses phrases des *Syllogismes de l'amertume.* Certaines m'encourageaient à m'interroger sur moi. Pourquoi arrêter le tennis, alors que j'ai tant de gens à décevoir ? Mais, en même temps, il est vrai que j'étais moi aussi un peu désenchanté. Il est d'ailleurs frappant de voir que, dans les interviews réalisées à cette époque, je ne répondais pas vraiment aux questions. Je parlais à mes potes. Je faisais le con, quoi ! »

Noah désenchanté ? Pas forcément, puisqu'il aime d'abord et avant tout chez Cioran l'auteur sachant si bien parler des « inconvénients d'être », mais qui, par son cynisme, son goût de l'autodérision, arrive parfois à le faire rire. En clair, la seule vraie cause que défend alors le poulain d'Hagelauer tient en peu de mots : continuer à jouer et à gagner. Même si Hagelauer ne se montre guère dupe : « Il a une vraie double personnalité. Il est capable d'être hyperprofessionnel et tout à l'opposé. »

Retour, donc, au tennis. Alors classé parmi les dix premiers mondiaux, Yannick espère bien encore monter. De l'avis des spécialistes, l'année 1983 est sans aucun doute sa meilleure saison. Elle débute en Allemagne pour se poursuivre en Espagne, à l'occasion des tournois de Hambourg et Madrid. Deux victoires auxquelles ne seraient pas étrangères ses frasques sentimentales. À l'en croire, celles-ci seraient même la clé de la plupart de ses exploits... ou de ses défaites. Dans la deuxième grande ville allemande, une *love story* avec Jill Goodacre, modèle américain originaire de Boulder, Colorado, entraîne une victoire au pas de charge. Mais elle est bientôt suivie d'une « engueulade » entre les tourtereaux. La suite est logique : malheureux, Yannick accepte de se faire corriger dans la foulée par Manuel Orantes, à Monte-Carlo. Mais, dans les heures qui suivent, Jill est de retour et voilà Yannick qui se surpasse à Madrid.

Les filles ou « les gonzesses », comme il préfère les appeler, ont toujours été « le baromètre de mes résultats, le mercure de mes scores », confesse-t-il. Avant d'évoquer en ce domaine ses souvenirs les plus marquants : « Déjà, minime, j'avais enlevé le titre de champion de France haut *la mano* pour une bonne raison : il y avait dans les tribunes, venue du Languedoc, une petite fille au regard triste qui me fascinait le ciboulot. Ce jour-là, grande classe, je jouais beaucoup mieux que d'habitude. Plus tard, à seize ans, l'Orange Ball, les championnats du monde juniors ; je suis tête de série numéro 2 ; Lendl est numéro 1. Une finale affichée. Seulement voilà : au début du tournoi, je vais voir *Hair* dans un théâtre de Miami, et je me pâme devant une jeune danseuse. Allison Glazman qu'elle s'appelait. Bref, coup de chance (en fait : cauchemar absolu), elle est la copine de la fille des gens qui m'hébergent. Le soir même, un mercredi, la rencontre est "organisée". On va voir *A Star Is Born* au cinoche. Et, miracle des miracles, je roule une pelle à ma danseuse. Je ne me sens plus. J'ai le carnaval de Rio dans la tête. Le jeudi, le vendredi, je fous de monstrueuses branlées à mes adversaires. Intouchable ! » Du moins jusqu'au moment où une désagréable surprise attend l'amoureux transi : dans les jours suivants, il revoit sa danseuse cinéphile au cours d'une « party », mais accompagnée cette fois d'un autre fiancé. Un moment, Yannick croit que son cœur va lâcher. Et pas seulement le cœur : « J'ai envie de pisser de douleur dans mon (premier) jean ! » Que faire ? s'interroge-t-il devant le visage déconfit de son « petit frère » Gilles Moretton, également présent. Impossible pour lui de perdre la face et d'admettre ce qu'il considère alors comme de la haute trahison. Mais déjà son sang ne fait qu'un tour et il commence à rudoyer la belle Allison : « Allez, casse-toi ! Parce que si tu ne te casses pas, dans cinq minutes j'explose ton mec ! » Devant l'imposante carrure du tennisman, le couple ne se fait guère prier et déguerpit aussi vite qu'il est arrivé. Le lendemain, encore sous le coup de sa déception sentimentale, Yannick accepte de se faire battre en demi-finale contre un joueur brésilien dont il n'aurait fait qu'une bouchée une semaine plus tôt : « Paralysé, j'étais. Indifférent à tout. Le dégoût ! »

Heureux et malheureux en amour, Yannick le sera encore à maintes reprises. Souvent, un petit mot griffonné sur un bout de papier suffit à soulever son enthousiasme et, par là, à lui faire décrocher victoire sur victoire. Ainsi de ces télégrammes d'encouragement glissés par France : « Vas-y. Tape-les ! » Ce jour-là, Yannick est à Manille. Après les Philippines, l'Inde. À Calcutta, nouveau Télex : « Gagne pour moi ! » Pour Yannick, aussitôt dit, aussitôt fait : « À chaque fois que j'ai gagné un tournoi, c'est que ma fibre sentimentale venait de se transformer en sucre d'orge. » Plus tard, le téléphone remplacera les petits mots. Des appels longue distance dont il aura également tôt fait de grossir les factures : en 1979, dans sa chambre d'hôtel de Memphis, le voici accroché pendant près de cinq heures à son combiné ! Au bout du fil, sa nouvelle dulcinée écoute attentivement son discours amoureux, confortablement installée dans un appartement parisien. Au moment de régler sa note, l'impénitent séducteur manque de s'étrangler. Montant de son séjour : 320 dollars. Note de téléphone : 1 800 dollars !

Yannick, cœur d'artichaut ? L'ex-champion, devenu star de la chanson, l'admet aujourd'hui bien volontiers. Et de me le confesser en ces termes : « Mes aventures sentimentales du moment correspondaient à un manque affectif que je ressentais en tant qu'adolescent. Je recherchais l'amour dans le regard des autres. Je pensais que ça passait par là. Cela m'a apporté beaucoup, jusqu'au moment où je suis passé à autre chose. Bien plus tard, je prendrai conscience que rechercher la victoire à travers l'amour n'est pas suffisant. Cette prise de conscience va naître au moment de ma victoire à Roland-Garros, lorsque papa se jettera dans mes bras. Là, j'ai compris qu'il y avait autre chose dans la vie... »

En attendant, les semaines filent et une nouvelle romance se profile sous les traits de la jolie Kim. Sur les courts, les résultats de Yannick sont au diapason. Plénitude aidant, et malgré un soleil de plomb, le voilà qui terrasse, en février 1982, sur le central du tennis-club de la Quinta, l'« invincible » Lendl, auteur avant cette défaite d'une série de quarante-cinq victoires consécutives. En sera-t-il de même lors de leur prochain rendez-vous à Roland-Garros, prévu pour juin 1983 ? Seule certitude pour le jeune homme : « Si tout baigne, c'est que je n'ai plus qu'une chose dans la tronche : gagner. En revanche, si c'est un problème englué parmi cent mille autres... »

Le problème ne tarde pas à surgir avec le tournoi de Monte-Carlo que Yannick doit disputer en avril 1983 contre Manuel Orantes. Les deux joueurs se sont déjà rencontrés à plusieurs reprises, la plupart du temps au bénéfice du Français. Mais, ce jour-là, celui-ci n'est pas dans son assiette. Pis, le voici à la fois malade et dépressif, comme il l'avouera plus tard : « Malade d'être un bon, dépressif de ne pas être un grand ». Des états d'âme compréhensibles, sauf pour son coach qui lui demande avec véhémence de reprendre ses esprits. « Il était fragile et guère motivé, me confie Patrice Hagelauer. Il a perdu contre Orantes, et je n'ai pas beaucoup aimé ça. J'ai piqué une grosse colère, lui disant qu'il ne pouvait continuer à faire le con. Puis en lui mettant le marché en main : "Soit tu t'y mets, soit j'arrête." Il m'a regardé et m'a dit "Banco !" » Dès le lendemain, les deux hommes se retrouvent sur des courts parisiens où Hagelauer soumet son poulain à un entraînement intensif. Et le même de se souvenir aujourd'hui : « Ce qui est fantastique, avec lui, c'est qu'il se donnait à deux cents pour cent s'il sentait qu'on croyait en lui. À un moment donné, mon problème aura même été de le brider. » Pour Hagel, point trop n'en faut ; il ne manque pas d'encourager son poulain à prendre des repos bien mérités.

Sa façon de goûter les joies du retour au calme ? Elle est souvent toute trouvée, pour Yannick, qui, lorsqu'il n'est pas en déplacements, se hâte de regagner sa maison de campagne de Nainville-les-Roches, dans l'Essonne, à quarante-cinq minutes de Paris. Voilà trois ans qu'il a fait l'acquisition de cet ancien presbytère possédant piscine et vaste terrain. Un terrain de golf à 15 km, non loin de la ferme équestre dans laquelle on s'occupe de ses chevaux : tous les bonheurs à portée de main. Pour rejoindre sa thébaïde, il lui faut emprunter une route sinueuse qui serpente à travers vergers luxuriants et champs de blé, ceux-là mêmes qui auront inspiré bon nombre de peintres impressionnistes. Dans l'une des pièces principales de son refuge, le tennisman a préféré, lui, accrocher deux immenses portraits, l'un de Mick Jagger, le chanteur des Rolling Stones, et celui de son autre grande idole de la musique, Bob Marley. Rien de choquant, dans cet ancien prieuré aux murs épais en pierres de taille. Un historien local me conte comment, après le départ du tennisman, qui s'en est séparé en 2001 à la faveur d'un second divorce, la « maison Guérin », du nom des anciens propriétaires, est devenue aujourd'hui une maison d'hôtes.

En 1983, cette propriété n'est pas un ermitage pour Noah qui ne peut concevoir l'isolement ni la solitude. Ses amis le savent bien lorsqu'ils y débarquent en bande, le 18 mai, jour de son vingt-troisième anniversaire. Des copains aux bras chargés d'un gâteau aux fruits de la passion et de deux bouteilles de champagne. Tout heureux de cette détente imprévue, Yannick se met à danser un reggae qu'il va poursuivre dans sa piscine chauffée où on vient de le pousser. Les festivités peuvent commencer : ses amis Moulinot, Fitoussi, N'Gom, ailier du PSG, le mannequin Gabriella l'aident à souffler les bougies de son gâteau d'anniversaire. Le repas achevé, le tennisman se fait un plaisir de leur faire essayer son dernier bolide, une Auburn 1935. Enfin, chacun son tour, car ce cabriolet, très prisé des collectionneurs d'américaines, ne possède que deux places.

Un répit dans son entraînement qui reprend dès le lendemain. Cinq heures de tennis quotidien, cette fois dans un petit club de la région, La Rochette, à une trentaine de kilomètres de sa propriété. Là, il retrouve Hagel et trois joueurs de ses amis, Jérôme Potier, Pascal Portes et Loïc Courteau, qui se relaient pour « le pousser au maximum », sans ménagements, sur le court bâché par souci de discrétion. La rencontre qui l'attend – les Internationaux de Roland-Garros – est un événement majeur du calendrier national et mondial. L'équivalent du grand prix de Monaco pour la Formule 1 ou du Festival de Cannes pour les cinéphiles. Yannick y arrachera-t-il la couronne tant convoitée ? Va-t-il entrer dans la légende en devenant le premier joueur tricolore de l'ère Open à remporter un tournoi du Grand Chelem ? Dans son entourage, on croit d'autant plus en ses chances que la retraite définitive de Borg a déclenché la guerre de succession sur les courts centraux. Ses prétendants les plus sérieux s'appellent Connors, McEnroe et Lendl, le

Franco-Camerounais et le Suédois Mats Wilander n'occupant, eux, que les têtes de série numéros 5 et 6.

Yannick ne l'ignore pas : le tournant d'une carrière de sportif de très haut niveau se joue parfois à rien, et l'on ne se rend compte que bien plus tard de l'importance du moment clé qui fait basculer une carrière dans une autre dimension. L'enjeu est si lourd qu'il peut plier en chemin, malgré son entraînement poussé à l'extrême. Par ailleurs, l'histoire du stade parisien regorge de grands matches perdus, d'occasions manquées, d'exploits envolés. Depuis la victoire de Marcel Bernard en 1946, la France cherche un champion pour ses Internationaux. Les deux Pierre, Darmon et Barthès, d'autres encore s'en sont souvent approchés, mais n'ont jamais pu conquérir la coupe des légendaires Mousquetaires qui dominèrent le tennis international dans les années 1920 : René Lacoste, Jean Borotra, Henri Cochet et Jacques Brugnon. Dans son for intérieur, l'aîné de Zacharie Noah se sent prêt à relever le défi qui l'attend, en ces premiers jours de juin 1983, sur la terre battue de Roland-Garros.

Auparavant, plusieurs tours requièrent le joueur. C'est en fait une quinzaine mémorable puisque son parcours va se révéler sans faute. C'est d'abord une victoire à l'arraché sur le Suédois Anders Jarryd, qui lui ouvre la voie du deuxième tour où l'attend Victor Pecci. Comme le temps passe ! Deux ans plus tôt, le Paraguayen, en quart de finale, avait éliminé Noah qui venait de terrasser Vilas. Aujourd'hui, les deux s'affrontent encore, mais cette fois, la situation est renversée. Au milieu de la troisième manche, Yannick a l'impression que son adversaire « a déjà un pied au vestiaire ».

Ce qui va bientôt être le cas. Place aux suivants : l'Américain Pat du Pré et l'Australien John Alexander, définitivement défaits par un Français visiblement remonté à bloc. Un soulagement pour Hagelauer dont le poulain a enfin atteint le dernier carré, celui de ce quart de finale où il va se retrouver face à son ennemi intime : Lendl. Le Tchèque va-t-il craquer nerveusement, une fois encore ? L'entraîneur l'espère, mais, bizarrement, c'est Yannick qui, ce jour-là, gaspille deux balles dans le troisième set. S'installe le doute. Puis c'est le déclic : « Face à Lendl, j'avais l'impression de me battre pour les pauvres, pour les Noirs, pour les gentils. Et j'ai fini par gagner 6-0 la quatrième manche... »

Plus qu'un obstacle avant la finale. La rencontre qui doit l'opposer à un autre Français et ami : Roger-Vasselin, tombeur lui-même, trois jours plus tôt, du numéro un mondial, Connors. Mais, de toute évidence, passé les premières minutes très tendues du match, le jeu s'impose au profit de Yannick. Ce dont convient aisément Roger-Vasselin : « Quand je l'ai analysé après coup, j'ai constaté que je n'avais pas été assez concentré. Le tennis, c'est vraiment une question de vases communicants, de retours de situation. »

Le même retour de situation va-t-il prévaloir pour la finale tant attendue ?

6

Le sacre

Ce dimanche 5 juin 1983, Yannick s'est juré d'y triompher. Ne serait-ce que devant celles qu'il aime : Marie-Claire, sa mère, Zaza et Natal, ses sœurs, dans la loge voisine, et Jill Goodacre, dix-huit printemps, sa fiancée du moment, mannequin à l'agence Prestige de Paris. L'impénitent séducteur a fait sa connaissance quelques mois auparavant, lors d'un festival « rock » organisé dans l'enceinte de l'hippodrome de Pantin, avant de la présenter discrètement au public par écran de télévision interposé, lors du tournoi de Bâle, édition 1982, qu'il a remporté haut la main en battant en finale un certain Wilander. La presse rose bonbon croit alors savoir que les deux tourtereaux pourraient convoler en justes noces avant la fin de l'année 1983. À tort. Car après avoir fait le succès du catalogue de mode *Victoria's Secret*, la belle Jill apparaîtra dans plusieurs feuilletons télé américains, dont la fameuse série *Friends*, avant d'épouser en 1994 le non moins célèbre chanteur Harry Connick Jr.

Mais revenons à cette grande finale. Voici désormais Yannick face à son ultime adversaire, le tenant du titre : le Suédois Mats Wilander, considéré comme le meilleur joueur au monde sur terre battue. Comme le Franco-Camerounais, Wilander, de quatre ans son cadet, a débuté très tôt le tennis où il a commencé à briller dans les tournois juniors, européens et américains. Devenu professionnel, on le retrouve en 1982 – il est alors âgé de dix-sept ans – à Roland-Garros qu'il remporte face à Guillermo Vilas. Au cours de l'été de la même année, c'est un autre record qu'il remporte lors de la Coupe Davis contre McEnroe : celui du plus long match de l'histoire de la Coupe. Une défaite en six heures et vingt-deux minutes ! Pour les uns, avec sa rigueur et son talent, le joueur scandinave possède à n'en point douter le potentiel pour devenir numéro un. Pour d'autres, il est le successeur tout désigné de Borg. Ce qu'il deviendra effectivement de nombreuses années plus tard. Pour l'heure, sont mis en avant son sang-froid et la rigueur de son travail. Considéré comme l'un des joueurs les plus fair-play du circuit, un authentique « gentleman », l'homme partage avec Yannick de nombreuses qualités de cœur. Une belle âme toujours prompte à défendre de justes causes.

Ainsi lorsque les deux joueurs acceptent, quinze jours plus tôt, de se rencontrer pour un match organisé dans le cadre de la traditionnelle Journée Benny Berthet, du nom d'une grande figure de l'histoire du tennis, dont les bénéfices sont reversés à diverses associations caritatives. À l'origine de cette rencontre, Jacques Dorfman, qui ignore encore qu'il arbitrera la finale opposant bientôt les deux champions. Il se souvient : « Je voulais absolument faire jouer Yannick. Je suis allé voir Patrice

Hagelauer en lui disant : “J’aimerais bien que tu me prêtes Yannick pour demain.” Il n’était pas très chaud. Il me demande : “Ce serait pour jouer contre qui ?” Je lui réponds : “Peut-être contre Wilander.” Il me rétorque : “Ah bon, ce n’est peut-être pas une si mauvaise idée que cela.” Quelques minutes passent et je croise le coach de Wilander. Il me demande : à quelle heure ? Je lui dis : “Sans doute à quinze heures.” Il me fait remarquer que c’est l’heure à laquelle la future finale est programmée. Mais il ajoute : “Comme ils vont se la jouer dans quinze jours, ça les entraînera.” Deux semaines avant, ils se sont donc affrontés, mais je ne me souviens plus du résultat. »

Alors que la fameuse finale va débuter dans quelques minutes, Yannick se déclare à Hagelauer en pleine forme physique et morale. De quoi rasséréner l’entraîneur. Mais tous deux n’ignorent pas la pression qu’impliquent les Internationaux de France. « Durant le tournoi, nous nous sommes complètement isolés, réfugiés dans une bulle, se souvient Patrice Hagelauer. Tous les midis nous déjeunions chez Yann. J’avais trouvé un petit club, à côté, où nous nous entraînions au calme. On s’entraînait dur, mais Yann en redemandait toujours. Et je n’avais qu’une trouille : qu’il se blesse. Un soir, il m’a traîné au garage Mercedes du coin, puis m’a tendu des clés et m’a dit : “Tu vois, la voiture, là-bas : c’est la tienne.” J’ai répondu qu’il était hors de question que j’accepte, et il m’a répliqué : “Si tu refuses, tout est fini entre nous !” Ç’a été le plus beau cadeau de ma vie. En définitive, l’idée était qu’il passe le moins de temps possible à Roland-Garros, pour garder de l’influx nerveux. C'était une nécessité, car dans les allées c'était de la folie ! À l'époque, il était déjà connu comme le loup blanc et était sollicité en permanence. »

Par les journalistes, entre autres, qui, comme le public, ont fait de Noah leur favori. Un enthousiasme que le quotidien *L'Équipe* reflétera à sa façon, la veille de la finale, avec ce titre : *50 millions de Noah* !

Le lendemain, dimanche 5 juin 1983, il est 15 heures passées de quelques minutes lorsque Wilander et Noah font leur entrée, l'un derrière l'autre, sur le central. Chemisette blanche à manches courtes nimbées de jaune, sa raquette arborant le logo du Coq sportif, le Français semble aussi tendu que son adversaire. À peine jette-t-il un regard aux gradins de Roland-Garros où le public est venu très nombreux : plus de dix mille spectateurs. Sous un soleil de feu, les applaudissements fusent. Tous semblent s'adresser à leur chouchou dont ils attendent ardemment la victoire.

Lorsque Jacques Dorfman, le juge-arbitre, annonce le début de la partie, un silence de plomb s'abat d'un coup sur le stade. Aux premières balles de Wilander, Yannick réplique avec énergie. Chacun joue son jeu. Chacun croit à sa stratégie. Noah, qui fonce et qui s'use. Wilander, qui attend et s'inquiète. Le premier n'ignore pas que le second est un joueur de fond de court, préférant les longs échanges et répugnant à monter au filet. Hagel l'a d'ailleurs particulièrement briefé sur la tactique à adopter : « Surtout, éviter de se laisser embarquer dans des filières longues. » À juste raison : dès le premier set, Yannick s'emploie à faire monter la température en arrachant, dès le premier jeu, le service de son adversaire. Aux changements de côté, le Français se masse les jambes. Troisième set : 3-2 pour Wilander. Service Noah, et 0-30. Le public, lui, ne peut se contenir davantage. Soudain se déversent sur le central clameurs et bravos. Des « No-ah ! No-ah ! » sont scandés. Le juge-arbitre rappelle à l'ordre les spectateurs : « Mesdames, messieurs, veuillez rester silencieux autant que possible au cours des échanges. Merci. » Dans les tribunes, on s'esclaffe. Yannick, lui, se sent galvanisé par le soutien du public qui le porte. Et encore, il ne sait pas que, devant leur poste de télévision, des millions de téléspectateurs applaudissent eux aussi son tennis flamboyant tout en retenant leur souffle. Beaucoup d'entre eux – comme l'auteur de ces lignes – n'hésiteront pas à revoir, vingt-cinq ans plus tard, ce match historique, régulièrement diffusé sur certaines chaînes du câble. Une chance offerte de le revivre dans sa totalité, et, pourquoi ne pas le dire, dans sa dramaturgie.

Car voilà déjà arrivé l'instant fatal qui décide, sur quelques échanges, du gain entier d'une partie, tout en conservant l'écart de deux points minimum obligatoire. Au comble de l'émotion, le stade se drape d'un épais silence. Après deux heures trente de jeu, c'est la balle de match. La minute du tout ou rien. Poings et mâchoires crispés, Yannick se livre totalement, sans se préoccuper du point suivant. Enfin Wilander renvoie la balle. Un dernier retour de service qui sort des limites du court. C'est la faute, et c'est la victoire pour Yannick qui tombe à genoux. Sur son visage coulent des larmes de bonheur. Mais déjà le vainqueur se relève en apercevant son père qui dégringole sur le court depuis sa loge. À son tour Yannick enjambe le filet et, ivre de joie, se précipite dans sa direction. Au passage, il écarte l'un de ses meilleurs copains, Yves Dahan, qui est le premier à foncer à sa rencontre. Le père et le fils tombent dans les bras l'un de l'autre. Yannick s'écrie : « Papa, papa, ça y est, on a gagné ! Papa, on a gagné ! » Ému comme jamais, Yannick aperçoit sa mère Marie-Claire dans les tribunes, qui fait signe aux deux hommes de la rejoindre, mais la foule qui les entoure rend tout mouvement impossible. Le court est envahi par les spectateurs et une nuée de reporters. « Cassez-vous, laissez-moi ! » s'écrie soudain Yannick qui a l'impression d'étouffer. Il implore : « Cinq minutes, s'il vous plaît ! », mais une pure folie règne alors sur le central. Puis sonne l'heure de la remise de la coupe des Mousquetaires tant convoitée. Devant le micro qu'on lui tend, le vainqueur s'exprime avec ses mots à lui, des mots sortant tout droit du cœur : « Ma victoire est d'abord celle de ma famille, de mes amis. Celle de la France, et celle de ma deuxième patrie : le Cameroun ! »

« Des minutes pas croyables », se souvient Yannick qui en oublie de saluer l'arbitre, comme la tradition l'exige. Un manquement dont Jacques Dorfman jure aujourd'hui ne pas lui avoir tenu rigueur : « Pendant le match, j'ai ressenti l'ambiance passionnée. Après le dernier point, j'ai enfin pu savourer le bonheur général. Sa victoire m'a ravi, j'attendais cela depuis trente-sept ans ! »

Il n'est pas le seul, comme le souligne dès le lendemain la presse hexagonale, saluant comme il se doit cette victoire française survenue près d'un demi-siècle après celle de Marcel Bernard. « Incroyable », « déraisonnable », « improbable » : tels sont les qualificatifs qui reviennent le plus souvent dans les commentaires. Pour les uns et les autres, il fallait avoir, comme Noah, l'assurance chevillée au cœur pour programmer une telle issue. Et quelle issue ! Les images sont encore gravées dans la mémoire de ceux qui assistèrent à l'événement. À commencer par celui qui l'a vécu aux premières loges : Mats Wilander.

Pour celui-ci, devenu aujourd'hui chroniqueur régulier de *L'Équipe*, le doute n'est pas permis : cette finale reste sa plus belle défaite. « Je me rappelle que quelqu'un est venu me trouver après la rencontre en me disant que Yannick était perclus de crampes, qu'il était cuit. Moi, je n'en savais rien, je n'avais rien vu. Vous imaginez, si jamais j'avais remporté le set ! », confesse Wilander qui se souvient de même de l'extraordinaire engouement des spectateurs pour son adversaire et ami : « Ils poussaient tous derrière lui. C'est bien simple : j'avais l'impression de jouer seul face à quinze mille Noah sur le central ! »

Une quart de siècle plus avant, le souvenir de ce sacre n'a pas davantage pris de rides pour Hervé Duthu qui fut le commentateur pour la télévision de cette finale. Pour beaucoup encore, sa voix est indissociable de cette rencontre combien magique. « Roland-Garros 83, c'est l'accomplissement d'un rêve, affirme d'emblée Duthu, aujourd'hui retiré sous le soleil de Bali, en Indonésie. L'aboutissement d'un travail de onze ans. Yannick aimait à se faire passer pour un dilettante. C'était plutôt malin, car il se retirait de la pression, et puis il ne pouvait pas se consacrer à cent pour cent au tennis, sur le long terme. Il s'intéressait à trop de choses. Mais, contrairement à ce qu'on a bien voulu dire, c'était un bosseur. Un homme de coups, de défis ! » Et cette haute figure du commentaire sportif d'analyser ce qu'il est convenu désormais d'appeler le « phénomène Noah » : « Au départ, il n'était pas le joueur le plus doué de sa génération. Excepté son service et son smash, on ne peut même pas dire qu'il possédait de grands coups. Pas même à la volée. Mais il avait une présence, une envergure incroyable au filet, et c'est tout différent. Il déployait une énergie dingue. Il détestait tellement la défaite qu'il se mettait à plat ventre sur le court... »

Qu'il le veuille ou non, le Franco-Camerounais est désormais un héros national. Sans trop le savoir, il vient d'entrer dans le cœur des Français. Et du premier d'entre eux, François Mitterrand, qui lui adresse un message de félicitations particulièrement chaleureux dans les minutes qui suivent sa victoire. L'Afrique n'est pas en reste lorsqu'elle tient également à féliciter le prodige d'un de ses fils, parvenu au sommet dans le monde du tennis. Conscient de cette popularité, le président de la République française propose justement à la nouvelle star de l'accompagner à l'occasion de la visite officielle qu'il doit effectuer quinze jours plus tard au Cameroun. Un beau symbole pour le locataire de l'Élysée qui a vite compris comment le jeune joueur a désormais rejoint le panthéon des gloires nationales, celles qui font les mythes et légendes : celle du petit garçon d'origine africaine, venu de nulle part, qui triomphe à Paris dans un sport traditionnellement réservé aux Blancs...

De son côté, Yannick n'en revient pas de tout ce qui lui tombe sur la tête. À commencer par tous ces médias et industriels qui kidnappent son image et parfois même son intimité. Ainsi de ces magazines féminins qui le transforment en « symbole sexuel parfait ». Ou de ces affiches et autres boîtes de biscuits qui vantent son « secret » pour maîtriser le lob et les services. Bientôt surgiront des lithographies à son effigie, vendues 200 francs (54€), tandis que des cassettes vidéo de son triomphe à l'Open de France, elles, continueront à se vendre comme des petits pains. Et ce n'est pas fini. Dans la foulée, une ballade reggae intitulée *Tie Breaker* s'est transformée en hymne au vainqueur de Roland-Garros : *Noah, Noah, allez Noah !...* De musique il en est encore question lorsqu'on lui propose de réaliser un disque. Mais le futur interprète de *Saga Africa* estime que l'heure n'est pas encore venue : « Pas maintenant, répond-il à ceux qui l'interrogent. Ç'aurait l'air de vouloir profiter de la situation. J'aime la musique, mais je suis un profane. Je veux faire quelque chose de bien. Là, on serait obligé de bâcler le travail. »

De travail il est toutefois question pour Yannick qui accepte bientôt de participer à l'élaboration d'une bande dessinée à sa gloire, signée André Chéret, l'un des dessinateurs à *Pif* et *Pilote*. Un livre d'images aux allures de conte de fées auquel le vainqueur des Internationaux de France se prête avec jubilation, même si le résultat ne sera pas à la hauteur de ses espérances, ainsi que l'explique le créateur de *Rahan* : « Il a eu envie de faire un album de BD, mais ça n'a pas eu un grand succès, étant donné qu'après Roland-Garros il n'a pas poursuivi l'exploit de remporter plusieurs fois le tournoi. » Plus question alors de poursuivre l'aventure avec la publication d'une suite, comme prévu au départ. Et d'ailleurs, toujours selon Chéret, Yannick n'avait ni le cœur ni la tête à ce genre d'autopromotion.

Sollicité par tous les salons où l'on cause de tout et surtout de rien, et comme il fallait s'y attendre, Yannick ne tarde pas à subir de plein fouet le revers du succès. « Je me suis soudain retrouvé au milieu de tout ce que je détestais : les flatteries, les mensonges, les coups de brosse à reluire... » Perceptible, son malaise n'est d'ailleurs pas sans conséquences sur les rencontres auxquelles il s'est engagé à participer. À Lisbonne, il est ainsi défait par Wilander, son challenger malheureux de Roland-Garros. Quelques semaines plus tôt, à Montréal, il a été battu au troisième tour par Fleming et par son genou droit : il a été victime d'une tendinite. Au fil des mois suivants, les hauts et les bas se succèdent, au moral comme au physique, avec des performances inégales.

Paradoxalement, son succès à Roland-Garros aurait-il enrayé la machine à gagner Noah ? La question mérite d'être posée, puisque c'est dans les jours mêmes qui ont suivi sa victoire aux Internationaux que le champion a été suspendu pour trois mois. La raison ? Il a séché la coupe des Nations, à Düsseldorf, sans prévenir. Pour ses organisateurs, la pilule est amère, même si le fautif en sera quitte pour une amende de vingt mille dollars infligée par le Conseil international des joueurs professionnels, l'organe directeur du tennis. « Yannick n'a pas eu l'impression qu'ils faisaient un bon travail pour lui ni pour le jeu », affirme alors son homme d'affaires, Pierre Darmon. L'explication est un peu courte, mais vaut ce qu'elle vaut, tant il est parfois difficile de comprendre certaines fantaisies du nouveau champion.

Vingt ans plus tard, dans l'enceinte bucolique de la brasserie jouxtant le musée de Roland-Garros où il me reçoit, Pierre Darmon ne dément pas : « C'était un garçon fascinant par sa spontanéité, sa générosité, mais nous avions des relations bizarres. Il avait horreur de parler affaires et argent. Ce qui ne me facilitait pas la tâche. Par ailleurs, nous avions des modes de vie et des tempéraments totalement différents : alors que je possède un caractère plutôt rationnel, cartésien, lui se comportait en artiste bohème, avec parfois des attitudes déconcertantes. Sans parler de son cortège hétéroclite d'amis, parmi lesquels d'inévitables profiteurs. Cela étant, ces derniers ne nous ont jamais empêché d'entretenir d'excellentes relations, basées sur un respect et une estime réciproques. »

Et d'intérêts bien compris, aurait pu ajouter Pierre Darmon, aristocratique représentant d'un sport désormais tombé entre les mains d'une internationale d'hommes d'affaires...

7

Le blues du businessman

C'est en 1980 que Pierre Darmon, aujourd'hui à la retraite, a accepté de représenter Noah, alors numéro un français, au sein de ProServ. Créée dix ans plus tôt par l'Américain Donald Dell, ancien capitaine de la Coupe Davis, la société est devenue, au fil des ans, l'un des deux poids lourds du management sportif mondial, voire le plus influent des agents du sport-business. Au départ, les premiers « clients » de Dell s'appellent Arthur Ashe et Stan Smith. Les affaires prospérant, le redoutable businessman débarque quelques années plus tard en France où il installe une antenne à vocation européenne. C'est d'ailleurs dans les mois qui suivent cette ouverture que l'Américain repère Yannick. Nous sommes en 1978 et le jeune joueur vient de quitter sa section niçoise sport-études pour entrer dans le circuit professionnel ; Dell l'attire dans son écurie, à charge pour ses représentants européens de manager désormais la carrière du futur champion. ProServ France-Europe est alors dirigé par Philippe Pimpaneau, ex-bras droit de

Bernard Lacoste, le patron des chemises et polos au célèbre crocodile vert.

Au siège parisien de ProServ, alors situé avenue de la Grande-Armée, une quinzaine de personnes travaillent aux côtés de Pimpaneau. L'affaire étant en plein développement, celui-ci fait bientôt appel aux services de Pierre Darmon afin de mieux gérer l'image de Yannick et ses multiples sources de revenus. Grâce à la télévision, le sport-business est alors en pleine expansion, et des athlètes de premier plan, dans un sport aussi médiatique que le tennis, disposent d'un potentiel publicitaire de plusieurs millions d'euros par an. Pour Darmon, ainsi devenu numéro deux de ProServ, la tâche s'annonce relativement aisée : Noah, estime-t-il, est une vedette en pleine ascension, et l'un des rares joueurs à être très médiatisés en dehors même des retransmissions sportives. Toujours à l'en croire, Yannick se serait montré plutôt flatté d'être ainsi confié à l'un des grands noms du tennis français.

Il est vrai que les deux hommes se connaissent bien. Né en Tunisie au milieu des années 1930, le tennisman Darmon, apprécié pour son style élégant et sa remarquable volée, fut à neuf reprises – un record ! – champion de France avant d'être promu à la tête de l'équipe de France de Coupe Davis. C'est à ce moment-là qu'il fit la connaissance de Yannick dont il découvrit le talent et le caractère attachant. « Les atomes crochus qui se sont révélés entre nous, ç'a été essentiellement ce respect sportif de champion à champion, me confesse-t-il. Il m'a toujours appelé capitaine. Et nous nous sommes toujours vouvoyés. À la limite, il ne m'a jamais considéré comme un homme d'affaires. »

Et pourtant, c'est bien d'affaires que Pierre Darmon est désormais contraint de s'entretenir avec le bohème Yannick. Et selon un rituel bien huilé : « Au début de chaque année, et en présence de son entraîneur Hagelauer, nous établissions son programme. Celui-ci était constitué de compétitions incontournables, indispensables à son classement ATP. Puis il y avait des obligations imposées par les sponsors que nous démarchions ou qui nous sollicitaient. Il y avait enfin un certain nombre d'exibitions, particulièrement lucratives, mais qui n'intervenaient pas toujours à bon escient dans la saison d'un sportif. Lorsque nous avions un différend sur le programme, j'insistais sur ce qu'il y avait lieu de faire. Mais ce n'était pas toujours évident avec Yannick qui m'opposait souvent des refus. À ce moment-là, il me regardait droit dans les yeux et me lançait : "Je sais que vous avez raison, mais je ne vais pas le faire." Difficile alors, pour moi, de lui imposer quoi que ce soit. »

Pour le reste, Yannick ne mégote pas et « assure », comme il se doit, les juteux contrats que lui décroche Darmon. À ce dernier, en effet, de négocier ou de renégocier ceux, par exemple, qui vont le lier durablement au Coq sportif, l'un des équipementiers emblématiques du sport français, passé aujourd'hui sous pavillon suisse, ou encore au groupe industriel des courts Jean-Becker, ou enfin à l'entreprise japonaise Hitachi, à l'origine du premier lecteur laser portable au monde. En termes de publicité, ce n'est pas une première, pour Noah. Déjà, en 1977, il avait reçu un des premiers Walkman des mains d'un autre PDG nippon, celui de Sony, qui avait trouvé génial le slogan désormais associé à son invention : « Ne vous étonnez pas si vous voyez Noah marcher dans la rue. » Bien plus tard, au milieu des années 1990, d'autres marques feront leur apparition, comme Reebok et Peugeot.

À la clé, bien entendu, beaucoup d'argent. Et lorsqu'on sait que les deux tiers des tournois programmés de par le monde sont contrôlés par l'incontournable Donald Dell, on peut imaginer comment les contrats de ses joueurs sont estimés au prix fort. Des chiffres ? Pierre Darmon se dit incapable d'en citer, si ce n'est le montant des prestations qui s'élevait alors à 150 000 dollars la soirée (l'équivalent de 100 000 euros actuels). Et de rappeler que, de toute façon, les ordinateurs de la compagnie étaient là aussi pour gérer, placer, investir des fortunes chaque jour plus considérables. « Notre but était de lui amener un maximum de revenus à travers des contrats dont nous réglions toutes les clauses et que nous signions après avoir recueilli son accord, reprend Darmon. Dans le détail, Yannick survolait toujours tout ça. Il refusait rarement les programmes que nous lui concoctions. Mais souvent aussi au prix de sueurs froides lorsque arrivait l'heure de l'exécution... » Car son champion, on le sait, n'est pas toujours contrôlable. L'agent de ProServ se souvient ainsi de l'inauguration d'un centre sportif à Cap d'Ail, sur la Côte d'Azur, où l'« artiste » débarqua avec deux heures de retard. Ou encore de ce fameux tournoi de la coupe des Nations, en Allemagne, déjà évoqué, où la tête d'affiche se déplaça, mais pour mieux refuser de paraître sur le court...

Quoi qu'il en soit, Yannick n'aura jamais à se plaindre, et Pierre Darmon me le confirme, de fins de mois difficiles. Professionnel rigoureux, son homme de confiance gère au mieux ses intérêts, et, par la même occasion, ceux de ProServ qui, au passage, s'arroge quelque chose comme vingt pour cent des bénéfices du sportif. Enfin presque, comme me l'explique encore l'ancien champion de France : « Le pourcentage n'était jamais définitivement arrêté. Tout dépendait de la somme envisagée. Si on prenait vingt pour cent sur un contrat avec Pascal Portes, celui avec Yannick était plutôt dégressif, puisqu'il rapportait plus d'argent. En clair, chaque contrat que nous montions faisait partie de négociations de gré à gré. »

Une fois l'argent tombé dans les caisses, d'autres tâches attendent le représentant de ProServ, chargé aussi de toutes les questions matérielles liées aux déplacements du joueur : réservation d'avion et d'hôtel, ainsi que ses déclarations d'impôts. Et, des impôts, Yannick en paie beaucoup !

En 1979, son revenu imposable s'élève à 350 000 francs (soit 147 000 €, toujours selon l'indice des équivalences INSEE). L'année suivante, il a déjà grimpé à deux millions de francs (740 000 €). Dans les années qui suivent sa victoire à Roland-Garros, le nouveau héros national voit sa cote multipliée par cinq. Dépendant de ses résultats, ses gains varient toutefois d'une année sur l'autre. Par exemple, dans le cadre des contrats qu'il signe avec de multiples firmes, il existe de nombreux « bonus », plus ou moins importants en fonction de son classement à l'ATP et en France. Dans l'ensemble, ses gains progressent d'une année sur l'autre. Noah a même parfois l'impression d'avoir décroché le gros lot. Ce qui ne laisse pas indifférents les services fiscaux français, particulièrement prévenants à son égard, si l'on en croit toujours Darmon : « Il faisait partie des gens qui gagnaient beaucoup d'argent. Il était donc davantage dans la ligne de mire du fisc. À ma connaissance, il n'a jamais fait l'objet d'un redressement. Et pour cause : tout était net et passait par le crible d'un expert-comptable associé à ProServ. » Et l'ancien manager de se remémorer avec netteté du déroulement de chacune de ces séances particulièrement fastidieuses pour tout le monde : « Lorsque le fonctionnaire du fisc débarquait, il avait déjà un dossier tout préparé. De fait, il était essentiellement alimenté en articles de presse évoquant les déplacements de Yannick. Difficile, dans ces conditions, de tricher, ce qui n'était d'ailleurs pas dans notre éthique. » Ce qui n'empêchait pas quelques interrogations sur des justificatifs que le joueur oubliait parfois de réclamer dans les hôtels où il descendait aux quatre coins du monde. Ou encore de ces revenus à l'origine apparemment inexplicable.

Il en va ainsi du contrôle dont la vedette du tennis tricolore est l'objet au cours de l'année 1982. L'inspectrice dépêchée ce jour-là dans les bureaux de la société ProServ souhaite des éclaircissements sur une mystérieuse somme de quelques centaines de francs virée chaque mois sur le compte courant personnel de son contribuable, et sobrement intitulée « marine ». Pendant plus d'une heure, Yannick se déclare dans l'ignorance de sa provenance. L'inspectrice insiste, jusqu'au moment où son interlocuteur éclate d'un rire en cascade. Patrice Hagelauer, alors présent, se souvient de l'effarement qui se peint alors sur le visage de la fonctionnaire, guère d'humeur à plaisanter. Mais déjà Yannick est passé aux aveux, expliquant que ces fonds faussement douteux représentent le montant de la solde mensuelle que lui adressait le ministère des Armées à l'époque où il effectuait son service national...

Plus tard, lorsque l'ex-champion sera devenu un célèbre chanteur, c'est à un casse-tête tout différent que seront confrontés les limiers du fisc hexagonal. Suite aux fréquents changements de résidences de Yannick, qui se sera successivement installé à New York, puis à Londres, avant de revenir en France, pour retourner une fois encore en Amérique, pas toujours facile, pour eux, de déterminer son statut fiscal !

Du côté de Noah, la situation semble moins compliquée : il revient aux juristes monégasques de la nouvelle société gérant ses affaires – IMG Consulting – d'étudier de près ses contrats afin d'éviter d'éventuels conflits d'intérêts entre toutes ses activités. Une technique mieux connue sous la pudique appellation d'« optimisation fiscale »...

Lorsque l'album éponyme *Yannick Noah* deviendra numéro 1 des ventes en France, ce sera ainsi au tour de son producteur, Robert Goldman, de les interroger : doit-il verser les royalties du chanteur en France, via sa maison de disques Music Addict, ou les inscrire dans le livre comptable de sa filiale américaine ? Et, dans cette alternative, souligne encore Goldman dans un courriel dont je prendrai connaissance, n'est-ce pas « le statut de Yan, résident en Angleterre, qui entre en jeu ? »

On l'aura compris : si Noah accepte volontiers son statut de contribuable, il n'est pas pour autant un philanthrope.

Est-ce pour des raisons fiscales que Yannick décide bientôt d'investir au Cameroun ? À l'en croire, l'idée d'y construire un club de tennis serait d'abord liée aux siens : « Ma famille possède beaucoup de terrain au Cameroun, et mon père avait envie de se consacrer à un club. L'idée était sympathique. J'ai marché. D'ailleurs, ce club ne m'a pas coûté une fortune. Il y a cinq courts et une piscine. Rien de gigantesque. Une petite affaire de famille, en somme... »

À l'époque, après une quinzaine d'années de vie commune, ses parents ont décidé de se séparer à l'amiable. En 1976, de retour en France, sa mère est désormais installée à Nice où elle s'occupe des jeunes sœurs du tennisman : Natal et Zaza. Certes, elle avait souhaité dans un premier temps reprendre son métier d'enseignante, mais, sur la Côte d'Azur, les établissements scolaires sollicités étaient déjà largement pourvus. Dans ces conditions, c'est Yannick qui a décidé d'assurer le quotidien du trio. Un aîné désormais investi d'un double rôle : « Pour mes sœurs, je suis aussi un peu leur père. » Et d'expliquer : « Dès qu'elles ont besoin de quelque chose, elles se tournent vers moi. S'il y a un problème à la maison, maman m'en parle, me consulte. J'ai beaucoup d'influence sur mes sœurs. Cette question de l'éducation est importante, et pas toujours facile à régler. Nathalie, par exemple, voulait arrêter ses études. Elle en avait marre. Elle n'était pas très bonne. J'ai décidé pour elle. J'ai estimé qu'il n'était pas nécessaire qu'elle poursuive pour rien. Peut-être le regrettera-t-elle ? L'avenir nous le dira. Parfois, il m'arrive de les punir. Ainsi avais-je acheté une petite moto à Nathalie. Je la lui ai confisquée pendant deux mois. Je voulais qu'elles se rendent compte, la grande comme la petite, que je peux pour le moment les aider, mais que je ne vais pas être là toute la vie. »

Si Yannick gagne beaucoup d'argent, il en dépense aussi beaucoup. À commencer par des bolides de luxe dont il raffole. La vitesse, les voitures de sport sont chez lui une passion. À la fin des années 1970, il est l'heureux propriétaire d'une Porsche 928, puis, quelques mois plus tard, d'une Ferrari 308 GTS. Parfois, lorsqu'un coup de blues le saisit, le voilà qui embarque sur le Concorde afin d'aller retrouver quelques proches. L'argent qui coule à flot, Yannick est le premier à en convenir, provient de ces « sommes astronomiques » que lui versent les organisateurs de tournois à travers le monde. Ce qui ne l'empêche pas d'estimer que parfois, trop c'est trop : « C'est bien, j'en profite, mais j'estime toutefois qu'il y a beaucoup d'excès. Les hommes d'affaires qui ont profité comme nous du boom du tennis ont construit un peu n'importe quoi. Ils ont signé des contrats avec n'importe qui, en distribuant de l'argent à tout-va, de droite et de gauche. »

De là à penser vivre une imposture, il n'y a qu'un pas que Yannick ne tarde pas à franchir : « À l'époque, la victoire me semblait constituer une fin en soi : j'en rêvais tellement que lorsque je l'ai obtenue, je me suis rendu compte qu'il n'y avait plus rien derrière. Je me suis retrouvé dans une bulle dorée qui n'avait plus aucun contact avec la vie réelle. Les chasseurs d'autographes m'emmerdaient, je vivais la moindre sollicitation comme une agression. »

Hier encore heureux de vivre dans l'innocence, la confiance et l'amitié, Yannick découvre la face cachée de la gloire, et, sous les projecteurs de celle-ci, la solitude et l'angoisse de l'homme traqué. Au point d'être incapable de discerner entre les vrais amis et les simples tapeurs, les groupies un peu trop pressantes et les copains à la glu. Difficile pour lui encore de faire la différence entre les vrais gentils et les arnaqueurs aux grands sentiments. La plupart d'entre eux ont accès à son répondeur téléphonique, d'autant plus aisément que son nom figure dans les pages blanches de l'annuaire. Le soir, de retour dans son antre, Yannick écoute les interminables messages qu'on lui a laissés. Souvent avec effarement : « Vingt demandes de services, presque vingt exigences ! Que me propose-t-on en échange ? Rien, évidemment rien. Pas un gars qui m'appellerait sans arrière-pensée, histoire de prendre un pot ensemble. » Tout aussi décevants, les propos et le ton des innombrables missives dont le champion est le destinataire. Certes, la plupart sont élogieuses, mais d'autres sont franchement scandaleuses. « Il y a des vicieux qui sont allés jusqu'à me reprocher d'avoir bondi dans les bras de mon père avant même d'avoir serré la main de l'arbitre... » Sans oublier le voyou qui se débrouille pour lui dérober, un soir, sous son nez, sa Ferrari, rue de Ponthieu. Une chance pour lui : le sportif n'a pas pu le rattraper... Ce jour-là, Yannick a été contraint de héler un taxi pour regagner ses pénates.

Mais, là encore, les relations se révèlent parfois surréalistes. Ainsi de ces chauffeurs qui ne peuvent s'empêcher de lui demander, sur un ton sarcastique : « Alors, Noah, c'est décidé, on va faire la course aux dollars ? » Dans ce genre de situation, le célèbre passager préfère se taire, quitte à passer pour un prétentieux.

En revanche, difficile de rester indifférent lorsque le Franco-Camerounais est l'objet de toutes les attentions de la part d'Africains de France qui vivent avec leurs galères et le chargent de tous leurs problèmes. Ce jour-là, l'un de ses meilleurs potes lui propose une virée dans un endroit « très cool » de la capitale, une boîte africaine où, lui assure-t-il, il sera tranquille. Lorsque les deux amis y débarquent, le show a déjà commencé. Pendant de longues minutes, Yannick se défoule sur la piste de danse. Prévenu de sa présence, le patron de l'établissement tient à le saluer. Admiratif, il ne peut s'empêcher de lui demander, dans la foulée, de lui faire l'honneur de signer le livre d'or de la maison. La star connaît la chanson et, sans rechigner, se prête au jeu. Mais, déjà, d'autres admirateurs fondent sur lui. Bientôt, ils sont dix. Yannick veut s'éclipser. Mais on le retient. Le premier a des choses très importantes à lui confier, le deuxième est chanteur et cherche un producteur, le troisième se recommande d'un bon ami commun dont, naturellement, la vedette a oublié le nom. Le quatrième, lui, est au chômage et le supplie de lui décrocher un emploi. Particulièrement contrarié, Yannick décide de quitter l'endroit sur-le-champ.

Pour lui, la déception est grande, me confesse-t-il vingt-cinq ans plus tard : « J'avais fait un rêve, celui de gagner au Loto, le Graal : Roland-Garros ! Jusqu'au jour où je l'ai décroché. Puis mon rêve s'est écroulé. C'était d'autant plus compliqué que j'avais pensé obtenir l'amour en même temps que la gloire. C'était raté. À défaut d'amour, je me retrouvais l'objet d'une foultitude d'attentions et de sollicitations auxquelles je n'étais pas du tout préparé. C'était d'autant plus difficile qu'aux yeux des gens j'étais devenu riche et célèbre ; bref, je n'avais pas d'excuses. Or, je n'étais pas prêt à me retrouver en permanence sur un tapis rouge. Cela me déstabilisait. Durant de longues semaines, j'ai ressenti une immense solitude. »

On l'a compris, Noah éprouve alors le besoin de s'accorder un break, et, pour tout dire, de changer d'air. Sa décision, il choisit le mois de décembre 1983 pour l'annoncer. Ce jour-là, il séjourne dans un grand hôtel new-yorkais. Ce choix ne doit rien au hasard. À un journaliste, il révèle qu'il va s'y installer dans les semaines qui viennent. Et de confier les angoisses qui l'étreignent depuis plusieurs mois : « Je marche tout seul la nuit dans les rues de Paris, et, à 5 heures du matin, je me retrouve sur un pont à regarder la flotte, en train de me demander si je ne vais pas sauter. Oui, j'ai eu parfois envie de me flinguer. Maintenant, je sais que la seule vraie victoire, c'est d'être heureux. »

Au cours des semaines précédentes, le champion ne l'avait pas été, on le sait. Il l'a même dit à la fine fleur de la presse réunie en son honneur dans le cadre d'un salon chic du Sofitel, Porte de Sèvres, à Paris. Ce jour-là, dans la perspective du prochain Roland-Garros, il vient d'achever un long entraînement en compagnie de Patrice Hagelauer, lorsque celui-ci lui rappelle son rendez-vous à venir avec les journalistes. « Vidé », comme il me le confiera, Yannick n'est guère emballé à l'idée de cette rencontre. Il s'en explique avec Hagel à la buvette de Roland-Garros où il vient de commander une vodka-orange, contrairement à ses habitudes, ainsi qu'il me le confie : « À l'époque, je ne bois pas. Or, à ce moment-là, j'en enfile une, puis deux. Je sors du court pour me rendre au Sofitel. J'y débarque dans un état d'extrême sensibilité. Au départ, ça se passe pas trop mal. Puis un journaliste ami, du moins je le crois, Francis Haedens, se met à son tour à me questionner sur un sujet que nous avions abordé ensemble, mais de façon *off*. Là, je me sens trahi, et je craque. Je ne sais plus ce que je baragouine, mais je m'effondre en pleurant. »

Exaspéré, le champion l'est effectivement lorsqu'on commence à lui poser une question sur l'argent qu'il a amassé, son goût pour les voitures de luxe ou le montant de ses impôts. Énervement et fatigue conjugués, sans oublier l'effet de la vodka ; le voici qui se met à verser toutes les larmes de son corps devant les caméras, qui n'en perdent pas une miette, avant de lâcher d'un ton pathétique : « Je vous aime tous, mais je ne veux pas crever pour les gens. Si ce qu'on aime chez moi, c'est le pognon, les bagnoles, ça me tue, ça me tue ! Et, dans ces conditions, je m'en vais, je vais vivre ailleurs ! »

De ce genre de rencontres peu banales avec la presse, dont les chaînes de télévision se repaissent encore aujourd'hui régulièrement, Yannick m'affirme avoir toujours du mal à les regarder. « Ce n'était pas moi. Oui, j'avais un problème, mais ce n'était pas si grave que ça. Le lendemain, à la lecture des titres de la presse, je ne me suis vraiment pas senti bien. C'est à ce moment précis que je décide de quitter la France. »

Patrice Hagelauer a gardé lui aussi un souvenir assez net de cette singulière conférence de presse. Sa version vaut d'être rapportée afin de mieux comprendre les ressorts de la scène : « On le questionne à chaud. Là, il s'embarque dans des trucs pas possibles. Il évoque ses tendances suicidaires, ses envies de se jeter du haut d'un pont. Personnellement, je ne suis pas convaincu qu'il ait jamais eu vraiment l'intention de le faire. Mais le fait est là : cette conférence a été amplifiée et déformée. Il n'y a qu'en France qu'on lui a donné de telles proportions. Pourquoi ? Parce que c'était la seule star que nous avions à l'époque ! Héros national, voilà le beau champion qui quitte le pays... Yannick qui s'y prend mal, qui essaie de se rattraper, mais qui s'enfonce encore un peu plus... » Aurait-il pu éviter de se donner ainsi en spectacle ? Pas forcément, estime encore l'actuel responsable technique de tennis de Team Lagardère, soulignant comment, à cette époque-là, les champions de la petite balle jaune doivent faire face seuls à la pression médiatique : « Nous subissions davantage les événements que nous ne les maîtrisions. L'image d'un joueur se faisait par lui-même. Aujourd'hui, ils ont tous des conseillers en communication. »

Dépressive, la star sollicitée de toutes parts l'est assurément. Mais son mal-être n'a d'égal que sa détermination à recommencer ailleurs une nouvelle vie, une vie qui lui ressemble vraiment. En clair, qui lui permettra d'être soi, purement soi. Dans son esprit, son départ ne constitue surtout pas une rupture définitive. L'homme momentanément usé promet ainsi de revenir souvent en France où vivent sa mère et ses sœurs et où il a conservé sa maison de Nainville-les-Roches. Auparavant, son lieu d'expatriation s'appelle l'Amérique, plus précisément New York. Pourquoi New York ? La réponse de Yannick peut surprendre. Il affirme ne pas être amoureux de la mégapole, et même qu'elle l'indiffère. Seule certitude et qui a son importance : il sait que, là-bas, il y sera différent, et donc aussi le regard des autres porté sur lui. « Si j'ai envie de prendre le métro, je ne serai plus une bête curieuse. Si j'ai envie d'écouter de la musique à Central Park, couché dans l'herbe, avec des copains, il n'y aura personne pour me juger. »

8

L'« exil » américain

Adieu la France, bonjour l'Amérique ! Le 2 janvier 1984, Yannick s'envole pour New York. Son refuge : Soho, l'un des quartiers de Manhattan délimité par Greenwich Village au nord, par la Sixième Avenue à l'ouest. Un choix qui ne doit rien au hasard. Malgré ses boutiques de luxe qui attirent de nombreux touristes, Soho reste un quartier dans le vent avec ses galeries d'art, ses boutiques de créateurs, ses restaurants branchés. De quoi donner des idées au champion de Roland-Garros qui y inaugurera bientôt son propre établissement, le Guignol's, en association avec son ami Moulinot, dont l'aventure, hélas, tournera rapidement court.

Mais qu'importent les affaires ! Sa nouvelle vie, Yannick a l'intention de l'organiser comme il l'entend. Là, il sait qu'il pourra prendre le métro en bas de la ville pour rejoindre le lieu de son entraînement, qu'il remontera Up-Town en prenant le temps de lire son journal au milieu de New-Yorkais qui lui ficheront une paix royale. Plus besoin de jouer un rôle ou de se déguiser pour échapper à la curiosité. La chance, enfin, de redevenir simple spectateur de la vie qui l'entoure. Rien à voir avec le « paradis » de Long Island où se sont installés, voici quelques années déjà, Lendl, Borg et autres ténors de la petite balle jaune. Sa demeure, elle, fait partie de ces immeubles à structures en fonte, les *cast-iron buildings* du XIXe siècle, qui se dressent à proximité du Washington Square Park. Bref, un environnement où il a tôt fait de se retrouver, d'éprouver et d'entendre en lui d'autres vibrations.

Il y a aussi cette musique omniprésente, avec ses fans portant leurs appareils sur l'épaule, ou encore ces deux boîtes de jazz mythiques situées à proximité de son domicile : le Blue Note et le CBGB's, qu'il va fréquenter assidûment. Aujourd'hui fermé, le second est alors le plus grand bar du quartier et attire de nombreux fans de country, bluegrass et blues. C'est là que Yannick se liera bientôt d'amitié avec Dizzy Gillespie, le génial trompettiste. « Une sorte de papa pour moi », confie-t-il à propos de ce personnage insolite, musicien de jazz révolutionnaire.

De retour dans son douillet appartement, il n'est pas rare qu'il plonge le nez dans un livre. Faute d'études poussées, la star est consciente de ses nombreuses lacunes culturelles. Depuis peu, son livre de chevet s'intitule *Lettres à un jeune poète*, de Rilke, qu'il va lire et relire à plusieurs reprises. Selon l'humeur, il peut dévorer de la même façon de nombreux ouvrages dédiés à la psychologie, à la foi, au yoga. Pour échapper à la solitude de la lecture, rien ne vaut, en revanche, les soirées conviviales en compagnie d'amis. Des vrais, autrement dit : pas trop. Pas comme cette jeune femme qui, après de longues semaines de silence, vient de se rappeler à son bon souvenir pour lui parler de sa victoire « historique » à Roland-Garros. Une importune à laquelle Yannick ne trouve finalement rien à répondre. L'aîné des Noah ne déteste certes pas qu'on l'aime, mais surtout pas pour ce qu'il représente !

En même temps, la tâche n'est pas toujours aisée. Ainsi de ce jour où il est l'invité d'honneur d'une télévision californienne résolument dédiée à la cause rasta. À l'évidence, l'animateur fait partie de ses fans, lorsqu'il commence à le traiter de « frangin ». Mais ce n'est pas fini : il le compare aussi au Jamaïcain Bob Marley, star mythique du reggae et symbole de la révolte des démunis, puis à Haïlé Sélassié, *alias* le Négus, l'empereur d'Éthiopie, disparu en 1975, figure de proue des pays opprimés, de l'Afrique en particulier ! Heureux encore qu'il ne soit pas remonté à Jésus ou à Moïse, dont certains rastas affirment qu'ils portaient eux aussi des dreadlocks ! Devant le ridicule de la situation – ces habits de prophète qu'il trouve sincèrement trop amples pour lui –, Yannick ne dissimule pas son malaise. Et de l'exprimer à sa façon en quittant soudainement, sans explication, le plateau télé. D'abord interloqués, puis contrariés, ses hôtes ne vont guère ménager le prétentieux dans les minutes qui suivent son départ intempestif. « Dans ces cas-là, c'est rédhibitoire : on me traite de sale Blanc... », confie avec amusement Yannick. À lui désormais d'éviter les obstacles, à commencer par toutes les formes de « récupération ».

Mai 1984. La porte du studio californien vient à peine de se refermer que le tennisman est déjà attendu pour un nouveau tournoi d'importance : le premier tour de la Coupe Davis, qui doit se dérouler à New Delhi. Son compère y sera une vieille connaissance : Henri Leconte, de trois ans son cadet, avec lequel il jouera le double inscrit au programme.

Dans la capitale indienne, Yannick n'arrive pas seul. Sa mère et sa fiancée font aussi partie du voyage. La nouvelle élue de son cœur est une beauté nordique : Cecilia Rodhe, élue Miss Suède en 1978. Âgée de vingt-deux ans, la jeune femme exerce alors la profession de top model chez Elite, la célèbre agence américaine. À en croire les tourtereaux, l'idylle s'est nouée l'année précédente à New York dans l'enceinte de Flushing Meadow. Par la suite, obligations professionnelles obligent, les amoureux se sont quelque peu perdus de vue. Mais Yannick sait se débrouiller. À la moindre occasion, le tennisman au cœur d'artichaut a couru retrouver sa belle pour lui faire un brin de cour. Avant de se retrouver en famille dans la maison de campagne française de Yannick pour de joyeuses fêtes de fin d'année. « C'est là que nous avons décidé de vivre ensemble. C'est là aussi que, pour la première fois, nous avons fait valise commune », confiera plus tard l'amoureux transi. Quelques semaines plus tard, ces deux-là se retrouvent ainsi en vacances à Palm Springs, station balnéaire située dans le désert du Colorado, l'un des refuges préférés de fin de semaine des stars d'Hollywood. C'est là aussi, près des montagnes San Jacinto, que le tandem a décidé de convoler prochainement en justes noces. Mais, pour l'heure, le secret doit être bien gardé. Seuls quelques intimes sont mis dans la confidence.

Dans l'entourage du champion, on se réjouit de ce projet avec la blonde Cecilia, peintre à ses heures. On imagine une vie de couple apportant à Yannick l'équilibre nécessaire pour affronter l'univers survolté des courts de tennis du circuit international. Rien de plus facile pour le fiancé qui pare sa future de toutes les qualités du monde : « Elle est belle, intelligente. Elle aime rire et elle est sensible. »

Née en 1961 à Göteborg, benjamine d'une fratrie de trois enfants, Cecilia possède bien d'autres atouts. Si elle se sent toujours prête à rire et à danser, c'est aussi une formidable polyglotte, parlant parfaitement le français, l'anglais et trois autres langues, dont bien entendu le suédois. Après Yannick, confesse-t-elle, son admiration va à Mère Teresa dont elle aime à réciter les plus belles sentences. Elle a mille autres choses en elle que l'on ne soupçonne pas. Petite fille, elle portait ainsi sur la tête une couronne de bougies allumées, le jour de la fête de la Lumière. Elle avait de très longues nattes, souvent le nez rougi par le givre, et ne savait pas qu'elle serait un jour championne de beauté. Devenue très vite l'un des modèles les plus demandés aux États-Unis, sa cote n'aura cessé par la suite de grimper. Une journée de pose avec elle, affirme-t-on, vaut le prix d'un voyage au Japon. Ce qu'elle ne dément pas, tout en précisant avec humour : « Comme quoi le charme suédois reste une valeur sûre ! »

Dans la glorieuse incertitude du sport, Cecilia apportera-t-elle à son champion de fiancé l'ineffable certitude de l'amour ? Difficile, pour le moment, de l'affirmer, et pas question non plus, pour Yannick, de se laisser photographier en compagnie de sa belle. Le futur marié prévient ses amis reporters photographes : « Je suis ici pour jouer au tennis avec l'équipe de France, pas pour exhiber mes états d'âme ni ma vie privée. » Certes, mais il y a beau temps que cette vie ne lui appartient plus tout à fait. Cela s'appelle la célébrité. Par ailleurs, le Franco-Camerounais n'est pas à une contradiction près. Quelques heures après sa déclaration aux allures d'avertissement, le voici surpris dans la pénombre d'un night-club indien où il danse avec la belle Cecilia, vêtue moitié jean, moitié survêtement blanc. Également présent dans l'établissement, un reporter de *Paris Match* à qui il lance tout de go : « Oui, nous allons nous marier ! » Puis, dans la foulée, le voilà qui lâche quelques confidences. Un exemple parmi d'autres : « Cecilia m'a transformé. Depuis qu'elle est près de moi, j'ai un moral de battant ! »

Et le champion de le prouver dans les heures qui suivent. Sans faiblir et sans se forcer, son tandem – avec Leconte, cette fois – décroche la timbale du double. Mieux : à force de coups magistraux, et il faut bien le dire aussi grâce à quelques pitreries destinées aux arbitres hilares, Yannick réussit même cet exploit de mettre le public indien de son côté lorsqu'il se retrouve, en simple, face à Anand Amritraj, son adversaire originaire de Madras. Voilà qui est de bon augure pour les uns et les autres. À commencer par Noah et Leconte qui vont bientôt rejouer ensemble, au cours des semaines suivantes, mais cette fois dans une enceinte qu'ils connaissent bien, celle de Roland-Garros où, là encore, les deux joueurs vont s'imposer de manière magistrale.

Entre-temps, en mars 1984, Cecilia et son champion ont déjà vécu leur grand jour. Afin d'éviter d'être agressés par importuns et curieux – exception faite pour une équipe de reporters de *Paris Match* qui a décroché l'exclusivité de l'album complet, texte et photos, de la cérémonie annoncée –, c'est au Cameroun qu'ils ont choisi de s'unir pour le meilleur. Toute la famille Noah – et quelle famille : près de trois cents personnes ! – a été invitée pour l'occasion.

Ce jour béni, il est midi lorsque Yannick, au bras de sa mère, Marie-Claire, et Cecilia-Catharina, à celui de son père, Björn Rodhe, pénètrent dans l'église Saint-Joseph de Yaoundé. À la demande du futur marié, le chœur est composé de danseurs et de chanteurs vêtus de longues robes blanches ceinturées de rouge, la tête enveloppée d'un turban. Les futurs époux sont tout aussi fringants. Conformément à la tradition la plus pure, Cecilia a caché sa toilette à Yannick. C'est en secret qu'elle l'a achetée, en compagnie de Philippe Moulinot, dans une petite boutique de Soho. Longue robe style 1900 avec voilette maintenue de chaque côté par une fleur blanche. Cheveux courts, Yannick, lui, arbore un pantalon de soie noire, une chemise blanche et un blazer noir et blanc.

Mais voici déjà le couple devant l'autel. De confession protestante, Cecilia a accepté pour la circonstance de se convertir à la religion catholique romaine avant de recevoir la bénédiction de l'officiant, le père Obega, professeur de lettres à l'université de Yaoundé. Rythmée par des tam-tams, des cantiques et des chants africains, la cérémonie va se prolonger durant près de deux heures.

Pour les trois cents invités, pas question d'en perdre une miette. Parmi eux, convié à partager la joie et l'émotion de Yannick, Patrice Hagelauer, son entraîneur et ce jour-là son premier témoin, revêtu pour la circonstance d'un boubou coloré. Enfin les chants et les danses cessent. Arrive le moment fatidique de l'union : « Acceptez-vous de prendre... » Cecilia lance son « oui » d'une voix claire et assurée. Celui de son champion est plus sourd. Rien d'étonnant : il est ému aux larmes. Puis il glisse au doigt de celle qui est désormais devenue son épousée un anneau incrusté de petites émeraudes, acheté chez un antiquaire. Lui portera une simple alliance. Revêtu de sa chasuble d'or et dans un silence recueilli, le père Obega bénit l'union.

La cérémonie s'achève. Les festivités peuvent commencer. Comme le veut l'usage, Cecilia déballe ses cadeaux. À sa première et nouvelle belle-fille, Zacharie Noah a tenu à offrir un bracelet et un collier en or incrustés d'animaux en bois représentant les dieux. Au Cameroun, on appelle cela des *abia*, des porte-bonheur... En tant que chef de la tribu Étoudi, le grand-père de Yannick, lui, a fait don à tout son quartier, conformément à la tradition, de deux bœufs, vingt-cinq moutons, une cinquantaine de poulets : bref, de quoi faire la fête pendant quelques jours. De fait, celle-ci va se prolonger une semaine durant, que ce soit pour ses habitants ou pour les jeunes mariés. Entre-temps aura sonné l'heure de la photo souvenir autour du gâteau de mariage. Puis ce sera cette lune de miel aux Caraïbes au cours de laquelle les nouveaux époux vont se retrouver seuls au monde.

La perspective ne les effraie pas, loin de là. Ce ne sont pas en effet les projets qui manquent. À commencer par l'aménagement de leur vaste appartement à New York. À ses amis, Yannick jure qu'il sera désormais moins disponible pour les accompagner dans leurs virées nocturnes. Ceux-ci devront se contenter d'être les parrains de ses futurs enfants, que Yannick espère nombreux : « Quand j'étais adolescent, j'aimais déjà les enfants : mes petites sœurs, les gosses du jardin d'enfants de ma mère. À dix-huit ans, je rêvais d'avoir une grande famille avec sept, huit mômes de toutes les couleurs. Style Joséphine Baker ! »

Parole donnée et tenue. C'est à New York que Cecilia donne le jour, en février 1985, à un premier bambin Noah prénommé Joakim, et, l'année suivante, à une petite fille, Yelena, en hommage à Helena Bonner, la femme du dissident soviétique Andreï Sakharov, mais que son tennisman de père a tôt fait de surnommer affectueusement Yéna ou Néna, selon les jours...

À chacune de ces naissances, Yannick se déclare fou de joie. Cecilia, à n'en point douter, lui a fait les plus beaux cadeaux du monde. Il suffit d'ailleurs de le voir les contempler, fier et désemparé, le jour de leur venue au monde. C'est en ces mêmes moments cruciaux qu'il leur promet d'être un père comme les autres, de leur assurer une vie tranquille et bien réglée. Quitte à bousculer de temps à autre un emploi du temps particulièrement surchargé, afin d'être un vrai père en chair et en os, inscrit dans le quotidien de sa couvée. Quitte à se transformer en papa poule, comme il le confesse : « J'aime être à la maison, raconter des histoires aux gosses avant d'aller les coucher... C'est un bonheur pour moi. » Rôle finalement à sa mesure, que ne désaprouveront pas plus tard les Français lorsqu'ils le désigneront « papa modèle ».

À ce moment-là, ses deux aînés seront devenus de grands et beaux adolescents, et Yannick un père n'hésitant pas à partager avec eux ses émotions. Mais pas question pour autant de se montrer trop mou et trop maternant. Un père copain, certes, mais qui ne se dispense pas de leur transmettre les valeurs essentielles qui sont les siennes : « Leur faire comprendre qu'ils sont privilégiés, qu'ils doivent profiter de leur chance en respectant l'autre, et en partageant. » Sans oublier l'amour, qui reste pour lui au centre de tout. Lorsque les mots ne suffisent pas, c'est en chanson qu'il lui arrive de l'exprimer. Ainsi de celle intitulée *Yelena,* qu'il dédiera en anglais à sa fille dans *Black & What !,* son premier album paru en 1991. En voici les derniers vers : *Yelena, I want to love you girl / Yelena, my heart is all for you / Yelena, I want to treat you like no other / Yelena, I love you, honey.* (Yelena, je veux t'aimer ma fille / Yelena, mon cœur n'est rien qu'à toi / Yelena, je tiens à te traiter comme aucune autre / Yelena, je t'aime mon doux cœur...)

Entre-temps, famille oblige, la vie de Yannick a changé. C'en est terminé du jeune homme insouciant, un rien désinvolte. Assagi par la paternité, l'aîné de Marie-Claire et de Zacharie a le sentiment de s'être fait homme. En même temps, pas question d'abandonner une certaine forme d'ingénuité propre aux enfants : « Innocent, j'espère bien le rester pour quantité de raisons, mais surtout pour pouvoir encore rêver. Il n'y a que les enfants qui rêvent ! Et moi, j'ai encore des rêves ! Si je n'avais pas ce côté enfant, quelque part, je n'agirais peut-être pas comme je le fais maintenant. Simplement, j'ai connu des désillusions, et j'ai grandi. »

Des désillusions, l'homme privé et l'homme public en connaîtra bien d'autres. À commencer par ce premier tournoi d'avril 1985 qui conduit le tennisman en Amérique du Sud.

Ce jour-là, Noah est visiblement contrarié. Par son échec regrettable contre le Paraguay, en Coupe Davis, mais pas seulement. Il estime lamentable ce déplacement de l'équipe de France dans un pays dirigé par le détestable général Stroessner, dont la principale occupation est d'éliminer par la force toute opposition à son régime dictatorial. En témoigne cette ambiance de chauvinisme exacerbé dans laquelle ont baigné les joueurs durant tout le tournoi. Et pas seulement eux. Ainsi lorsque le journaliste télé Hervé Duthu aura été violemment bousculé sur le court par de zélés cerbères.

En même temps, est-ce une raison suffisante pour faire la révolution ? Noah semble le croire, qui déterre la hache de guerre contre les instances officielles du tennis français auxquelles il reproche avec véhémence leur manque de solidarité : « Quand surgissent les problèmes (je pense notamment aux conditions scandaleuses de notre défaite en Coupe Davis au Paraguay), on aimerait que le groupe fédéral soit aussi soudé que dans les moments euphoriques. Pour moi, un groupe doit être une famille. Or je n'ai pas senti une grande solidarité après Asunción. J'ai été, pour parler clair, très déçu par Philippe Chatrier. On ne sent pas une force soudée derrière nous, les joueurs. Asunción était inadmissible, et le président n'a absolument pas pris position comme il aurait dû le faire. » Entre les deux hommes, déjà pas au mieux, c'est la rupture. Avec les conséquences que l'on devine.

Quelques semaines plus tard, Noah en veut encore à Chatrier lorsqu'il débarque à Belgrade pour un ultime match de barrage contre la Yougoslavie dans le cadre de la Coupe Davis. Mais le cœur n'y est pas. Et, dans ces conditions, la logique s'impose d'elle-même lorsqu'il perd nettement ses deux matches. La France se retrouve alors en seconde division. Pour une campagne ratée, c'est une campagne ratée !

Après ces mauvaises passes, Yannick se jure toutefois de remonter au classement. Ce qu'il réussit en partie grâce à trois victoires en tournoi, et un quart de finale à Flushing Meadow, où il ne peut toutefois venir à bout de l'impitoyable Lendl. Patatras : le voilà relégué à la vingtième place des joueurs mondiaux ! Mais c'est aussi sans compter sur la délicieuse incertitude du sport, puisqu'il ne tarde pas à gagner à Rome. Avant de déclarer forfait à l'issue des huitièmes de finale de Roland-Garros, édition 1986 : difficile de faire autrement, puisqu'il vient d'être victime d'une sérieuse blessure au tendon. Un motif de satisfaction, toutefois, et non des moindres, cette même année, le 3 juillet, lorsqu'il obtient ses meilleurs classements : premier en double, et troisième en simple. Troisième mondial, voilà qui n'est pas rien ! À preuve, la place reste à ce jour le meilleur classement ATP occupé par un joueur français. À l'origine de ce beau palmarès : deux finales à La Quinta et à Monte-Carlo, une victoire à Forest Hills et une demi-finale en Italie. Un dernier match où Lendl

– encore lui ! – s'est finalement imposé au tie-break du dernier set, dans une atmosphère tendue. À l'issue de la rencontre, les deux ennemis en seront d'ailleurs quittes pour une sévère explication au filet, le Français reprochant au Tchèque de lui avoir volontairement tiré une balle dessus. Bonjour l'ambiance...

Une ambiance à couteaux tirés à laquelle Jean-Paul II, par tact, sans doute – car on sait le chef de l'Église enclin à sacrifier parfois aux joies du tennis – ne fera aucune allusion lorsqu'il recevra dans la foulée, au Vatican, les tennismen présents aux Internationaux romains. Lors de l'audience qu'il leur accorde, c'est à Yannick que revient l'honneur de lui remettre le cadeau prévu à cet effet par ses amis. Un sac garni de toute la panoplie du parfait tennisman : raquette, short et chemise. Le Saint-Père en semble ravi. Son célèbre invité l'est tout autant : « J'étais heureux d'être là. En lui remettant le sac, je lui ai dit qu'il pourrait venir faire une partie avec nous. Il m'a répondu en français qu'il essaierait. Je lui ai également rappelé sa visite au Cameroun, et comment elle avait laissé des traces : une ville comme anesthésiée pendant toute une semaine... »

Celle qui attend Yannick en Afrique du Sud est d'une tout autre sorte. Placée sous le régime de l'apartheid, voilà des années que les joueurs noirs ou simplement métis n'y sont pas les bienvenus. Malgré quelques assouplissements instaurés par le gouvernement de Peter Botha sous la pression de l'opinion occidentale, le pays continue à vivre au mépris des idéaux d'égalité. Aucun Africain, par exemple, n'y a le droit d'acquérir une propriété sur l'ensemble du territoire ; tout Blanc a l'interdiction formelle d'avoir des relations sexuelles avec une femme africaine, métisse ou indienne... Des aberrations qui ont de quoi choquer – on le comprend – la conscience citoyenne de Noah qui vient d'être désigné pour y accompagner l'équipe de France de tennis. Ira, ira pas ? Le joueur hésite. Certes, son premier mentor, le champion noir américain Ashe, tenait à s'y rendre le plus souvent possible, mais pour y gagner, autrement dit pour y démontrer que les Noirs valent bien les Blancs. Yannick lui-même s'y est déjà rendu en 1977, à l'occasion d'un tournoi, en compagnie de son ami Moretton. Mais en a aussi conservé des souvenirs on ne peut plus désagréables : « On m'a tout de suite regardé comme un porteur de virus. Quand, à dix-sept ans, tu te fais virer d'un restaurant pour d'obscures raisons (c'est le cas de le dire), ça fait un choc. (Ce jour-là, il a fallu que je retienne Gilles Moretton par les pieds pour qu'il ne démonte pas le restau en question.) Quand, à dix-sept ans, tu vois des Blacks parqués à trois cents mètres des courts, gardés par des chiens et des matraques, ça t'ébranle sincèrement le coquillard. Moi qui venais tout bêtement, tout content, pour jouer au tennis avec ma petite raquette... » Une petite raquette qui lui aura alors porté bonheur : ce jour-là, il aura gagné ses deux matches et ses premiers points ATP. Sa façon à lui de conserver sa dignité, à l'instar de celui qui deviendra bientôt son modèle, Nelson Mandela : « Je suis reparti dans la peau d'un Noir. Le Noir étant, en l'occurrence, celui qui souffre, celui qui est rabaissé, humilié ; d'où ma sensibilité au sort de ceux qui subissent des injustices. »

En cette année 1986, c'est différent, le cœur n'y est plus. Par nature, le sportif de haut niveau est égoïste. Cela l'autorise-t-il à ne pas regarder le monde qui l'entoure pour chercher à mieux le comprendre ? Yannick est convaincu du contraire. En même temps, difficile pour lui de déclarer officiellement sa véhémente désapprobation envers un régime honni. Une polémique médiatisée risquerait de gêner ses copains de l'équipe qui vont s'embarquer pour cette lointaine contrée. Que faire ? s'interroge-t-il avant de trouver la solution à son équation : une maladie diplomatique qui lui permettra d'éviter le déplacement à Johannesburg. De son côté, la Fédération internationale retiendra la leçon en refusant, à partir de 1987, de désigner les joueurs portés sur la fameuse « liste noire » établie par un comité travaillant sous l'égide de l'ONU et désignant les champions qui se produisent en Afrique du Sud. Pour elle, le message est désormais clair : plus question de sport libre sans égalité raciale.

Sans qu'il y ait relation de cause à effet, Yannick doit se rendre à l'évidence : à partir de cette même année, ses résultats sur les courts ne vont guère briller. En quart de finale à Roland-Garros, il est battu par Mats Wilander. À la fin du mois de juin, coup de tonnerre à Wimbledon alors que le ciel était pourtant clair : au deuxième tour, il se fait éliminer par Forget, son compagnon de double. Nouvelle défaite un mois plus tard, à Bordeaux, contre le Britannique Jeremy Bates, pourtant classé 193e joueur mondial. Pour se justifier, le Français explique qu'il n'était « pas bien physiquement ni moralement ». Et d'annoncer dans la foulée son forfait au prochain match de Coupe Davis contre la Suède, pour lequel il avait été retenu en compagnie d'Henri Leconte, Guy Forget et Thierry Tulasne. En fin de compte, il y sera remplacé par un nouveau venu : Tarik Benhabiles. En vain. Privée de son champion, la France ne pourra inverser la situation face aux Suédois, alors considérés comme les meilleurs joueurs du monde sur terre battue.

Mais la roue tourne aussi. À Yannick de remporter quelques victoires de prestige comme celle contre Kent Carlsson, toujours à Roland-Garros. Ou encore ce premier Open de Lyon organisé par Gilles Moretton, lorsqu'il vient à bout d'un autre Suédois, Joachim Nyström. Pour certains esprits chagrins, cette dernière victoire, le Français la doit d'abord à la blessure à l'épaule de son adversaire.

Quoi qu'il en soit de ce parcours sportif en demi-teintes, Yannick reste toujours très populaire auprès du public. En dehors même du terrain, chacun de ses déplacements entraîne des mouvements de foule solidement canalisés. Devant les vestiaires, ils sont à chaque fois plusieurs dizaines de gamins à hurler son nom et de préférence son prénom : « Yannick, Yannick... » Hyperactif, drôle, charismatique, le champion sait aussi, il est vrai, faire le spectacle sur un central. Qu'on le veuille ou non, il est une star sans laquelle une rencontre ne serait vraiment que ce qu'elle est. Idem du côté de la télévision. Pour elle, lorsque le Franco-Camerounais joue, c'est un maximum d'audience assuré. Même la RATP s'y met bientôt. En mai 2007, en accord avec TF1 et Roland-Garros, la direction du métro parisien décide d'offrir en direct sur le réseau Tube et sur des « murs-écrans » les passages des matches les plus marquants ! Ainsi suffit-il que l'ombre de Yannick se profile sur le petit écran pour que des dizaines de voyageurs se figent. Touristes, amoureux, jeunes cadres, ils sont des dizaines à faire du surplace, le temps d'un échange de balles. Et pour peu que leur favori perde stupidement une balle ou en rattrape une *in extremis*, ce sont des clameurs qui fusent de tous côtés. Yannick soignerait-il davantage le spectacle au détriment de l'efficacité sur le terrain ? L'intéressé ne nie pas aimer faire son show lorsqu'il sent le public avec lui, mais qu'au fond tout cela n'a pour lui guère d'importance : « Il est vrai que je m'amuse beaucoup. C'est tellement difficile de trouver un équilibre, là-dedans, que vous prenez déjà plaisir à faire plaisir. »

Du plaisir, certes, mais pas mal aussi de vague à l'âme, que Yannick peine à dissimuler. Ainsi de cette série de dépêches prouvant la perte de repères du champion. Celles-là mêmes qui annoncent les forfaits successifs de la star pour les tournois de Washington, Montréal et Flushing Meadow. Puis sa décision de se séparer de Patrice Hagelauer, le coach de toujours, le copain des bons et mauvais jours. Les raisons ? Officiellement, elles tiennent précisément aux résultats en dents de scie du joueur. « J'avais le sentiment d'avoir fait le maximum pour réussir, et je n'avais pas de résultats, confie Yannick. Il fallait donc que je trouve une solution. Avec Patrice, j'étais dans une impasse. Je n'avais plus envie de jouer comme ça. »

Dans les semaines suivant ce divorce à l'amiable, on apprend que le champion se serait mis logiquement en quête d'un nouveau coach. Ce qui n'est pas faux. Ce qui l'est, en revanche, c'est le nom précipitamment avancé : celui de Jimmy Connors. Sollicité, « Jimbo » dément catégoriquement, déclarant qu'il n'a rien entendu dire de semblable. De fait, après avoir examiné différentes options, Yannick a rapidement trouvé l'homme de la situation : Dennis Ralston, ex-coach d'Arthur Ashe.

À la silhouette un peu raide, l'Américain alors âgé de quarante-sept ans est connu dans le monde du tennis comme ancien joueur, pour avoir remporté le double des Internationaux de France et de Grande-Bretagne, et comme entraîneur pour avoir dirigé l'équipe de Coupe Davis américaine avant de conseiller Chris Evert et de devenir le coach de l'université de Dallas, Texas. Noah confirme : « Dennis va m'apporter une approche nouvelle, une autre façon de progresser. Jusqu'à présent, mes victoires étaient fondées à 95 % sur mes qualités physiques, sur la puissance. Si je progresse techniquement, je pourrai gagner en fournissant moins d'efforts, donc en risquant moins les blessures. »

Bingo pour le Français ! Sous le contrôle de son nouveau coach aux méthodes très modernes – ainsi le recours à l'ordinateur qui retranscrit tous les coups d'un match –, Yannick atteint les quarts de finale à Flushing Meadow en 1989, où il est battu par Boris Becker. Mais réalise aussi un très bon début d'année 1990. Grâce à un travail acharné, le voilà qui atteint la demi-finale de l'Open d'Australie où il bat Lendl, son ennemi personnel, et un jeune joueur prometteur nommé Pete Sampras... Il est également venu à bout d'un autre Français, Ronald Agenor, entraîné, simple coïncidence, par... Patrice Hagelauer ! Des retrouvailles chaleureuses entre les deux hommes, et même une pointe d'humour chez Yannick qui constate que le nouveau poulain d'Hagel ne se démène pas forcément comme il faudrait.

« À un moment, Yann passe devant moi pour glisser une balle. Agenor venait de rater un coup. Yann me regarde en souriant et me souffle : "Hé, il est nerveux, ton oiseau !" Et, effectivement, cette année-là, Ronald perdra contre lui à Sydney, puis à Melbourne. »

Mais le doute persiste, vieille connaissance des mauvais jours. Bientôt Yannick enchaîne à nouveau défaite sur défaite. De quoi inspirer plusieurs humoristes parmi lesquels Coluche qui y va de sa vanne ironique à propos de l'ancien numéro un tricolore : « Noah est devenu le numéro 1 du Cameroun. » Ceux qui se sont baptisés par dérision Les Inconnus lui emboîtent bientôt le pas en y faisant à leur tour référence dans un de leurs sketches les plus fameux. Intitulé *Télémagouille*, le sketch se présente comme une parodie de *Questions pour un champion*. L'animateur : « Allez, une question maintenant sur le sport. Tennis : qui a perdu... » Il n'a pas terminé l'énoncé de sa question que son candidat-complice a déjà répondu : « Yannick Noah ! » Et d'expliquer pourquoi la question lui a paru facile : « Oui, ce jour-là, Leconte était malade... »

La notoriété a son prix. Yannick ne l'ignore pas lorsqu'il devient, de même, l'une des têtes de turc des célèbres *Guignols* de Canal+. Des saynètes qui font sourire la France entière. D'autres comiques se plairont à brocarder la star. Parmi eux, Éric Blanc, le comique noir révélé à la télévision par ses parodies du champion 1983 de Roland-Garros. Avec plus ou moins d'inspiration, à en croire Noah qui me confie : « Au cours de ma carrière tennistique, je n'ai pas tout entendu. J'étais la plupart du temps en déplacement. Dans l'ensemble, je n'ai jamais été trop chagriné par les mises en boîte. On brocardait mes blessures à répétition, mes fumettes, mais jamais de manière agressive. Un seul humoriste m'agaçait : Éric Blanc, dont les parodies n'étaient franchement pas très drôles. » Il ne fut hélas pas le seul à déparer dans ses parodies du tennisman. Ainsi ce chroniqueur de *Rien à cirer*, une émission de France Inter, qui se croit malin en contant comment il a vu Noah se rouler par terre à Roland-Garros, avant de conclure : « Je me suis dit : tiens, ils rediffusent *Daktari* ! », du nom de la célèbre série américaine contant les aventures d'un vétérinaire dirigeant un centre d'études sur le comportement animal en Afrique...

Aux États-Unis, la notoriété du joueur français est grande. Nombreux sont les tournois auxquels il participe et qui nous montrent un Noah se frayant passage jusqu'aux vestiaires au milieu d'enfants hurlant *« Great Mr. Yannick ! »* Voilà près de trois années, il est vrai, qu'il est installé aux States. L'heure, pour le New-Yorkais d'adoption, de tirer un premier bilan de son « exil » américain : « En moi-même, je me sens international. Je ressens de l'amitié, de l'amour de la part de toutes sortes de gens, un peu partout, mais en France s'y ajoute la passion. C'est à la fois positif et négatif. Les Français sont très sympas avec moi, mais ils deviennent également très méchants, par moments. C'est parfois si intense qu'à la limite je me passerais des aspects positifs pour éviter les désagréments... »

À commencer par la presse spécialisée qui prédit le début de la fin d'un champion qui se consacre de moins en moins au tennis. Ou encore cette presse à sensations qui ne connaît pas les demi-mesures, qui guette les faux pas des vedettes au moins autant qu'elle célèbre leurs moments de gloire ou de bonheur. La voici qui évoque de plus en plus ses virées nocturnes et autres ripailles ; puis, bientôt, les déboires supposés de son couple, lequel, selon elle, battrait de l'aile...

9

Les années noires

Au cœur de cet été 1987, les rumeurs filent bon train dans les salles de rédaction parisiennes : Yannick aurait décidé de laisser tomber le tennis et de quitter Cecilia. Plusieurs confidences du champion viennent les conforter. Épuisé par la tension d'une carrière en dents de scie, Yannick admet aspirer à changer de vie. Il penserait à quitter New York. Probablement pour s'installer en Suisse, mais rien n'est arrêté pour le moment. Car déménager, on le sait, n'est pas si simple... « Je suis incapable de choisir. Pourtant, il va falloir se décider. Nos enfants vont grandir et il faudra bien qu'ils aillent à l'école quelque part... »

D'autres confidences vont se succéder au cours du même été. Cette fois-ci depuis Saint-Tropez où la star a débarqué en célibataire. Hébergé dans la somptueuse villa de Robert Mimran, milliardaire ayant fait fortune en Afrique et dont la demeure domine la célèbre plage de Pampelonne, Yannick assure passer là des vacances sereines avec une bande de copains que rejoignent parfois de jolies admiratrices. Pour ce qui concerne la rumeur de son divorce d'avec Cecilia, le vacancier se veut catégorique : aucun projet de séparation n'est envisagé. Mais certains de ses propos, liés à son désir de changer d'air, laissent toutefois planer un doute.

Un doute qu'entretient Cecilia elle-même lorsqu'elle reçoit dans le même temps les envoyés spéciaux de *Paris Match*. Elle séjourne alors en Scandinavie, chez ses parents, en compagnie de Joakim, deux ans et demi, et Yelena, seize mois. Bientôt, annonce-t-elle, le trio mettra le cap sur New York où l'ex-Miss Suède, devenue chanteuse, doit enregistrer son deuxième disque. Si elle affirme ne pas avoir renoncé à son foyer qui, confie-t-elle, est une « institution saine », à vingt-cinq ans le statut de femme de champion ne représente plus une fin en soi. Toujours à en croire ses confidences, Cecilia est lasse d'être brinquebalée de tournoi en tournoi. Mais elle affiche aussi un optimisme résolu en rejetant la nouvelle de sa séparation : « J'ai découvert hier à la une des journaux suédois : *Yannick en a assez du tennis et de sa femme.* Je n'ai pas compris ! Parce qu'on voit Yannick avec des filles à Saint-Tropez, tout de suite on en déduit qu'on n'est plus ensemble. Mais, je l'assure, tout va bien... » Et la jeune femme d'enfoncer le clou en rappelant à ceux qui veulent bien l'entendre que la vie privée de son couple ne regarde personne. Avant de marteler : « D'ailleurs, vous nous verrez très bientôt ensemble. »

Une façon, pour Cecilia, de donner le change ? On pourrait le croire lorsque son père, Björn Rodhe, à son tour interrogé, s'avoue perplexe sur l'avenir du couple : « Nous ne voulons rien dire pour le moment, parce que nous traversons une période floue dont on ne sait pas ce qui sortira... » À un millier de kilomètres de là, au cœur des Ardennes, c'est au grand-père de Yannick, Marcel Perrier, de révéler, au mois d'octobre suivant, la probable séparation « à l'amiable » du couple : « C'est délicat, car l'avenir des deux enfants est en jeu. Pour l'heure, une nurse s'occupe d'eux à Paris... »

De fait, voilà quelques mois déjà que le mariage du couple prend l'eau, et sa séparation ne saurait tarder. Elle sera officialisée en février 1988 par le tribunal de grande instance de Paris. Blessé dans son amour-propre, Yannick jure qu'on ne l'y reprendra plus. L'avenir prouvera le contraire. Mais, avec Noah, l'esbroufe et la contradiction ne sont jamais bien loin... Quitte à vivre certains déchirements. Tourmenté, désorienté, l'homme affirme vouloir désormais jeter aux orties sa tunique de champion, pour endosser un autre uniforme. Certes, mais il ignore lequel. À la croisée des chemins entre vie professionnelle et vie familiale, va-t-il faire le choix d'un nouveau port d'attache et vivre d'autres aventures ? « Cela forme un tout, finit-il par confesser. J'ai arrêté de jouer parce que j'en ai marre, parce que j'ai trop joué. J'ai décidé de prendre des vacances, et j'en profite. Le milieu du tennis ne m'apporte plus ce qu'il m'apportait voici dix ans. Peut-être un matin vais-je me réveiller avec l'envie de tout recommencer ? »

Pour l'heure, c'est vers le Mozambique que le champion déboussolé décide de s'envoler. Là, pour un séjour de trois semaines, il accompagnera sa mère, présidente de Care France, association caritative dédiée à l'aide aux enfants en difficulté à travers le monde. Ce n'est pas la première fois que l'aîné de Marie-Claire Noah mouille sa chemise en faveur des gamins dans la détresse. Ainsi de ce tournoi organisé au début de l'année suivante à Mulhouse en compagnie d'autres tennismen professionnels français et dont les 300 000 francs de prix (81 000 €) seront versés à Care France. Jusqu'au jour où la mère et le fils décident de créer leur propre association, Les Enfants de la Terre. Sa vocation ? Offrir des foyers d'accueil – il en existe cinq aujourd'hui – à des enfants démunis, en situation d'urgence. Et Marie-Claire Noah d'expliquer, au moment de cette création, combien le dévouement de son aîné s'avère indispensable : « Nous ne bénéficions pas de subventions. L'argent provient pour une part des fêtes et des spectacles que Yannick organise avec ses amis, et pour une autre part des dons du public. Avec 500 000 francs (NdA : 135 000 €), nous arrivons à faire vivre une maison d'une capacité d'accueil d'une quinzaine de gosses. »

De fait, de prestations en concerts, Yannick recueille à lui seul soixante-dix pour cent des fonds de l'association. Souvent aidé, il faut le dire aussi, par de nombreux médias qui se l'arrachent. Ainsi, pour les quinze ans de l'association, M 6 organisera, en mai 2003, une soirée spéciale destinée à recueillir des dons. Pour l'occasion, l'animateur Laurent Boyer réunira une pléiade d'artistes : Jean-Louis Aubert, Lââm, Patrick Fiori et Enrico Macias, entre autres. Quelques semaines auparavant, d'autres célébrités auront tenu elles aussi à apporter leur obole en signant de leurs illustres patronymes des dessins originaux sur le thème du *Livre de la jungle*, bientôt vendus aux enchères à l'espace Drouot Montaigne, à Paris. Parmi elles : Loustal, Margerin, Moebius, Jane Birkin, Michel Galabru, Lambert Wilson, Franck Lebœuf et Robert Pires.

En marge de ces manifestations médiatiques, l'association de la famille Noah ne dédaigne pas l'obole de généreux mécènes. Encore faut-il que ces derniers soient totalement désintéressés. Ce qui n'est pas toujours le cas, si l'on en croit l'étonnant entretien accordé en décembre 2007 par Yannick au *Journal du dimanche*. Entre deux souvenirs sur sa récente tournée musicale dans l'Hexagone, celui qui est désormais devenu le chouchou des Français en profite pour tacler Nicolas Sarkozy dont il n'a pas soutenu – mais alors, pas du tout ! – la candidature lors des élections du mois de mai précédent. Noah se déclare ainsi « choqué » et même « dégoûté » par les mœurs de certains membres de l'entourage sarkozien. Et de rapporter comment l'équipe du futur Président aurait alors été prête à lui offrir le prix fort pour le débaucher. Où, comment ? Inutile de poser la question, car il a déjà enchaîné : le même fameux entourage – Yannick évoquera plus tard le nom de son beau-père, le producteur Jean-Claude Camus, « l'âme damnée » de Johnny qui, pour sa part, n'a jamais caché ses préférences pour Sarkozy – lui aurait ainsi proposé de produire un concert au Champ-de-Mars, à l'occasion du 14-Juillet, en contrepartie d'une somme importante versée à son association caritative. Pour « rigoler », Noah explique encore comment il aurait fait mine d'entrer dans le jeu, sous réserve toutefois que la somme soit multipliée par quatre ! Mais pour s'entendre répondre aussi sec que c'était OK ! Noah pris à son propre jeu ? Naturellement non : la star ne pouvant que refuser une proposition qui, selon lui, n'aurait pas été, elle non plus, sans contrepartie. Yannick imaginant déjà l'effet que n'aurait pas manqué de produire une photo sur laquelle il serait apparu, tout sourire, aux côtés de l'ennemi juré de son amie Ségolène, à laquelle il avait tenu à apporter haut et fort son soutien...

Info, intox de la part d'une star connue pour ses engagements à gauche et son aversion à l'endroit d'un ministre de l'Intérieur « musclé », devenu l'omniprésent Président ? Seule certitude : du côté du « Château », justement, pas un mot lorsqu'il est à son tour sollicité pour infirmer ou confirmer les révélations fracassantes de la star du tennis et de la variété hexagonale. Ce qui n'aurait toutefois pas empêché la garde rapprochée du Président d'avoir cherché, un temps, dans le passé de Noah, notamment du côté du fisc, de quoi lui rabattre le caquet. « Apparemment sans grand succès », m'affirme Elise Karlin, la journaliste à *L'Express* qui a recueilli à ce propos les confidences d'un proche plutôt bavard du Président.

De son côté, Yannick n'en revient toujours pas lorsqu'il me confie sa surprise et ses appréhensions après cette dernière révélation : « Heureusement que ça tombe sur moi, mais, franchement, ça fout les jetons ! En même temps, cela me renforce dans l'idée que je me fais de ce système. » Et d'enfoncer le clou lorsqu'il évoque ses accès de révolte à l'encontre de la Sarkozie : « C'est d'abord une image, celle d'un Président fraîchement élu et qui s'exhibe sur le bateau de Bolloré. C'est tellement riche en symboles, c'est tellement fort comme message ! Personnellement, et dans la mesure de mes moyens, j'essaie d'aider les autres. Or cette image, c'est tout le contraire, c'est l'opposé de tout ce que je pense, de tout ce que j'essaie de véhiculer. Cela ne veut pas dire qu'on doive impérativement vivre dans la *loose*. Mais, à un moment donné, le moral des troupes, c'est aussi très important. »

Des sujets d'indignation, la star en a d'autres sous ses dreadlocks. À commencer par le sort réservé aux sans-papiers : « Ça me touche, ça me gêne, ça me révolte ! » Et de s'exclamer encore : « On va le chercher où, le sans-papiers ? Chez le Noir que je suis, quoi ! Eh bien non : quand on touche à un Nègre, je me sens nègre ! C'est naturel. On préfère s'attaquer aux sans-papiers parce qu'on les repère de loin, comme dit mon pote CharlÉlie Couture. Vous n'avez jamais remarqué les mecs qu'on arrête sur le bord de la route ? Comme par hasard, ce sont toujours ceux qui sont au volant de bagnoles pourries. Ce ne sont jamais les propriétaires de Mercedes. Mais je ne suis pas dupe non plus. Pour Sarkozy, il s'agit de caresser dans le sens du poil les électeurs d'extrême droite. Et le pire, c'est que ça marche ! »

Emporté dans son élan, Yannick tient aussi à me préciser que, dans ce genre de situation, il n'a toutefois pas honte d'être français, mais plutôt « honte de partager la même nationalité que ces gens-là ». Car pas question pour lui, en effet, de remettre en cause sa fibre patriotique. Ainsi lorsqu'il se souvient de cette terrible année 2001 : « Lorsque Chirac prend position sur la guerre américaine en Irak, les Français qui, comme moi, résident en Amérique, sont vilipendés. Eh bien, dans ce genre de circonstance, je peux vous dire que je me sens plus français que les Français ! »

Jeu, set et match ? Pas tout à fait. Car Nicolas Sarkozy finit par décrocher son lot de consolation avec les propos jugés versatiles du chanteur ayant promis de se

« casser » de France dans l'éventualité de son élection, pour décider finalement d'y rester après son accession aux affaires, soulignant, quinze jours après le vote national, « ne pas avoir de haine, pas de rancœur ni de rancune » à l'endroit du nouvel élu. Noah, comme cela lui arrive parfois, a-t-il parlé trop vite ? Ou ses propos n'avaient-ils que valeur d'image ? Probablement les deux. Même si ses convictions lui restent chevillées au corps et au cœur.

Retour à cette fameuse année 1987 au cours de laquelle Yannick s'interroge sur son avenir. Hasard ou coïncidence, c'est à cette même époque qu'il découvre les vertus du yoga. Sa façon à lui de tourner aussi la page tennis et de se remettre en question ? De se refaire une vie, en oubliant sa gloire passée ? L'intéressé l'admet lorsqu'il explique combien cette nouvelle discipline est avant tout, pour lui, une manière d'effectuer un cheminement intérieur : « Le yoga m'oblige à m'interroger sur mes raisons de vivre, sur les véritables motivations de mes actes. À la limite, c'est moins le fruit d'un cheminement intellectuel que d'un travail sensoriel. C'est une sensation physique, un travail sur le corps et les émotions qui m'amènent à me poser un certain nombre de questions. Pour la première fois je me regarde tel que je suis réellement, et non plus tel que je m'imagine être, ou tel que je me perçois dans le regard des autres. »

Le premier de ces regards est celui de la nouvelle élue de son cœur, un jeune mannequin américain : Erika Wollweber. « En fait, c'est ma meilleure copine », admet publiquement Yannick. Avant d'expliquer, dans les colonnes de *Tennis de France*, comment il a sciemment, avec un plaisir incommensurable, choisi de « se retrouver ligoté » par cette adepte convaincue du bouddhisme.

Toujours à l'en croire, les deux tourtereaux se sont rencontrés par hasard dans un restaurant parisien, peu avant le tournoi de Monte-Carlo, en 1988. Originaire de Los Angeles, Erika s'apprêtait, quelques années plus tôt, à faire ses humanités à l'université d'UCLA, lorsqu'elle fut remarquée par une agence de photos. C'est alors qu'on lui conseilla de poursuivre sa carrière en France où le destin l'attendait...

Belle et cultivée, c'est elle qui va lui faire partager cette manière de « penser toujours positif », et de chercher à se dépasser. Bref, d'entretenir en lui la flamme vacillante. C'est elle encore qui le conseille dans ses lectures, au premier rang desquelles figure *Siddharta,* l'ouvrage d'Hermann Hesse, sorte de conte philosophique influencé par les religions orientales. Une révélation, dit Yannick qui croit en la réincarnation et qui se fera d'ailleurs bientôt tatouer dans le dos un portrait géant du Bouddha : « Avant cela, je n'avais aucune direction spirituelle, car je suis allé au catéchisme sans grande conviction. Puis j'ai ressenti le besoin de croire. Et lorsque j'ai rencontré Erika, elle m'a fait découvrir d'autres choses qui m'ont convaincu. Maintenant, je crois à la vie antérieure, et lorsqu'on y croit, les choses prennent un sens, ont une logique. Accepter cette hypothèse permet de rechercher en soi toutes ses richesses, de trouver la force qui gît en soi. Tout ce qu'on a de positif dans le cerveau, et qu'on n'utilise presque pas. »

La quête spirituelle est une chose, et le corps en est une autre. Yannick ne l'ignore pas, mais considère que les deux sont intimement liés. Ainsi lorsqu'il devient à son tour, malgré sa séparation d'avec la belle Erika, un adepte du jeûne. Au départ, il s'efforce de se nourrir pendant trois jours par semaine exclusivement de fibres et autres capsules de spiruline, une algue multivitaminée. Repas d'ascète qu'il alterne bientôt avec l'absorption de jus de fruits frais et la mastication de légumes et autres salades. Le tout s'achevant par une séance hebdomadaire d'hydrothérapie, un nettoyage du côlon. Voilà pour le corps.

Côté esprit, l'ascète ne compte pas ses heures lorsqu'il est plongé dans des ouvrages de spiritualité qu'il enrichit par des stages de « zénitude » et des rencontres avec des maîtres respectés de la tradition bouddhiste. Ainsi lorsqu'il rejoindra, en 2000, pour trois jours, le centre de retraite de Lérab Ling – le sanctuaire de l'activité éveillée –, à proximité de Lodève et du causse du Larzac, dans l'Hérault. Cette semaine-là, il se retrouve en bonne compagnie, puisque l'acteur américain Richard Gere et la comédienne française Véronique Jeannot sont également présents parmi cette congrégation religieuse fondée dix ans plus tôt par Sogyal Rinpoché. Renommé dans le monde entier, c'est dans le petit temple du centre que le maître, également auteur du *Livre tibétain de la vie et de la mort,* dispense chaque après-midi son enseignement. Le même lieu sacré où Yannick fera la connaissance, en septembre de la même année, du dalaï-lama, le chef spirituel tibétain. Une première rencontre, bientôt suivie d'une seconde à l'automne 2003, à l'occasion d'un concert baptisé *Pour le*

Tibet libre, où le chanteur Noah interprétera diverses compositions aux côtés d'autres invités parmi lesquels la chanteuse allemande Nina Hagen.

Le yoga et le bouddhisme tibétain vécus comme une panacée ? Certes, mais pas comme une fin en soi. Contrairement à ce que Yannick a un temps imaginé, ses fans apprennent, à la fin de l'année 1987, qu'il ne renoncera finalement pas au sport qui l'a fait roi. Après plusieurs mois d'arrêt des compétitions, le voilà qui reprend le chemin des courts. C'est d'abord une qualification pour les quarts de finale du tournoi de Bâle, doté de 239 000 dollars. Retour gagnant pour le revenant qui remporte le tournoi qu'il avait déjà gagné en 1982. À l'évidence, il a retrouvé la joie de jouer. Mais d'autres rendez-vous tennistiques l'attendent : le tournoi Paris-Bercy, prévu pour le mois suivant et où il pourrait encore briguer une qualification pour les prochains Masters de New York.

Dans la capitale française, et après un match indécis, Yannick réussit finalement à se qualifier en battant Mansour Bahrami. Les nombreuses facéties de l'Iranien, tout en ravissant le public parisien, ne semblent pas avoir déconcentré le Français qui s'est même prêté à plusieurs reprises aux pitreries de son adversaire. Il est vrai aussi que l'Iranien fait partie de ceux à qui on a tôt fait de s'attacher. Depuis ses débuts dans la carrière, il est à lui seul une véritable attraction dans le petit monde de la balle jaune. Depuis quelques années, ses amortis rétro, ses coups entre les jambes, sa balle envoyée dans le ciel et récupérée dans la poche du short font rire les foules du monde entier. Son itinéraire mérite d'être conté.

Lorsqu'il débarque en France, au milieu des années 1970, Mansour est un sans-papiers. Ce qui ne l'empêche en rien de participer à différentes qualifications qu'il perd systématiquement. En 1981 sonne son heure de gloire. Après avoir battu le Français Jean-Louis Haillet, il se retrouve face à Mel Purcell, alors numéro vingt. À la fin du match qu'il perd en quatre sets, l'Américain refuse de lui serrer la main. L'Iran est devenu depuis quelques mois la bête noire de l'Amérique. Mais qu'y peut Bahrami dont la famille a elle-même été victime des nouveaux dirigeants intégristes iraniens ? En 1986, le sans-papiers finit par décrocher une carte de résident, puis, trois ans plus tard, la nationalité française. Entre-temps, il a commencé à faire carrière en double. En simple, c'est plus difficile, car trop enclin à faire, comme il dit, des « conneries » : « J'ai joué comme ça toute ma vie, parce que j'ai appris à jouer tout seul. Personne ne m'a jamais dit : "Arrête et joue sérieusement !" Quelque part, mes conneries m'ont servi, parce que maintenant je joue dans le monde entier pendant quarante semaines par an. Par ailleurs, lorsque je vois des gamins se tordre de rire en me regardant jouer, ça n'a pas de prix ! » Une philosophie de la vie qui ne déplaît pas à Yannick.

Les deux hommes se rencontreront d'ailleurs encore souvent sur les courts, et toujours avec le même plaisir de se retrouver. Les lie une amitié réciproque faite d'estime et de complicité. Ainsi lors de cette rencontre, en septembre 1988, au bénéfice de l'association humanitaire Care France, dont Marie-Claire Noah est la vice-présidente. Au cours de cette soirée de gala dans le cadre d'une salle des sports du lac des Vieilles-Forges, proche de Charleville-Mézières, c'est un tennis comique que les deux compères offrent au millier de spectateurs présents. Jusqu'au moment où, pour cause d'un genou déficient, Yannick finit le match-spectacle sur la chaise de l'arbitre !

Trois ans plus tard, les deux joueurs se retrouveront pour un tournoi résolument professionnel cette fois, celui de Bâle. Ce jour-là, c'est au tour de Mansour d'être victime d'une sérieuse blessure. Il peut certes encore marcher, mais impossible pour lui de se lancer dans la moindre course. Tout naturellement, son soigneur lui demande de déclarer forfait, mais, pour lui, il n'en est pas question. Pour la simple et bonne raison qu'il n'a jamais abandonné un match et que ce n'est pas ce jour-là qu'il commencera. Il conte la suite : « Je me suis dirigé vers Yannick pour lui dire : “Tu as gagné, mais si tu en es d'accord, on va jouer pour le public.” Yannick a accepté d'emblée et on a fait un show fabuleux. À la fin du match, l'arbitre ne savait plus quoi faire, ni quel score annoncer. L'agent de Noah et McEnroe, qui était là, n'en pouvait plus de se marrer... Pendant une heure et demie, les gens se sont roulés par terre ! »

Retour à Paris-Bercy où Noah est donc sorti victorieux de sa rencontre d'avec l'ami Bahrami. Non sans dégâts, toutefois. Yannick l'avoue : il ne s'est pas encore complètement remis d'une déchirure abdominale contractée deux jours auparavant à l'entraînement. Or celle-ci risque de compromettre la suite de son parcours. De fait, pour le match prévu aux États-Unis, le voici contraint de déclarer forfait. Sa condition physique sera-t-elle au rendez-vous, au cours des premières semaines de l'année 1988, lorsque le joueur fera le voyage aux Internationaux d'Australie ?

Hélas, point. Dans le nouveau stade de Flinders Park, à Melbourne, recouvert d'une nouvelle surface synthétique – *rebound ace* pour les puristes –, le tennisman tombe face au Néerlandais Michiel Schapers, alors classé soixante-deuxième mondial... Et Noah de tirer lui-même la leçon de sa défaite sous la forme d'une promesse : « Je vais me priver d'alcool, de cigarettes et de sorties le soir... » Quant aux deux autres Français présents dans la capitale australienne, ils n'ont guère brillé non plus : après Forget qui a « oublié » de disputer le double mixte, Leconte, lui, est victime de l'Américain Todd Witsken.

Pour être tout à fait juste, il faut reconnaître que le conflit opposant depuis plusieurs semaines les joueurs à Jean-Paul Loth, leur directeur technique national, et surtout capitaine de l'équipe de France pour la Coupe Davis, n'arrange pas les choses. Le contentieux tient en deux lignes : les Bleus aspirent à avoir auprès d'eux un coach plus présent sur les tournois tout au long de l'année. Et, comme à son habitude, Yannick est le premier à monter au front en reprochant à Loth à la fois son dirigisme et les contraintes de calendrier qu'il leur impose. Mis au parfum, Philippe Chatrier ne peut guère faire autrement que répondre favorablement à la révolte qui gronde, en remplaçant bientôt Loth par Eric Deblicker, entraîneur national, ancien numéro trois français dans les années 1970. À charge désormais à celui-ci d'effectuer la sélection des joueurs pour les matches. Mais pas seulement. Devenu, depuis sa séparation d'avec Noah, directeur du complexe de tennis de Sophia-Antipolis, sur la Côte d'Azur, Patrice Hagelauer est lui aussi

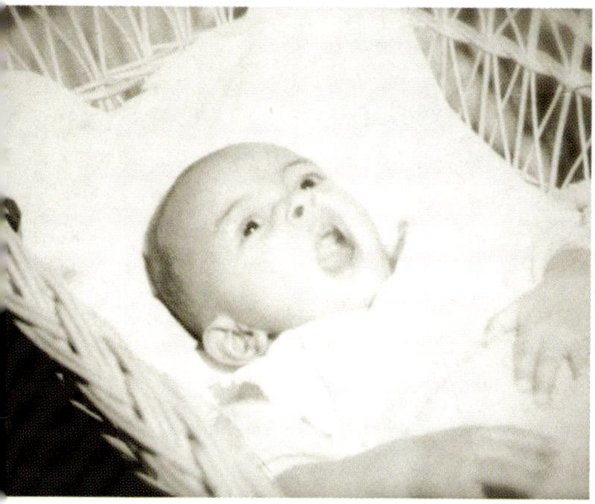

Mai 1960. Yannick pousse son premier cri.
Les mois passant, surgiront bientôt les fameuses « dents du bonheur » qui lui permettront de tout faire avec un sourire irrésistible.

Zacharie Noah et sa jeune épouse Marie-Claire, née Perrier. En 1959, leur union a été célébrée presque « en cachette ». Les mariages mixtes sont encore en butte à de forts préjugés.

Printemps 1961. Sedan est en liesse. Les Sangliers des Ardennes viennent de ravir la Coupe de France de football. Parmi les joueurs : Zacharie Noah, robuste défenseur, ici en compagnie de Marie-Claire et de Pierre Bernard, le gardien de l'UAST.

Pendant ce temps-là, le bambin ne veut pas lâcher un modèle réduit de la prestigieuse coupe, le premier trophée de la dynastie Noah.

En 1963. La famille Noah s'installe au Cameroun. À Yaoundé, Yannick fait la connaissance de ses grands-parents paternels : Noah Simon Bikié à qui il dédiera l'une de ses plus belles chansons *Simon Papa Tara*, et Elisabeth Mekongo, alias Maman N'Gon, qui ne considérera jamais son petit-fils autrement que comme son « Que-gué-gué », son « petit chéri ».

Selon Yannick, ses années d'enfance au Cameroun furent les plus belles de sa vie. Jeune ado, le voici aux côtés de ses sœurs Nathalie et Isabelle, affectueusement surnommées « Natal » et « Zaza ». Et en compagnie d'amis de ses parents dans la résidence familiale, « La Marfée », lors d'une « fiesta ».

Septembre 1972. L'heure des choix pour Yannick qui a décidé de rejoindre Nice où sont installées les premières sections « sports-études ». « Pour nous, c'était un pari énorme de le laisser partir. Il n'avait que douze ans », confie Marie-Claire Noah. Durant de longs mois, il aura du mal à se faire à sa situation de pensionnaire.

Mais sa passion pour le tennis et un travail acharné effacent ses coups de blues. En 1977, le voilà sacré champion de France des juniors.

Mai 1978. Yannick fête ses 18 ans. Sonne aussi l'appel sous les drapeaux. Destination : l'École interarmées des sports de Fontainebleau où le servant Noah revêtira tout comme son copain Pascal Portes l'uniforme de la Marine…

En 1979, l'amour et la rage de vaincre aidant, Yannick enchaîne succès sur succès. À dix-neuf ans, le voici désormais champion de France et considéré à juste titre comme le nouveau leader du tennis bleu-blanc-rouge.

Pour la plus grande satisfaction de l'Américain Arthur Ashe, son mentor, dont Yannick admire tout à la fois le talent, la pondération et l'intelligence.

Mais, pour Yannick, beaucoup de travail reste à accomplir pour se classer parmi les cinq premiers mondiaux, l'objectif que lui fixe à partir de 1980, son nouvel entraîneur, Patrice Hagelauer.

5 juin 1983. Yannick s'était juré de triompher aux Internationaux de France de Roland-Garros. Après l'instant fatidique qui décide, sur quelques échanges, du gain entier d'une partie, son adversaire Mats Wilander renvoie la balle hors des limites du court. Yannick enjambe le filet et, ivre de joie, se précipite dans les bras de Zacharie Noah : « Papa, Papa, ça y est, on a gagné ! Papa on a gagné ! »

Qu'il le veuille ou non, le Franco-Camerounais est désormais un héros national. Il vient d'entrer dans le cœur des Français. Le premier d'entre eux, François Mitterrand, ne tarde pas à recevoir le champion sous les lambris de l'Élysée.

D.R.

Hier encore, heureux de vivre dans l'innocence, la confiance et l'amitié, Yannick découvre la face cachée de la gloire, « les flatteries, les mensonges, les coups de brosse à reluire ». C'est à New York qu'il décide de s'installer en 1984. Il sait que là-bas, il y sera différent, qu'il n'y aura personne pour le juger. Seuls, ses vrais amis viendront l'y rejoindre. Ici Michel Grach et Alain Fitoussi.

Les autres, Yannick les retrouve dans sa propriété de Nainville-lès-Roches, dans l'Essonne, où il revient de temps à autre.

© Ginies / Sipa Press.

Entre-temps, en mars 1984, il a épousé Cécilia Rodhe, une beauté nordique, top model chez Elite. Le couple donnera le jour à deux bambins, prénommés Joakim et Yelena.

Toujours au cours de cette même année 1984, Yannick et son complice Henri Leconte remportent la victoire en double aux Internationaux de France de Roland-Garros. Avant de se brouiller puis de se réconcilier pour mieux décrocher d'autres timbales.

Jean-Paul II, enclin à sacrifier parfois aux joies du tennis, reçoit en 1985, au Vatican, les tennismen présents aux Internationaux d'Italie. C'est à Yannick que revient l'honneur de lui remettre le cadeau prévu à cet effet par ses amis : un sac garni de toute la panoplie du parfait tennisman…

© Dimitri Iundt / TempSport / Corbis.

© Didier Baverel / Kipa / Corbis.

Décembre 1991. Voilà un an que Yannick a pris les rênes de l'équipe nationale de France de la Coupe Davis. Ce jour-là, les Bleus veulent y croire. Voilà cinquante ans que la France n'a pas remporté le prestigieux trophée. Mais le jour de gloire est enfin arrivé. Les héros du jour : Guy Forget, Henri Leconte, Fabrice Santoro et Arnaud Boetsch

© Fédéric Reglain / Gamma / Eyedea.

Défaits, les Américains n'en tiendront pas rigueur à la bande à Noah. Preuve en est, ces moments conviviaux que passe Yannick de temps à autre avec ses adversaires qui partagent la même passion de la musique. Ainsi de Jim Courrier, Mats Wilander, sans oublier John McEnroe (sur la photo), fan de Bruce Springsteen.

1997. Retour au tennis pour Yannick officiellement désigné pour diriger l'équipe de France de la Fed Cup, l'équivalent féminin de la Coupe Davis. Là encore, le « sorcier de Yaoundé » fait des miracles. Comme leurs compères garçons, les joueuses (de gauche à droite) – Mary Pierce, Sandrine Testud, Nathalie Tauziat, Alexandra Fuzai – remportent le « Saladier » d'argent tant convoité.

Malgré ce nouveau succès personnel, Yannick n'en oublie pas son engagement humanitaire pour l'enfance défavorisée. Notamment à travers ses deux associations : « Les Enfants de la Terre » et « Fête le mur ».

Février 1995. Yannick convole pour la seconde fois en justes noces. Heather Stewart-Whyte, jeune mannequin britannique, partage sa vie depuis trois ans.

Entre-temps, le tennisman a copiné avec un autre mannequin américain, Erika Wollweber. Belle et cultivée, c'est elle qui lui conseillera de nombreux ouvrages de spiritualité que Yannick enrichira par des stages de « zénitude » et des rencontres avec des maîtres respectés de la tradition bouddhiste. Parmi eux, Sogyal Rinpoché et, bien entendu, le Dalaï Lama.

Yannick n'en oublie pour autant ses racines ardennaises par le biais de de son grand-père maternel, Marcel Perrier, un autodidacte, devenu à force de volonté et de persévérance enseignant, puis journaliste sportif, poète aussi à ses heures perdues. Une fois adulte, Yannick fera de ses recueils ses livres de chevet.

1991-2000 : neuf ans déjà que Yannick pousse la chansonnette. Son coup d'essai – *Saga Africa* – a certes été un succès inattendu, mais n'a pas suffi à le rendre crédible. Jean-Jacques Goldman et son frère Robert, les faiseurs de tubes, acceptent bien volontiers de lui donner un coup de pouce. Coup d'essai réussi avec l'album *Yannick Noah*, qui va faire exploser les hit-parades et remuer les foules.
Tous les concerts de Yannick vont désormais afficher complets.

© Alexis Reau / Sipa Press.

Pour Yannick, un concert n'est pas uniquement prétexte à faire la fête. Parfois, c'est un homme de scène plus grave qui prend la parole. Lorsqu'il aborde ainsi ses thèmes récurrents : la fraternité, l'antiracisme, sa volonte d'offrir un monde meilleur aux enfants. Ou encore pour rappeler ses convictions d'homme de gauche. Ainsi, lor du meeting-concert de Ségolène Royal, candidate socialiste à la présidentielle de 2007, au stade Charlety, à Paris.

© Facelly / Haley / Sipa Press.

Champion du partage, Yannick
est de tous les concerts destinés à
enir en aide aux déshérités. Ici les
Restos du cœur, là les Téléthons
ù il tient à s'impliquer quasiment
chaque année.

© Florence Durand / Sipa Press.

Ou encore de ces tennis-concerts, où le rejoignent ses amis de la petite balle jaune. Ici, sur la scène du Zénith, il est en compagnie de Mansour Bahrami, Martina Hingis, Mary Pierce.

© Alain Nogues / Corbis Sygma.

Pour ces exhibitions tennistiques, Yannick aime faire son « show » et autres pitreries destinées aux spectateurs hilares.

© Thierry Tinacci / Gamma / Eyedea.

Symbole éclatant d'une France métissée, Yannick Noah tient une grande place dans le cœur des Français qui en ont fait aujourd'hui leur « chouchou ».

Grand frère pour les uns, pote pour les autres, tous « craquent » pour ce héros si sympa, si proche d'eux.

© Hervé Coste / MAXPPP.

En même temps, il l'a dit et répété à l'envi : la priorité de ses priorités reste sa famille. Celle-là même pour laquelle il décide, en septembre 2008, d'établir à nouveau ses pénates à New York.
Ce havre de paix, Yannick le partage désormais avec Jaolukas, blondinet aux yeux lavande, qu'il élève avec sa nouvelle compagne, Isabelle Camus. Avec son aîné Joakim, nouvelle star du basket-ball américain ; ses filles Yelena, Eleejah et Jenaye.

Yannick n'en oublie pas pour autant une mère et un père toujours présents, à qui il doit sa vie de champion hors du commun et de chanteur aussi doué qu'inspiré.

Mélange des genres qui en aurait fait chuter plus d'un parmi le commun des mortels. Pas lui.
Les raisons en sont simples : elles ont pour noms désir et plaisir. Mais aussi amour et partage.

sollicité comme entraîneur. Une révolution de palais ? Un stratagème, en tout cas, qui masque mal la prise de pouvoir par les joueurs. Suffira-t-elle à assurer la conquête de la prochaine Coupe Davis ?

Rien n'est encore joué, loin de là. Le cas Loth réglé, c'est à une brouille au sein même de l'équipe tricolore que les nouveaux patrons de la FFI doivent faire face. Plus précisément entre Noah et Leconte, brouille à laquelle l'épouse de celui-ci, Brigitte, ne serait pas étrangère. On affirme alors que l'ex-Mme Guy Drut s'agite tous azimuts pour soustraire son champion de mari à l'ombre et à l'influence de son aîné. Après sa victoire sur Noah en 1985 à Roland-Garros, le bouillant « Riton » aurait pu en effet raisonnablement espérer devenir le numéro un français. Mais le destin en a jusqu'à présent décidé autrement. Situation par trop injuste aux yeux de l'entreprenante épouse.

De son côté, Noah regrette ce qui lui apparaît comme un malentendu et y voit les intrigues d'un entourage mal intentionné à son endroit. Sans parler d'une certaine presse qui ne manque jamais l'occasion de jeter de l'huile sur le feu. Pour elle, ajoute Noah, c'est « une aubaine que deux Français se tirent dessus à boulets rouges ! Sans compter que ça faisait plaisir à ceux que ma “personnalité” dérangeait. »

Des noms ? Yannick s'abstient de les citer. Ce qui n'est pas le cas, en revanche, de « Riton » qui, après sa séparation d'avec l'incorrigible Brigitte, finira par se lâcher. Ainsi au terme de cette analyse qu'il fait de ses rapports avec Yann, lequel, selon lui, n'aurait jamais supporté d'avoir été battu par son fidèle second à Roland-Garros. Écoutons-le : « Ce qui accroît sa colère, c'est le sentiment que je ne l'avais pas battu à moi tout seul. Que je n'y serais peut-être pas parvenu sans mon entourage. Il y avait mon coach, Patrice Dominguez, dont tout le monde savait qu'entre lui et Yann, ça n'était pas le grand amour. Yann a compris que Patrice et mon épouse Brigitte avaient réussi à m'empêcher de me placer sous sa domination. C'est ça qui le rendait amer, plus que la défaite elle-même, je crois. Et c'est vrai que, si je l'ai battu ce jour-là, c'est parce qu'on m'avait bourré le crâne, façon "méthode Coué" ; et ils avaient eu raison, car c'est comme ça et seulement comme ça que ça pouvait marcher. Brigitte me disait : "Il n'y a pas que Yannick Noah au monde ! Toi aussi, tu existes !" Dominguez me démontrait que mon jeu de gaucher, ma vitesse de bras, mon service étaient autant d'atouts pour m'imposer. Il disait que Yannick n'avait qu'un service, qu'il ne retournait pas bien, qu'il jouait "arraché", tandis que moi j'étais fluide. C'était positif, en un sens, mais aussi très dur pour moi de haïr l'autre à ce point ! J'aurais voulu faire seulement semblant, mais, en sport de très haut niveau, il n'y a pas de triche possible, pas de petits arrangements avec soi-même : on est... à fond ! »

Le bon sens et l'amitié aidant, les deux hommes finiront tout de même par se rabibocher. Leur commun entraîneur, Patrice Hagelauer, aura tenu à jouer les bons samaritains dans une affaire de mesquines rivalités exacerbées non seulement par Brigitte Leconte, mais aussi, selon lui, par Cecilia, l'épouse de Yannick. Ce qu'il me confirme en ces termes : « Les deux femmes se tiraient sans arrêt dans les pattes. » Avant de m'expliquer combien sa propre situation était vite devenue intenable, puis de me révéler comment il avait réussi à mettre un point final à ces « enfantillages » : « J'ai entraîné Henri et Yannick au moment où leur rivalité était à son comble. Ce n'était pas évident. Ils ne voulaient pas s'entraîner ensemble. Le premier m'appelait pour savoir à quelle heure l'autre s'entraînait, afin de l'éviter. Un moment, j'en ai eu marre. Je les ai convoqués à Sophia-Antipolis, où je dirigeais alors le plus grand centre privé d'entraînement français. Je leur ai lancé : "Voilà une salle où vous allez vous parler, voire vous foutre sur la gueule si vous en avez envie. Je sais qu'il n'y a rien de vraiment grave entre vous, qu'il est impossible que vous ne puissiez pas vous entendre." J'ai quitté les lieux, et ils ont discuté. Une heure plus tard, je les voyais réapparaître. Henri m'a apostrophé : "Tu as du champagne, Hagel ?... Non... Bon, ça fait rien, y a du Coca ?.... Oui, alors on boit un coup et on s'entraîne cet après-midi ensemble, avec Yann !" Et tous deux d'entonner en chœur : "Nous, les problèmes de nos femmes, on n'en a rien à foutre. On s'est dit les choses, et désormais il n'y a plus de problèmes." »

Ou presque ! Car si Riton conserve aujourd'hui une indéfectible estime pour son complice Noah, celle-ci n'interdit pas la franchise. Jusqu'à « balancer » parfois quelques vérités : « Yannick, tout le monde le croit zen, cool, je-m'en-foutiste, limite indolent... Mais, en fait, pas du tout ! C'est un anxieux, au contraire, un bosseur méthodique, soucieux du moindre détail, intransigeant, casse-couilles, invivable au quotidien, car tellement exigeant avec lui-même qu'il en demande autant à ses proches. (...) Yann, c'est un grand manitou. C'est quelqu'un de profondément dominateur, qui essaie de vous mettre en position d'outsider par rapport à lui. Il aime ça. Il aime imposer ce rapport-là aux gens, même à ceux qu'il aime. Il ne le fait pas méchamment, mais c'est en cela qu'il est un leader-né. Souvent, on se place soi-même sous sa protection, parce qu'il a un charisme fou, qu'on y est bien, qu'on a envie d'être heureux avec lui. De profiter pleinement de l'énergie qu'il dégage. »

Ce charisme que décrit Leconte, d'autres membres de l'entourage de Noah l'évoqueront souvent devant moi à l'occasion de mes recherches. À commencer par Patrice Hagelauer et Pierre Darmon. Tous rejoignant en l'occurrence Patrice Clerc, directeur de Roland-Garros, qui raconte : « Un jour, j'attendais dans le hall de l'hôtel où résidaient la plupart des joueurs qui disputaient les Internationaux d'Australie, à Melbourne. L'hôtel entier bruissait d'activité. Des ascenseurs, j'ai vu sortir Boris Becker et Stefan Edberg à qui des groupes de fans demandaient des autographes. Et puis Yannick Noah est arrivé. Tout l'hôtel s'est arrêté. Je me suis dit qu'il aurait pu être acteur, ou prédicateur. »

Retour à l'année 1988 et à la réconciliation des faux ennemis du tennis français. Celle-ci n'est pas sans conséquence immédiate : Yannick, qui n'avait plus joué en Coupe Davis depuis 1985, annonce qu'il participera au premier match prévu pour le mois de février suivant, en Suisse. Mais les observateurs s'interrogent : son absence de compétitions – quatre tournois en six mois ! – ne va-t-elle pas accentuer ses faiblesses traditionnelles en revers, et plus encore en retour de service ? Malgré des signes de fatigue évidents, le joueur parviendra cependant à remporter le match initial après plus de quatre heures de jeu. Mieux : associé à Forget, il remportera aussi le double, qui, grâce à la victoire de Leconte en simple, assurera aux Français leur qualification pour les quarts de finale, lesquels se dérouleront à Clermont-Ferrand au mois d'avril suivant.

En attendant le grand jour, Yannick continue sa ronde des tournois. Ceux de Rotterdam, aux Pays-Bas, et de Lyon, où il déçoit. Mais aussi celui de Milan, en Italie, où il enlève le Nabisco Grand Prix, doté d'un million de dollars, en battant en finale l'Américain Connors. Une dernière victoire, controversée toutefois. Le Français est sorti vainqueur d'une finale tronquée par la blessure de « Jimbo », comme on a l'habitude de surnommer Connors. Cela étant, sa résurrection a bien eu lieu deux jours plus tôt contre l'Australien Cash, puis en éliminant Boris Becker au prix d'un match acharné. Remis en confiance, Yannick n'a plus qu'une seule crainte : la blessure. Celle qui suit généralement ses bonnes performances.

Ce ne sera pourtant pas le cas pour la compétition qui l'attend le mois suivant en Floride. Là, sur les courts de Key Biscayne, doit se disputer le tournoi organisé par les associations de joueurs (ATP et WITA) sur le format des épreuves du Grand Chelem. Au meilleur de sa forme, le Français commence par épuiser le Soviétique Chesnokov, contraint de courir d'un bord à l'autre du court sans pour autant arriver à contrôler les coups du Français. Puis arrive l'heure de la demi-finale avec Wilander à qui il est confronté pour la onzième fois ! Autant dire une rencontre particulièrement attendue.

Sur le central, par une soirée sans vent, ils sont dix mille spectateurs à s'être déplacés. Pour une rencontre de tennis, certes, mais aussi une séance peu banale de

« stretching », cette méthode de gymnastique à la mode mélangeant exercices d'assouplissement et techniques orientales comme le yoga. On voit donc notre Yannick bondir, virevolter, lancer avec hargne sa raquette, à la recherche de la balle fuyante de Wilander. En vain. À vouloir trop en faire, ses coups se perdent dans la nature. « Il me semblait que je pouvais placer ma première volée où je voulais, mais Mats était fatalement là, avoue-t-il humblement. C'est sûr que j'ai mal servi, mais je n'avais jamais un point facile, jamais un jeu de repos ! » Jusqu'au point gagnant de son adversaire...

Avril 1988. Yannick est de retour en France où l'attendent les demi-finales de la Coupe Davis. On le sait, l'épreuve se déroule à Clermont-Ferrand où le « patron » de la Région, l'ancien président de la République Valéry Giscard d'Estaing, tient à manifester sa présence. Un Auvergnat des plus satisfaits d'assister à la qualification de l'équipe française venue à bout de l'Australie par cinq à zéro. De quoi pavoiser, en effet : les Bleus n'avaient pas battu les Australiens depuis 1925, et ont assuré sans discussion leur qualification à l'issue du double remporté par Noah et Forget face à John Fitzgerald et Wally Masur, deux spécialistes de cette discipline. Ainsi les Australiens, vingt-six fois vainqueurs de la Coupe depuis sa création, se trouvent désormais écartés. Un satisfecit aussi pour Yannick : sa dernière rencontre remonte à la finale de Grenoble en 1982... Mais il est vrai aussi que son association en double avec Forget fait des malheurs : cinquante victoires en cinquante-trois matches sur le circuit professionnel au cours des douze derniers mois !

Rien n'est toutefois gagné : Noah et ses coéquipiers doivent s'attendre à en baver contre leurs prochains adversaires, les Suédois, détenteurs du trophée. En attendant, les Bleus doivent répondre à l'invitation de VGE : la rencontre se veut informelle. L'ex-Président questionne Forget : « Que disiez-vous avec Yannick Noah avant chaque échange ? Vous parliez de choix tactique ? » Et Forget de se prêter au jeu par des réponses à la fois précises et révérencieuses. Rien à voir avec celle faite aux journalistes quelques instants plus tôt : « Des conneries ! Parfois des conseils tactiques... Mais c'est plutôt un rituel. Une manière de se motiver et de se concentrer... »

Pour Patrice Hagelauer, la présence des deux Français parmi les tout meilleurs doubles du monde est logique, tant ceux-ci disposent d'atouts physiques, techniques et psychologiques pour s'imposer dans cette discipline. « Par leur taille et leur détente, Yannick (1,93 mètre) et Guy (1,90 mètre) ont une envergure qui laisse peu de place pour les passer lorsqu'ils sont au filet ; ils y sont d'autant plus dangereux que ce sont de redoutables smasheurs », explique-t-il. En double, l'entraîneur expérimenté le sait mieux que quiconque, ce n'est pas la régularité qui compte. Il faut des coups percutants. Et de reprendre sa démonstration : « Le point se joue la plupart du temps sur le service, le retour de service ou la première volée. Chacun connaît la qualité du service et de la volée de Yannick. Mais c'est aussi vrai qu'il a encore quelquefois des problèmes en retour de service. Il doit se libérer. Or, le double oblige presque à lâcher ses coups. »

Quoi qu'il en soit, l'important réside aussi dans l'entente entre les joueurs, dans leur désir de vivre « une belle aventure avec ses potes », ainsi que le souligne

Yannick. Ces mêmes potes plutôt ravis de se partager aussi les bénéfices de cette qualification en demi-finale : 165 000 dollars, auxquels viendront s'ajouter la recette des matches en France, après déduction des frais d'organisation...

Trois mois plus tard, à l'heure des comptes, l'ambiance se révélera toute différente. En ce jour de juillet, malgré les efforts déployés, les tricolores sont défaits par la Suède. Certes, Yannick a déployé sa belle énergie retrouvée, mais le cinquième set a été de trop face à l'imbattable Wilander. « Je savais qu'il ne tiendrait pas la distance », confiera plus tard le Suédois. Noah, lui, ne dissimule pas sa déception. Son retour dans l'aventure de l'équipe française de Coupe Davis vient de tourner court. Seule consolation : lorsqu'il apprendra que celle-ci reviendra finalement, au mois de décembre suivant, à l'Allemagne...

Entre-temps, au mois de mai, Yannick a retrouvé les Internationaux de France. La question est sur toutes les lèvres : le numéro un français est-il en mesure de renouveler enfin ses exploits de 1983 ? Avant le début du tournoi, les rumeurs vont bon train sur son état physique. Une douleur à un genou a nécessité un traitement en Allemagne et fait naître quelques doutes. Des doutes vite balayés lorsque, après deux premiers tours, Yannick démontre que son physique tient bon. Il a même livré, face au Suisse d'origine tchécoslovaque Jakob Hlasek, un combat d'une rare intensité. « Je me suis régalé », déclare-t-il ainsi à l'issue du match qui a ravi tout autant le central. Il tire aussi quelques conclusions : deux ou trois détails à revoir, mais qui doivent rester secrets. Et pour cause : ses concurrents lisent eux aussi la presse...

Septembre 1988 : l'Open des États-Unis. Malgré encore quelques doutes sur la condition physique de Yannick, on se déclare serein pour la suite du tournoi. L'heure est même à l'optimisme : aucune tête de série tricolore n'a trébuché. En clair, le trio Noah-Leconte-Forget répondra bien présent au deuxième tour. Le Franco-Camerounais le confirme : il se sent en forme et promet quelque surprise. On ne demande qu'à le croire sur parole. D'aucuns rappellent que depuis son triomphe à Roland-Garros, cinq ans plus tôt, il n'a jamais atteint la demi-finale d'un tournoi du Grand Chelem. Se voit-il à nouveau vainqueur ? Il a tout fait, en tout cas, pour le devenir. Le mois précédent, il n'a pas compté ses heures d'entraînement et de remise en forme. D'abord en compagnie d'Hagel, puis dans le cadre d'un centre de thalassothérapie, à Biarritz. Tout cela, finalement, en vain. Car c'était sans compter sur cette tendinite tenace du genou qui va l'obliger à abandonner sa partie contre le jeune Australien Jason Stoltenberg.

Dans son entourage, on s'interroge : Yannick doit-il subir l'intervention chirurgicale qui viendrait à bout de cette tendinite ? Et, dans ce cas, son absence des courts ne risquerait-elle pas d'hypothéquer sérieusement la suite de sa carrière ? Pour le champion, le dilemme n'est pas forcément aussi grave qu'on ne le dit ici et là. Voilà quelques années déjà qu'il envisage une reconversion qui ne passera plus forcément par le tennis.

Mais d'admettre aussi, en son for intérieur, que l'heure de se retirer de l'avant-scène tennistique n'a pas encore sonné...

10

Vraie fausse sortie

Son médecin est formel : Yannick doit observer plusieurs semaines de repos. Obéissant, le champion décide de les passer dans sa maison de campagne de l'Essonne. De toute façon, rien ne l'empêche d'y recevoir ses amis et d'y faire la fête. Dans la démesure, comme à son habitude. Trop, peut-être. Comme ce jour où le gentleman-farmer se brûlera une jambe en allumant un barbecue ! Une brûlure suffisamment sérieuse pour compromettre encore un peu plus la suite de son programme sportif.

Son retour sur les courts, le champion l'effectue finalement en novembre 1989, à l'occasion de l'Open de Paris-Bercy. Un retour perdant, toutefois, où Forget et lui seront les héros malheureux du deuxième tour. Pour autant, Yannick, qui va bientôt fêter son trentième anniversaire, n'a pas dit son dernier mot. En janvier 1990, grâce à un travail acharné, le voilà formidable gagnant au tournoi de Sydney, sa vingt-troisième victoire depuis 1978. Dans la ville australienne, ils sont ainsi pas moins de quatre internationaux à subir sa spectaculaire façon de jouer : l'Allemand Carl-Uwe Steeb, le Haïtien Ronald Agenor, le Tchécoslovaque Ivan Lendl et l'Américain Aaron Krickstein. De quoi retrouver le moral pour l'Open d'Australie auquel il doit participer dans la foulée. À Melbourne, Yannick doit rencontrer au premier tour le Yougoslave Prpić. Mission accomplie – mais qui s'achève aussi en demi-finale lorsqu'il est défait à son tour par son ennemi de toujours : Lendl...

Début février 1990, le Français n'a toujours pas quitté l'Australie où l'ont rejoint ses potes de l'équipe de France pour le premier tour de la Coupe Davis. Un premier tour, mais un tour pour rien. La paire Noah-Forget va une fois encore se transformer en double malchanceux. Ou plutôt moins complet que ses adversaires australiens. Une balle de set mal concrétisée et une faute de Yannick, et les voilà défaits. Rebelote lors des simples à l'issue desquels Leconte et lui sont respectivement battus par Masur et Cahill. Deux matches pourtant décisifs pour ce premier tour de la Coupe qui verra, au terme de l'épreuve, la victoire des États-Unis.

La suite ne se révèle guère plus brillante pour Yannick dont les mauvais résultats en chaîne se poursuivent. Aux Internationaux de France en mai, à Wimbledon en juin d'où il est « sorti » par un Sud-Africain inconnu, Wayne Ferreira, aux Internationaux des États-Unis en septembre lorsqu'il est éliminé face à Boris Becker. Conséquence de cette déroute : Yannick ne participera qu'au titre de remplaçant lors de l'épreuve suivante de la Coupe Davis qui doit opposer l'Angleterre à la France. Déçu et contrarié, le joueur fait du coup sa valise et prend la route de l'Italie afin d'y encourager ses

« potes » du Cameroun présents au Mondial de football... Parmi eux, Roger Milla, le « papy buteur » de l'équipe africaine que le Franco-Camerounais tient à saluer avant le match devant opposer les « Lions indomptables » aux Britanniques dans l'enceinte du stade San Paolo de Naples. Puis le Français rejoint les tribunes où on le verra à plusieurs reprises lever les bras au ciel. Mais Dieu, de toute évidence, fait ce soir-là la sourde oreille ! À sept minutes de la fin, Gary Lineker, descendu dans la surface, égalise sur un premier penalty, entraînant de fait la prolongation. Et c'est juste avant l'issue de la première période de cette prolongation que le même Lineker porte la marque à 3-2 pour l'Angleterre qui semble alors revenir en rescapée du fin fond de l'Afrique.

Malgré cette victoire de la perfide Albion sur son équipe de cœur, Yannick ne s'avoue pas déçu. Le fils de l'ancien attaquant de Sedan se déclare même d'un optimisme à tout crin pour l'avenir du football camerounais dont les joueurs Rigobert Song Bahanag et Patrick Mboma font partie de ses amis : « Dans deux ou trois coupes du Monde, on aura des équipes africaines capables de gagner. Pour ce qui est du talent physique et technique, les Africains n'ont jamais eu de problèmes, mais, dans le sport professionnel, c'est aussi la psychologie et la tactique qui priment. C'est fini, les équipes dites "de talent" ! »

Toutefois, la bonne humeur de Yannick a tôt fait d'être contrariée. C'est au même moment, en effet, et malgré un premier avis favorable des autorités vaudoises, qu'il est informé que l'Office fédéral des étrangers refuse de lui accorder un permis de résidence en

Suisse. Voilà quelques mois déjà que la star du tennis désirait s'établir au pays des Helvètes afin d'y assurer l'éducation de ses enfants et probablement aussi d'étoffer son patrimoine. Il avait même porté son choix sur un vaste chalet au-dessus de Montreux, cette commune accueillant chaque année un célèbre festival de jazz et d'autres rendez-vous des musiques du monde. Les motifs de ce refus aux allures de crime de lèse-majesté ? Un simple constat : le champion « n'a ni centre d'intérêt, ni centre de vie, ni centre d'activité en Suisse », souligne ainsi l'Office fédéral. Dernière allusion à la société de promotion commerciale que le Français avait promis de créer au moment de sa demande, plus précisément à travers un poste de gérant qu'il n'avait, de fait, jamais assumé. Cela étant, les autorités helvétiques prennent soin de rappeler à la star du tennis qu'elle « n'est cependant pas indésirable en Suisse »...

Tant pis pour nos voisins helvètes et rebonjour la France ! aurait pu s'exclamer Yannick lorsqu'il retrouve l'équipe tricolore pour son match annoncé contre l'Angleterre. On le sait déjà, il n'en sera pas la vedette, mais simple remplaçant, voire « équipier de luxe ». Mais pas question pour autant de jouer les figurants. Ainsi, tout au long de ce match de barrage, il ne cessera de prodiguer la bonne parole, évoquant tour à tour la grande famille, l'aide mutuelle entre les joueurs, l'enthousiasme indispensable à la reconquête. Sa façon à lui de prendre part à la victoire de ses copains. Car il ne l'ignore pas non plus : les Français n'ont plus droit à l'erreur. Une défaite sur l'herbe du Queen's, dans la banlieue londonienne, entraînerait automatiquement la relégation en seconde division. En cas de victoire, en revanche, ce sera le maintien dans le groupe de tête mondial.

Sur le papier, les Français partent largement favoris. En effet, Patrice Dominguez, le sélectionneur, a retenu Forget et Leconte, respectivement 15e et 23e joueurs mondiaux. À juste raison, puisque l'un comme l'autre vont ressortir finalement vainqueurs des Britanniques. Et voilà déjà les deux compères qui applaudissent non seulement leur capitaine, mais aussi Yannick, dont les conseils et les encouragements se sont révélés particulièrement réconfortants. De là à imaginer leur complice dans la peau du futur patron de l'équipe de France, il n'y a qu'un pas que franchit Dominguez, lequel le suggère à mi-mots lorsqu'il annonce bientôt sa décision de tourner la page pour aller voir ailleurs. En l'occurrence, du côté de la Cinq, la chaîne de télévision créée quelques années plus tôt par Berlusconi, où on lui propose la direction des sports.

Noah, nouveau pilote du navire *France* ? L'idée fait son chemin. N'est-il pas un très bon joueur, comme le fut un Georges Goven ? N'est-il pas proche de ses confrères, comme peut l'être un Hagelauer ? Pressenti, le premier concerné, lui, ne dit pas non. Il est même séduit par une telle perspective, convaincu de pouvoir offrir à cette fonction un apport positif à l'équipe tricolore. Certes, il devra alors faire un choix entre la poursuite de sa carrière et l'animation du groupe. Encore que... officiellement, il n'y a pas incompatibilité entre le poste de joueur et celui de coach. Cette remarque-là ne tombe pas dans l'oreille d'un sourd : celle de Yannick, dont le passé et le rayonnement constituent pour l'heure les meilleurs atouts. Mais la balle, si on ose dire, reste dans le camp des hautes instances du tennis français...

« Je vais vous annoncer une nouvelle que vous attendez tous avec impatience : Yannick Noah vient d'être nommé capitaine de l'équipe de France de Coupe Davis. » Ce 30 octobre 1990, Philippe Chatrier ne ménage pas le suspense devant les journalistes venus assister à sa conférence de presse organisée dans l'enceinte du POPB. Et le président de la FFT de souligner comment cette décision a fait l'unanimité au sein des dirigeants fédéraux, mais aussi parmi les joueurs représentés ce jour-là par Henri Leconte.

Les atouts de Noah ? Pour Chatrier et ses collaborateurs, ils ne manquent pas. C'est d'abord un talent qui a permis à un joueur exceptionnel d'atteindre le plus haut niveau mondial. C'est ensuite une personnalité et un charisme qui lui confèrent déjà une autorité naturelle sur ses partenaires. En misant sur ces atouts, nul doute à leurs yeux que le jeune et nouveau responsable national saura susciter une adhésion et créer une dynamique autorisant tous les espoirs.

Pour cause de préparation sur le central du Palais omnisports de Paris-Bercy, le nouveau promu, lui, attendra la fin de soirée pour s'exprimer. Plus précisément à l'issue de son match victorieux sur le Tchécoslovaque Karel Novacek, 33e joueur mondial lors de l'Open de Paris doté de deux millions de dollars de prix. Sa façon de prouver, avant tout discours, que ses nouvelles fonctions n'ont rien d'un enterrement de première classe, et, par la même occasion, qu'il est toujours le joueur préféré du public parisien. « Il ne s'agit pas d'un retrait en tant que joueur ; la priorité, pour moi, c'est de jouer, explique celui qui est encore classé 38e joueur mondial. En tant que capitaine, je choisirai les membres de l'équipe, et, si je joue bien, pourquoi pas moi ? » Avant de conclure avec humour : « Et les gars, il va falloir qu'ils gagnent beaucoup de matches avant de pouvoir prendre ma place ! »

Reste qu'à l'orée de ses trente ans, Yannick est déjà sans doute sur la voie de la reconversion. Et c'est précisément de ses nouvelles fonctions qu'il est désormais question. Ainsi lorsque, plus sérieusement et sans fausse modestie, il se reconnaît des qualités de meneur d'hommes : « Ça fait pas mal de temps, même si je ne suis pas entraîneur, que j'exerce pas mal d'influence sur les autres. » Mais aussi d'afficher de grandes ambitions pour sa formation : « Une petite finale, ça ne serait pas mal. » Pour cela, il faudra cependant attendre encore le tirage au sort qui désignera l'adversaire du premier tour de la France. En l'occurrence, ce sera Israël.

Ce jour de mars 1991, la salle omnisports de Rennes affiche complet. Le nouveau chaperon des Bleus se dit optimiste. Le tirage au sort leur a été plutôt favorable. Yannick et les siens ont déjà battu l'équipe d'Amos Mansdorf chez elle, l'année précédente. « Même si cela est difficile, mon rôle est de trancher pour former la meilleure équipe qui soit à un moment donné », précise le nouveau patron au moment du choix de ses troupes. Ils sont trois à avoir été retenus : Forget, Leconte et un jeune homme de dix-huit ans, Fabrice Santoro, au début d'une carrière prometteuse, *dixit* Yannick, impressionné par sa coordination générale et sa subtilité dans le toucher de balle.

De fait, voilà de nombreux mois qu'il suit de près les progrès du jeune Polynésien, adolescent d'allure timide, devenu professionnel en 1989. Son parcours ? Classique : sport-études à douze ans, champion de France minimes, cadets et juniors, champion du monde à seize ans, puis entrée au « club » France. Certes, avec son mètre soixante-quinze et ses soixante-dix-sept kilos, le jeune homme ne paie pas de mine ; certes, son jeu à deux mains et son service ne sont pas toujours percutants ; mais, pour Yannick, Fabrice possède deux qualités rares : un moral en acier trempé et une pugnacité à toute épreuve.

Comme on n'est jamais trop prudent, c'est à l'expérimenté Leconte que le capitaine frais émoulu demande d'assurer le lever de rideau contre le numéro un de l'équipe israélienne. Bien vu. Après plus de trois heures et demie de jeu, Riton finit par l'emporter en se révélant le plus solide au jeu décisif du quatrième set. À lui alors de sauter le filet pour saluer son adversaire et tomber dans les bras de l'ami Noah, tout aussi soulagé que son joueur.

À plusieurs reprises, on a pu en effet mesurer l'état de nervosité du capitaine qui a tout naturellement troqué le short pour un survêtement blanc. Ainsi, lors du quatrième set, lorsqu'il s'est pris la tête entre les mains, serrant les poings quand Riton marquait un point important, se retournant fréquemment vers les autres joueurs de l'équipe installés derrière lui, comme pour quêter leur soutien. Lors des changements de côté, le voilà encore qui intervient plus souvent en paroles qu'en début de match, afin de motiver davantage son joueur. Ses conseils ? Ils tiennent en quelques mots :

bouger, jouer des revers, faire monter la sauce, s'exciter pour être bien dans le rythme. Leconte confirme : « Il m'a dit de bouger plus mes jambes et de jouer mon jeu au moment précis où il le fallait. Sans lui, je n'aurais peut-être pas gagné en quatre sets. »

La suite du programme s'annonce tout aussi allé-chante, avec l'entrée en lice du tout nouveau numéro quatre de la hiérarchie internationale : Forget, opposé à Gilad Bloom, pointant, lui, à la 69e place. En confiance, et malgré la brique pilée qui recouvre le parquet de la salle, Guytou, comme le surnomment Yannick et sa bande, prend rapidement l'ascendant, dès le premier set, sur son adversaire du jour. Mais ce grand angoissé qu'est Forget – à s'en flanquer des ulcères à l'estomac ! – se dit déboussolé auprès de Yannick. Pour ce dernier, qui connaît sur le bout des doigts son ancien partenaire du double, il ne s'agit plus du tout de pousser le joueur à s'exciter, mais, bien au contraire, de lui recommander le plus grand calme possible. « L'objectif était de forcer Guy à se relâcher, à sortir de sa crispation », soulignera-t-il à l'issue de cette journée d'ouverture qui voit la France mener devant Israël par deux victoires à zéro. Avant de vaincre pour de bon le lendemain. Pour un coup d'essai, c'est un coup de maître, mais le technicien en chef reste toutefois lucide. Le mois suivant, sa fine équipe devra mater les Kangourous australiens dans les arènes de Nîmes, et là, ce sera une autre paire de manches...

En attendant, l'heure est à la fête. Destination : une boîte de nuit rennaise vers laquelle Yannick se dirige en compagnie des cinq joyeux lurons de son équipe. Mais c'est compter sans le bouillonnant Leconte, également baptisé « le Marquis », à l'origine d'un incident qui a bien failli tourner au vinaigre. Écoutons-le : « C'était comme dans les films de cow-boys. Plus nous avancions d'un pas décidé vers le saloon, et plus nous étions nombreux, plus les gens croisés en chemin faisaient demi-tour pour venir grossir nos rangs. Nous arrivâmes à quatre-vingts devant la boîte. J'avisai une Matra Bagheera avec les phares levés. Quelle idée m'a traversé l'esprit de m'asseoir dessus ? Évidemment, le phare n'a pas résisté, et je me suis étonné : "Oh, une voiture borgne !" Le propriétaire n'était pas loin. Il s'est dirigé vers moi d'un pas décidé. J'ai pensé que, fatalement, ça allait mal tourner pour moi. Mais, une fois à ma hauteur, le gars m'a souri et m'a demandé en désignant le phare amoché : "Ça ne vous dérangerait pas de me le dédicacer ?" »

Enfin dégrisés de leur soirée plutôt bien arrosée, les Bleus imaginent déjà la suite de la compétition face à l'Australie. Toute l'équipe part lucide mais confiante. Pour son chef de file, l'optimisme est de rigueur.

Il n'a pas tort : en mai 1991, tous passeront l'épreuve avec succès. Ou plutôt c'est ce diable de Fabrice Santoro qui va offrir la victoire à la France, à Nîmes, au terme d'un cinquième match épique. Mais il n'aura pas été le seul. La veille, contre Woodbridge-Kratzman, le double Forget-Leconte a offert, lui aussi, un grand moment de tennis, les Français s'imposant en cinq manches à l'issue d'une rencontre marathon de près de quatre heures. À la limite, il n'en fallait pas tant avant la rencontre prévue entre les numéros un des deux formations, Forget et Richard Fromberger. Seulement voilà : il y a aussi la glorieuse incertitude du tennis, et l'on va voir l'Australien se défaire de Forget en quatre sets. Pour Yannick, Guytou a manifestement disputé trop de manches. Quatre de trop, chiffre-t-il. Et de tirer lui-même la conclusion de cette défaite inattendue : la victoire des Français ne dépend plus alors que du jeune Santoro.

Sélectionné pour la troisième fois en équipe de France, cette rencontre est la première où l'on demande au nouveau venu de participer, raquette à la main. Comment va-t-il pouvoir assumer cette nouvelle responsabilité face à un joueur aussi expérimenté que Masur, « vieux » roublard de la Coupe Davis ? Comment un garçon aussi novice pourra-t-il supporter une telle pression ? La veille, c'est dans sa chambre d'hôtel que Santoro a suivi à la télévision les déboires de Forget, mais pour mieux se ressaisir : « J'étais très nerveux, j'éteignais la télé, je la remettais. Après sa défaite, j'étais très anxieux. Tout reposait sur mes épaules. Je ne voulais pas perdre ! »

Malgré les appréhensions à peine dissimulées de son capitaine, le nouveau titulaire apparaît vite transcendé par le défi à relever. Ainsi lorsque, d'entrée de jeu, il prend sans coup férir le service de son adversaire, puis c'est de nouveau le break qui lui permet de s'arroger la première manche par six jeux à trois. La suite sera de la même veine. Le public ne s'y trompe d'ailleurs pas. Le voici qui se déchaîne lorsque le dernier espoir tricolore enchaîne les points jusqu'à mener par cinq jeux à zéro ! La fin approche lorsqu'il s'octroie la manche – et, par là même, le match par six jeux à un sous les hourras de la foule. N'y croyant plus, Yannick, lui, tombe à genoux avant de se relever d'un coup sec lorsque les spectateurs réclament un tour de terrain. Ni une ni deux, voilà le « Captain » qui charge son joueur sur ses épaules et entame une ronde en compagnie de l'ensemble de l'équipe.

Plusieurs heures après sa victoire, Santoro, aussitôt surnommé « Battling Fab » (Fab le battant), n'en revient toujours pas : « Être ainsi porté par Yannick, qui est un grand joueur que je respecte énormément, et qui est maintenant devenu un copain, c'est quelque chose d'exceptionnel ! »

Septembre 1991 : voilà près de onze mois que Yannick a pris les rênes de l'équipe nationale, et déjà deux victoires. La troisième ne va pas tarder. Son équipe la décrochera ce même mois à Pau contre la Yougoslavie. Un dernier succès qui lui donne enfin le droit de rêver au saladier d'argent. À condition toutefois ne pas se laisser emporter par un triomphalisme de mauvais aloi. Ce que tous s'interdiront, pour mieux se concentrer sur cette finale tant attendue de novembre où ils se retrouveront face aux États-Unis. Rencontre à hauts risques : les deux équipes ne se sont plus rencontrées à ce niveau depuis 1982 !

Entre-temps, une autre réussite a marqué l'existence de Yannick. Elle est intervenue quelques semaines après sa nomination à la tête de l'équipe de France sous la forme d'un enregistrement musical intitulé *Saga Africa*. C'est peu de dire que le projet le démangeait depuis belle lurette, mais, cette fois, c'est pour de bon. Ce n'est pas franchement une surprise pour ses équipiers tricolores, convives privilégiés de dîners au cours desquels leur compère n'hésitait pas à monter sur la table pour pousser la chansonnette. Ni de ses concurrents internationaux qui partagent la même passion de la musique. Ainsi de Jim Courier qui se défend de façon plutôt honnête à la batterie, ou de Mats Wilander à la guitare acoustique, sans oublier McEnroe, fan du rocker Bruce Springsteen. « Nous avons passé de très bons moments ensemble, se souvient encore Yannick. À l'époque, nous étions des malades de la compétition. Mais se retrouver autour de la musique, c'était une façon de se dire : "On s'aime bien quand même" ! À New York, pendant l'US Open, on louait un studio de musique. Et tous les jours, après les matches, on allait y jouer et boire de la bière. J'avais besoin de cette ambiance pour évacuer. Sinon, je n'aurais pas tenu le coup. »

En ce jour de mai 1991, dans le studio d'enregistrement parisien, l'ambiance est tout aussi décontractée. À ses côtés, le compositeur Milan Zdravkovic, un « copain de foot » qu'il a connu par l'intermédiaire d'amis communs. Le même qui l'incitera ensuite à écrire sa première chanson. Et Yannick de me narrer la peu banale aventure de sa première production : « Milan savait que j'aimais la musique et que je chantais tout le temps. Un jour, il m'a proposé de l'accompagner dans un studio où il devait effectuer un enregistrement. Sur place, il me demande si ça m'amuserait d'essayer ma voix sur une bande musicale déjà en boîte. J'ai fait un "yaourt" après avoir jeté sur le papier les premiers couplets de *Saga Africa*. Des réflexions que j'avais en moi depuis toujours. J'avais une seule figure imposée : *Saga Africa, ambiance de la brousse*. Pas grand-chose à voir avec ce que je racontais dans les couplets, mais bon, ça fonctionnait ! Le temps passe. Je commence à travailler sur deux autres chansons. Milan les trouve pas si mal que ça... ! » Suffisamment, en tout cas, pour mettre dans le coup Eric Ghenassia, un producteur familier des stars. Quelques années auparavant, celui-ci a été le « découvreur » de Stéphanie de Monaco et de son *Ouragan*. Pour Ghenassia, l'affaire est entendue. Avec le concours de Welcome, un label indépendant, et de Carrère, une maison de disques plutôt spécialisée dans les « coups », le coach des Bleus se retrouve ainsi du jour au lendemain devant les micros. Pour l'heure, Yannick n'a retenu que deux titres pour amorcer ce qu'il ne considère pas encore, toutefois, comme sa nouvelle carrière : *Saga Africa* et *Don't Stay Far Away Baby*. Dans l'esprit de ses producteurs, seul le second doit faire l'objet d'une promotion. Jusqu'à ce que le sort en décide autrement...

Lors d'une ultime répétition, Yannick relit le texte de *Saga Africa*. Les mots alignés, façon « petit nègre », sont un mélange de français et d'expressions camerounaises qu'il tient à interpréter avec un accent volontairement prononcé. Revue et corrigée par Pierre Zito, la chanson débute ainsi : *Hey là, le type-là / Oui oui, petit Blanc / Paris-Yaoundé / Connection mais venez / Allons ambiancer / Ambiance soukouss / Ambiance makossa / Ou l'ambiance du bikutsi...* Puis vient le refrain qui tient en quatre vers : *Saga Africa / Ambiance de la brousse / Ambiance Africa / Attention les secousses...* Les autres couplets sont de la même veine, avec quelques hommages glissés çà et là aux stars du football camerounais : Roger Milla, François Omam-Biyik et Thomas Nkono.

Côté composition musicale, la rythmique de Milan Zdravkovic, qui se sera fait aider par Daisy Mac Neels, se veut résolument reggae. Rien à voir avec *Don't Stay Far Away Baby* que des responsables de TF1, bientôt sollicités par Ghenassia, n'écoutent que d'une oreille distraite. Pour eux, c'est le rythme endiablé et la danse très collé-serré de *Saga Africa* qui les emballent. Ils se déclarent même prêts à s'associer à l'entreprise en coproduisant le clip tourné en Guadeloupe et en promettant de le diffuser plusieurs fois par jour. Pour ces programmateurs, aucun doute : ils tiennent là le tube de l'été 1991. Il est vrai que la chaîne privée n'en est pas à son coup d'essai. Deux ans auparavant, n'a-t-elle pas réussi à transformer *La Lambada*, aux couleurs brésiliennes, en succès mondial ?

Nouveau pari réussi pour la Une. Lancée à grands renforts publicitaires, *Saga Africa*, également sponsorisée par la barre Lion et par Orangina, fait fureur. Au point d'atteindre rapidement les premières places des hit-parades hexagonaux avec, à la clé, plus de huit cent mille singles (45 tours) vendus. Ses seuls concurrents s'appellent alors Lagaf', avec son tube *La Zoubida*, et les Inconnus avec leur chanson pastiche *Auteuil, Neuilly, Passy...*

Autant dire que les Français ont alors une sérieuse envie de se défouler. Ce qui ravit Yannick, chez qui la tendance « sympa » domine : « J'aime bien cette chanson, parce qu'elle représente quelque chose de simple, de gai, de rythmé, sans prétention aucune : c'est du soleil, des sourires. Je la chante à chaque concert, et les gens dansent. Quand on joue les premières notes, chaque fois le public est radieux. C'est toujours un moment où tout le monde paraît d'accord. »

Tout aussi partant et radieux, le public bientôt réuni dans le stade de Gerland, à Lyon, dans l'attente de la finale de la Coupe Davis France-États-Unis. Mais là, c'est une autre « secousse » qui attend l'heureux interprète de *Saga Africa*...

11

La bande à Noah

En ce jour d'octobre 1991, Yannick hésite encore pour constituer son équipe. Il attend de connaître la sélection américaine qui ne sera dévoilée, elle, qu'à la mi-novembre. Lorsqu'elle est enfin connue, le capitaine de l'équipe de France sait qu'il a du mouron à se faire. Quelle sélection, en effet ! Pour les simples, les détenteurs du trophée ont retenu l'expérimenté Andre Agassi, et, pour la première fois, Pete Sampras. Yannick ne l'ignore pas : le nouveau venu vient d'être sacré « maître » du tennis mondial à Francfort. Pour le double, le sélectionneur US a porté son choix sur Ken Flach et Robert Seguso. Autant dire que, sur le papier, la rencontre s'annonce des plus difficiles. D'ailleurs, les bookmakers ne s'y trompent pas : les Français n'ont pas la faveur des pronostics. Mais impossible n'est pas français, estime de son côté Yannick qui, pour venir à bout de Sampras et d'Agassi en simple, décide de miser sur Guytou Forget, vainqueur de six tournois depuis le début de l'année. Parmi eux, celui qui lui a permis justement de venir à bout de Sampras lors de l'Open de Paris-Bercy.

Aux côtés de Forget, alors considéré comme le meilleur joueur français, plusieurs jeunes talents ne demandent eux aussi qu'à s'exprimer. À preuve : tous ont atteint des finales de tournois ATP au cours des deux mois précédents, et le technicien tricolore n'a que l'embarras du choix. Il y a là Olivier Delaître, Arnaud Boetsch, Fabrice Santoro, Thierry Champion et Guillaume Raoux. Après mûre réflexion, Yannick porte son choix sur les deux premiers qui, comme leurs aînés, participeront au stage de préparation prévu à la fin du mois à Montreux, dans les alpages suisses. Santoro, le héros de Nîmes, n'est pas oublié pour autant, mais le sélectionneur en chef décide qu'il jouera remplaçant.

Reste le cas Leconte. Son récent abandon à Wimbledon contre Forget a laissé croire un temps à une mise à la retraite anticipée. Sans parler des déconvenues dans sa vie privée et de cette nouvelle intervention chirurgicale à la colonne vertébrale, plusieurs fois reportée et remise à l'ordre du jour. À sa sortie de l'hôpital, tous ses problèmes sont encore loin d'être résolus. Mais cette « spirale négative » touche à sa fin lorsque Yannick lui apporte le réconfort tant attendu : sa participation à une deuxième finale de Coupe Davis, neuf ans après celle de Grenoble où il avait fait ses débuts en équipe de France. À l'annonce de la bonne nouvelle, Riton n'en croit pas ses oreilles et ouvre les vannes à toutes les larmes de son corps.

Côté double, le capitaine français ne veut écarter aucune possibilité. Pas même celle de sélectionner un dénommé... Noah ! Dans le cas contraire – c'est ce qui se passera –, à lui d'associer le vieux routier Forget à un talent prometteur : Arnaud Boetsch, à la vive satisfaction du petit nouveau, ancien vainqueur 1985 de l'Orange Bowl, susceptible désormais de ridiculiser n'importe quel autre joueur français par son brillant jeu d'attaque. Du moins à en croire son sélectionneur pour lequel l'avenir pourrait s'annoncer radieux pour le jeune Alsacien alors âgé de vingt-deux ans. Avant de nuancer : « Le problème, c'est qu'il est très intelligent. Pour jouer au tennis, il faut être un peu con, ou un peu fou. Or il n'est ni con ni fou. Il lui faudrait un petit grain de folie. Cela étant, il est tout près d'exploser ! »

Mais, avant l'explosion, c'est à l'indispensable stage de préparation que Yannick convie sa petite troupe. Et de prévenir : à Montreux, tous seront coupés du monde, y compris de tous moyens d'information. Exigence seule à même, à ses yeux, d'assurer une préparation dans la plus grande sérénité possible. Sur place, les sélectionnés sont immédiatement pris en main par les « hommes de l'ombre », le staff technique composé des entraîneurs Patrice Hagelauer et Éric Deblicker, du préparateur physique Jean-Claude Perrin, ex-entraîneur de saut à la perche, et enfin de Jérôme Bianchi, rugbyman reconverti kiné. On l'aura compris : l'essentiel des journées des joueurs sera consacré au travail physique et technique. Mais pas seulement. Yannick veille également de près à ce que ses protégés soient prêts psychologiquement. À lui de s'efforcer de leur inculquer l'esprit de conquête en s'inspirant notamment du passé. « En 1982, nous avons été battus par manque d'expérience, souligne-t-il ainsi. Nous avions été dépassés par l'événement. Psychologiquement, nous n'étions pas encore au niveau. Cette fois, nous n'irons pas à Lyon pour jouer la finale, mais pour la remporter. Même si nous n'avons qu'une chance sur cinq, il faut être prêt, mentalement et physiquement, à pousser de toutes nos forces si la porte s'entrouvre. »

Yannick en est convaincu : en toutes circonstances, il est possible d'aller au-delà de ses limites, si la confiance est là. Les performances sont décuplées par la fierté, la volonté de se dépasser. C'est du moins ce qu'il affirme lorsqu'on l'interroge. Avant de confier comment, à la tête de son équipe, il se sent « comme l'entraîneur » qu'il aurait « aimé avoir ». Naturellement, la méthode Coué ne suffit pas. Le meneur d'hommes qu'il est a élaboré sa propre recette de mise en condition où se mêlent sophrologie, yoga et visualisation. Et de détailler : « On partait en forêt, la nuit, on faisait du jogging pendant une heure en regardant le jour se lever, parce que je suis persuadé que les énergies sont meilleures au lever du jour. On y va le ventre vide et on se parle beaucoup... Au final, les joueurs se sont "éclatés". Simplement en se dépouillant de leurs idées reçues et de leurs complexes. »

Restent la glorieuse incertitude du sport et les implacables statistiques qui ne donnent pas les Français vainqueurs. Mais, là encore, Yannick veut y croire lorsqu'il déclare miser sur les tripes de chacun : « La France n'a pas gagné la Coupe Davis depuis plus de cinquante ans. Sampras vient de s'imposer aux Masters, et Leconte est 158e au classement ATP. Mais nous voulons y croire, parce que nous savons que si Guy et Henri jouent à leur meilleur niveau, la différence se fera avec le cœur. »

Arrive enfin le jour tant attendu. Ce 2 décembre 1991, ils ont tenu à faire le déplacement dans la capitale des Gaules. Ils ? Trente-deux des soixante Français appelés depuis 1904 à disputer la Coupe Davis. Au premier rang Jean Borotra, frêle silhouette de quatre-vingt-treize printemps. Surnommé « le Basque bondissant » dès le début de sa prestigieuse carrière, dans les années 1920, l'homme n'a rien perdu de sa prestance ni de sa pugnacité. Celle-là même qu'il a tenté de communiquer quelques minutes plus tôt, dans les vestiaires, aux Mousquetaires de Noah. René Lacoste a tenu lui aussi à les encourager, mais depuis sa retraite de Saint-Jean-de-Luz où le créateur de la première raquette en acier et des célèbres polos assistera à la rencontre devant son téléviseur. Pour mieux ménager son cœur, leur a-t-il déclaré.

« Le Crocodile » – ou « l'Alligator », comme on eut tôt fait de le surnommer après ses premières victoires, pour mieux souligner la tenacité dont il faisait preuve sur le court – ne sera pas seul au rendez-vous devant la petite lucarne. En retransmettant tous les matches, le service public compte bien une nouvelle fois « faire le plein » d'amateurs. Ses responsables ne se trompent guère : ce jour-là, plus de six millions de téléspectateurs assisteront à une rencontre qualifiée d'« historique »...

Nous n'en sommes pas encore là – nous en sommes même très loin – lorsque Yannick, à l'issue de la première journée disputée au Palais des sports de Lyon, s'avoue perplexe. La rencontre a mal commencé pour la France. Contrairement à ses attentes, Forget vient de se faire battre par Agassi. Une défaite cinglante. Les raisons ? Malgré une technique parfaite, le Français continue à souffrir d'un mal persistant au genou... Leconte va-t-il permettre à la France d'égaliser en battant Sampras ? Riton veut y croire lorsqu'il débarque, survolté, sur le court. Variant ses effets au service, avançant sur toutes les balles pour bondir au filet le premier, il ne veut rien laisser, à l'évidence, à son adversaire. Surtout pas le temps de prendre ses marques ! Les spectateurs, eux, retiennent leur souffle. L'éternel convalescent serait-il sur le point de redevenir « Riton le gagneur » ? Ou, au contraire, va-t-il être une fois encore victime d'un relâchement ? Au deuxième set, Sampras décroche une balle de break. Mais le Français ne s'en laisse pas conter et s'envole tout à coup dans les airs pour exécuter une volée dont il a seul le secret. Un modèle du genre, d'ailleurs toujours enseigné aujourd'hui dans les écoles de tennis. Les heures filent et le jeu témoigne de la même détermination, de la même hargne. Leconte va-t-il enfin terrasser le jeune champion américain ? Malgré l'insigne des « citoyens du monde » qu'il arbore à l'oreille, Yannick l'imagine tout en trépignant sur sa chaise : « Vas-y, Henri, mets lui la branlée ! » Et Riton de lui donner bientôt raison : trois petits sets vont lui suffire pour vaincre définitivement Sampras. Alors en pleine gloire, celui-ci n'est pas près d'oublier sa première expérience en Coupe Davis ! Leconte pas davantage : lorsqu'il se jette dans les bras de son capitaine il est le plus heureux des hommes. « On ne sait pas encore qu'à partir de cet instant notre amitié deviendra immatérielle, confie-t-il. Parce qu'on sera allés tous les deux bien au-delà de nous-mêmes, grâce à l'autre, l'un pour l'autre. »

Rien n'est pourtant terminé. Au terme de cette première journée, les deux équipes sont à égalité. Pour le public lyonnais – et, pourquoi ne pas le dire, pour la France entière –, le double qui s'annonce va se révéler plus que passionnant.

Nous sommes le samedi 2 décembre, anniversaire d'Austerlitz ! Ce jour-là, le tandem Forget-Leconte est aligné face à la paire américaine Flach-Seguso. Ces derniers n'ont encore jamais perdu contre une équipe française. Et pourtant, cela va être bientôt chose faite lorsqu'ils sont obligés de s'incliner, au bout de quatre sets, dans un match remporté haut la main par les Bleus. Dépité, Ken Flach explique les raisons de la nouvelle victoire de ses adversaires : « Je crois que Leconte fonctionnait encore à partir de toutes les émotions de la veille. Il a exercé sur nous une pression incroyable avec ses retours et ses services. Nous avons souvent rencontré l'un ou l'autre sur le circuit, mais ils n'ont jamais joué comme ça. Ils sont capables d'avoir des phases de jeu très brillantes, mais jamais ils n'avaient soutenu cette qualité de jeu pendant quatre sets. »

Pour le duo gagnant, reste encore – et enfin – à remporter les rencontres de simples du lendemain pour rafler cette Coupe Davis tant convoitée. Autant dire que la dramaturgie de la journée n'a nul besoin d'être forcée. Sur tous les visages, difficile d'occulter l'angoisse qui étreint les joueurs lorsqu'ils pénètrent sur le central. Forget l'admet : il n'en mène pas large. Pourtant, des ailes, il va s'en sentir pousser lorsque, au terme de quatre sets d'un combat fébrile, il revient à un « avantage » dans son premier jeu capital. Face à lui, Sampras semble désemparé par les réactions d'un public houleux.

Sentant le dénouement approcher, il est vrai que les huit mille spectateurs présents ne dissimulent pas leur exultation. À cet instant précis, une seule balle peut suffire. Le Marseillais le ressent ainsi et manque de peu de jeter sa raquette en l'air. Mais il en a encore besoin pour placer cette balle sur le court synthétique lyonnais. Va-t-il enfin mettre un terme à près de six décennies de disette ? Eh bien, c'est oui ! Le voilà qui marque le point décisif et, n'y tenant plus, se roule par terre comme un gamin. Puis, dans la foulée, il se hisse sur les épaules de son capitaine avant d'en redescendre et de se mettre torse nu pour mieux s'écrouler en larmes dans les bras de Riton. Yannick n'a toutefois pas dit son dernier mot. Devant une équipe américaine médusée, ce sont tous les joueurs qui commencent alors à entonner *Saga Africa*. Formant une chenille, tous chantent et dansent dans une arène lyonnaise rendue méconnaissable, face à un public chaviré, galvanisé, en liesse. Pour lui, le doute n'est plus permis : les tricolores, emmenés par leur capitaine Noah, ont réinventé l'équipe de France !

Mais le spectacle n'est pas encore terminé. Comme l'exige la tradition, les vainqueurs doivent maintenant recevoir le fameux saladier d'argent des mains des responsables de l'organisation de la Coupe Davis. Puis vient le temps des discours. En quelques mots, Yannick exprime son émotion et espère que cette aventure partagée par ses joueurs, et notamment par les plus jeunes – Boetsch, Delaître, Santoro –, sera profitable pour leur avenir. Un avenir dont il n'exclut pas Maxime Leconte ce même dimanche de victoire. Alors âgé de cinq ans, le fils d'Henri a en effet tenu à adresser un petit mot à son tennisman de père, à la veille de son premier match. Trois phrases manuscrites au tracé malhabile, mais tellement emplies d'affection qu'Henri s'est fait un devoir de les afficher dans son vestiaire. Mais Yannick les a recopiées à son insu avant d'en révéler l'existence et la teneur lorsque l'heure de gloire a sonné. Dans la salle et devant des millions de téléspectateurs, l'émotion est à son comble lorsqu'il en donne lecture : « Papa, je t'aime. Tu gagnes la coupe pour moi et tu me la ramènes à la maison. » À son tour, Leconte ne peut contenir ses larmes.

Celles-ci ont fait place à de larges sourires de satisfaction lorsque Yannick découvre, dans les heures qui suivent, le contenu des messages dont il est à son tour l'heureux destinataire. Des félicitations en veux-tu en voilà, en provenance des quatre coins du monde. Le capitaine de l'équipe de France connaît la plupart de leurs expéditeurs. D'autres proviennent de parfaits inconnus, mais tous tiennent à le féliciter du fond du cœur pour le retour flamboyant de son équipe.

Sitôt la victoire connue, le président de la République, François Mitterrand, a été lui aussi l'un des premiers à adresser un télégramme aux héros du jour. Message solennel, certes, mais pourquoi pas sincère ? Son Premier ministre d'alors, Édith Cresson, n'est pas en reste lorsqu'elle tient à applaudir ces joueurs qui ont partagé « l'enthousiasme et la joie » de leur leader. De son côté, le ministre de la Jeunesse et des Sports voit là un « exploit historique » et un motif de « fierté nationale ». Raymond Barre, l'ancien Premier ministre de Valéry Giscard d'Estaing, alors maire de Lyon, préfère pour sa part mettre l'accent sur le symbole qu'incarne à ses yeux

Yannick : « Le plus bel exemple de ce que la France est capable de faire en matière de civilisation et de sport. C'est la communauté française qui va au-delà des différences de races et de religions, au service d'une cause nationale. »

Cause nationale que défend de la même façon, mais à sa manière, le dessinateur Bernard Chenez à qui *L'Équipe* a confié une page entière afin de raconter aux enfants de ses lecteurs l'exceptionnelle destinée de Noah. Une vie découpée en quatre chapitres illustrés d'une vingtaine de saynètes toutes aussi drôles les unes que les autres. Le ton est donné d'emblée : « Tout petit, Noah était déjà noir... » Puis débarque à Yaoundé son mentor Arthur, qui lui explique : « Homme blanc pas toujours méchant. Et Chatrier bon cuisinier. » Yannick a maintenant quinze ans : « Il travaille beaucoup. Il campe à Roland-Garros pendant les championnats de France des jeunes. Il rêve d'être un grand champion », explique la bulle de Chenez. Son croquis montre la tente de camping en question, semblable à celles utilisées parfois par les sans-abri, et devant laquelle passe un couple en smoking et manteau de fourrure. Celui-ci s'étonne de la présence de ce singulier campement. Il s'interroge : « Mais que fait l'abbé Pierre ? » La saynète suivante est tout aussi irrésistible. Elle brocarde le champion lorsque celui-ci confesse ses questionnements existentiels. Et Chenez de conclure : « Même Freud et Françoise Dolto n'y peuvent rien ! » Arrive enfin la victoire en Coupe Davis. Selon Chenez, au pays de Descartes, tout s'explique. Ainsi de ce général quatre étoiles qui claironne : « C'était une victoire astucieuse, je l'avais prévue ! » Et de ce pilier de bistrot parisien, le béret vissé sur le crâne, pour qui « Noah est né à Sedan, ça veut tout dire ! ». Et enfin de François Mitterrand à qui l'auteur drolatique fait déclarer : « Noah, c'est la France, c'est moi, y a pas de malaise ! »

Seule voix discordante dans ce concert d'éloges et d'humour, mais voix attendue, pourrait-on dire, celle de Jean-Marie Le Pen, leader du Front national : « J'ai surtout entendu la foule chanter *La Marseillaise*. Cela m'a semblé plus significatif que la chanson lancée par M. Noah, dont j'ai apprécié relativement modérément le fait qu'il porte à l'oreille un insigne beatnik. Moi, je me réjouissais aujourd'hui de voir des professionnels du tennis, mais des professionnels du tennis français, nous offrir une victoire et un très beau spectacle. »

Des propos aussi vulgaires que déplacés, estime de son côté Yannick dont la réplique ne se fait pas attendre. Non point sous la forme d'une polémique stérile, mais par un engagement qui se veut d'abord pédagogique. À la mi-décembre 1991, le voici qui s'implique aux côtés du vulcanologue Haroun Tazieff et du prix Nobel Pierre-Gilles de Gennes dans une campagne pour l'inscription des jeunes sur les listes électorales. Celle-ci prend la forme d'affiches et de messages diffusés à la télévision et à la radio, puis d'une action sur le terrain auprès des établissements scolaires, en accord avec le ministère de l'Éducation nationale, alors dirigé par Jack Lang, mais aussi au grand dam du leader de l'extrême droite. Et pour cause ! De nombreuses consultations électorales sont prévues pour les mois à venir : régionales, cantonales, puis législatives en mars 1993. Autant d'échéances auxquelles Yannick lui-même donnera de sa personne. Enfin à sa manière : ainsi en se déplaçant à

Blois, dont Jack Lang est le maire, où il participera à un match de football de gala « par amitié pour Jack et le Loir-et-Cher »... Un ralliement de poids pour le candidat socialiste : le champion de tennis est toujours considéré comme l'une des personnalités préférées des Français...

On efface tout et on recommence ? C'est bien l'intention de la bande à Noah qui, la Coupe Davis 1991 à peine terminée, est bien décidée à ne pas lâcher comme ça son fabuleux trophée. À la fin de janvier 1992, deux mois à peine après sa victoire, la voici de nouveau à pied d'œuvre. D'abord sur les courts de Roland-Garros, afin d'assurer au mieux un retour à la compétition. Puis ce sera l'embarquement à Orly, destination Bayonne, où elle doit en découdre avec les Anglais pour qui les tricolores font figure d'hommes à abattre. Mais, pour les observateurs avisés, une victoire britannique relèverait de l'exploit. Sous entendu : une défaite française, elle, tiendrait du ridicule.

De ridicule il n'y aura point, Forget et Leconte réussissent une fois encore à qualifier l'équipe nationale en quart de finale en battant la Grande-Bretagne 5-0. Bien entendu, lorsque la balle de match a fini de rebondir, le tandem français lève les bras en vainqueur. Tout aussi heureux qu'eux, Yannick leur adresse à son tour un signe amical, mais sans s'attarder sur le court. Un coup de blues ? Un problème personnel ? Non, rien de cela : une disparition volontaire, afin de laisser la vedette à ses joueurs. Lorsqu'on l'interroge sur cette soudaine humilité, le chef de file des Bleus s'explique simplement : « J'ai l'impression que je prends parfois beaucoup de place sur le terrain. Cela me gêne. Mais c'est en partie dû au fait que j'essaie de jouer le rôle du capitaine que j'ai toujours rêvé d'avoir à mes côtés. Quelqu'un qui vivrait le match avec moi. Quelqu'un qui aurait l'air de souffrir quand je souffre, qui ferait des bonds quand je marque un beau point. Je suis capitaine comme j'ai été joueur : différent. »

Différent, le prochain match qui attend ses hommes, au mois de mars suivant, le sera tout autant. C'est à Nîmes qu'il doit se dérouler, contre une équipe suisse. Afin de profiter au maximum de sa dernière victoire, Noah propose d'élargir son groupe et de bouleverser les pronostics. C'est d'abord le choix d'un nouveau venu, Thierry Champion, et d'Arnaud Boetsch auxquels il demande d'affronter en simples Jakob Hlasek et Marc Rosset. Le sélectionneur national n'ignore pas qu'il prend là des risques avec cette équipe inédite. Si Boetsch a déjà joué un double en Coupe Davis aux côtés de Forget, l'année précédente, face à la Yougoslavie, Champion, lui, n'a jamais disputé de match dans le cadre de cette compétition. Un manque d'expérience qui risque de coûter cher au cas où...

En même temps, le sélectionneur a-t-il vraiment le choix ? Les vieux routiers Forget et Leconte ne sont pas au top de leur forme, et il estime qu'il ne leur rendrait pas service en les jetant dans la bagarre. Par ailleurs, c'est toujours son instinct qui parle : il est convaincu que ses deux jeunes joueurs « ont les crocs ». Certes. Mais pas suffisamment aiguisés pour venir à bout de leurs adversaires suisses qui se maintiendront en haut de l'affiche à l'issue de la première journée.

Désormais, les Français n'ont plus guère le choix. Au tour de Forget et Leconte d'affronter les heureux

Helvètes, cette fois-ci en double. Dans les arènes nîmoises recouvertes d'un immense vélum destiné à protéger du mistral, le duo tricolore n'est malheureusement guère plus chanceux que ses camarades de la veille. Et Yannick d'admettre à mi-mots que le Père Noël de la Coupe Davis ne repassera pas, cette année 1992. Les raisons de cette déroute ? Chacun y va de son commentaire. Pour l'entraîneur Perrin, elle s'explique simplement et logiquement par la méforme des joueurs : « Ils avaient besoin de récupérer, on ne les a pas laissés souffler dans ce monde très médiatisé. Puis ils ont dû aller en Australie, jouer ensuite contre les Anglais, et enfin disputer les tournois américains. Trop, c'est trop. »

De son côté, Yannick se refuse à toute explication, mais annonce dès le lendemain, dans un entretien à *L'Équipe*, son intention de démissionner de son poste de sélectionneur. Un départ « sans regret », précise-t-il encore, un an après l'« historique » victoire lyonnaise. Un abandon de poste ? Pas tout à fait. Éliminés, les Bleus peuvent se passer d'un capitaine jusqu'en octobre, lors des tirages au sort pour le premier tour de la Coupe Davis de l'année suivante. Par ailleurs, le Franco-Camerounais ne le dissimule pas : il a envie de faire autre chose dans la vie que « pousser des mecs à mettre des balles à dix centimètres des lignes ».

À défaut de demeurer capitaine de l'équipe de France, le même ne souhaite toutefois pas rompre les liens qui l'unissent encore aux meilleurs joueurs et à la direction technique nationale du tennis. Avant d'imaginer comment il se verrait bien dans un rôle d'animateur qui reste à définir, pour l'heure, c'est à destination de

Nantes que Yannick s'embarque. Là, il doit retrouver Leconte afin de disputer un match au profit des Enfants de la Terre, l'association créée par sa mère. C'est sa façon à lui d'ancrer sa propre histoire, de lui donner enfin un sens : « Je crois que la charité commence avec des vibrations, un sourire, un comportement. Ma façon de voir, je la résume ainsi : à partir du moment où l'on accomplit un petit quelque chose, cela touche déjà au monde entier. Sauver la vie d'un enfant, c'est enrichissant pour lui, pour sa famille, pour nous, pour tous ceux qui ont vu ce qui s'est passé. Un seul suffit. Il n'y a rien là de désuet, puisqu'il s'agit d'êtres humains. Lorsque des enfants réapprennent à sourire et à vivre, pour eux ça n'a pas de prix. »

On l'aura compris, on est loin du langage de « gagneur », voire de guerrier qui fut longtemps le sien. Rien d'anormal à cela, tout le monde évolue, estime-t-il pour mieux se justifier : « Ce discours, j'ai commencé de le tenir dès que j'ai effectivement gagné et que je me suis aperçu que ça n'était rien. Remporter un tournoi, c'est finalement limité. Nous rentrons tous chez nous, le soir, auprès des nôtres. Pour quelle relation ? On nous a appris à gagner de l'argent, à bien jouer au tennis, à taper comme il faut dans la balle. On ne nous apprend pas à dire qu'on aime nos parents et qu'on s'aime les uns les autres. Non. On ne nous l'apprend pas. Il y a des enfants qui ne savent pas le dire. Pour moi, la santé passe par là : il faut apprendre à exprimer l'amour. C'est la plus belle des énergies. Au tennis, parfois, je pouvais exprimer ces émotions. C'est cela qui me donnait du plaisir. C'est cela que les gens ont retenu de moi. Ce n'est pas : "Oh ! quel service il avait !" C'était autre chose, qui continue à vivre et qui fait si cruellement défaut chez les joueurs de tennis aujourd'hui. L'aspect humain, en somme. »

Dans les mois qui suivent, Yannick participe de même à différentes minitournées dans l'Hexagone. Accompagné de sa bande de l'équipe de France, le voilà qui distille quelques conseils aux plus jeunes, et se prête à d'autres matches-spectacles pour sa (bonne) cause. Son sac de sport s'est certes rabougri, il ne contient plus qu'une malheureuse raquette. Mais, fort heureusement aussi, l'homme, en lui, n'a pas encore vidé sa besace.

Ainsi lorsqu'il annonce bientôt la sortie dans les prochains mois d'un second album de chansons inédites qui inaugurera, dans la foulée, ses débuts sur scène. La première tentative de Noah chanteur, avec *Black & What !*, sorti un an plus tôt, n'avait pas été un franc succès : quelques centaines de disques vendus. *Urban Tribu* – c'est le titre provisoire retenu pour le second – connaîtra-t-il un meilleur sort ?

12

Yann la Cigale

Voici enfin arrivé le grand soir. Pour sa première série de récitals, en décembre 1993, Yannick et son producteur ont porté leur choix sur La Cigale, boulevard Rochechouart, dans le XVIIIe arrondissement de Paris. La salle est un des lieux mythiques de la capitale. Johnny Hallyday, Rita Mitsouko et d'autres grands artistes s'y sont produits avant lui. Comme ses célèbres aînés, le chanteur débutant en aime le décor kitsch, l'ambiance de bal populaire, à la fois désuet et branché.

Mais force est pour lui de constater que, durant toute cette série de prestations, la salle sera loin d'afficher complet. Qu'importe puisque les quelques dizaines de spectateurs présents chaque soir en repartiront conquis, voire envoûtés. Voix de velours, sa gentillesse y affleurant, Yannick leur a parlé d'écologie et de bouddhisme. Bref, des valeurs qui sont désormais les siennes et qu'il a tenu à exprimer dans *Urban Tribu*.

De sa première apparition sur scène, les critiques tiennent à retenir l'ambiance joyeuse que l'interprète débutant réussit à créer autour de lui. « Le bougre s'en tire bien. Il s'amuse devant son (maigre) public, et l'essentiel est bien là. Il joue les “ambianceurs”, comme on dit dans son Afrique natale », écrit ainsi le chroniqueur du quotidien *La Croix* auquel n'a pas échappé la prestation tout aussi sympathique de Marie-Claire Noah, présente ce même soir dans la salle : installée au balcon, elle a été la première à se déhancher sur les rythmes entraînants de son chanteur de fils.

Voilà déjà six mois que son album a fait son apparition chez les disquaires. Promotion oblige, l'interprète a été l'invité de plusieurs émissions de télévision. Avant d'y pousser la ritournelle, il a tenu à préciser que, pour cette nouvelle production, il a fait appel à Frank Langolff, celui-là même qui a mis en musique quelques-uns des succès de Renaud et Vanessa Paradis. Pour le premier, il a ainsi composé *Morgane de toi* et *Mistral gagnant* ; pour la seconde, le célèbre *Joe le taxi*, vendu à plusieurs millions d'exemplaires. Comme Yannick, Paradis est alors au début de sa carrière.

Au menu du pop-rock *Urban Tribu*, onze chansons, toutes écrites en anglais. Un choix qui, pour Yannick, ne doit rien au hasard. Selon son manager de l'époque, Mourad Malki, son entourage musical lui aurait laissé miroiter une carrière internationale. Ce qui lui semble alors, me confie l'actuel patron du studio Potard Hurlant, à la fois prématuré et peu crédible : « Yannick préférait chanter de mauvais textes en anglais plutôt que de mauvais textes en français. Je ne dis pas que les textes d'*Urban Tribu* étaient mauvais, mais il n'y avait pas non plus de quoi se relever la nuit ! »

De son côté, Yannick m'affirme qu'il a toujours fait de la musique pour s'amuser et m'assure aussi se sentir plus à l'aise dans la langue de Shakespeare que dans celle de Victor Hugo : « Au début, j'avais peur. Alors je me planquais. Oui, c'est bien cela : je me planquais. D'abord en chantant en anglais. Et puis, je mettais des chapeaux, des lunettes noires. Je ne voulais pas me dévoiler... Ainsi j'avais l'impression de me cacher derrière un personnage de rocker. » Peut-être celui de Mick Jagger, le leader des Rolling Stones, pour lequel il ne dissimule pas son admiration : le même qui avait inspiré *My Friend Joe* dans son premier album, *Black & What !*

Pour son second opus, *Urban Tribu,* Yannick a manifestement oublié son inspirateur en proposant onze nouvelles chansons dont les titres, *Peace And Love* et *New Life,* constituent déjà tout un programme, témoignant d'une quête incessante d'amour et de vie spirituelle. Dans *New Life,* qu'il cosigne avec son coach Bruce L. Johnson, l'auteur-interprète aborde ainsi le thème de la réincarnation :

« *Life is an illusion / Our souls will survive / There must be a connection / After the last sign / There's a light after life / So fear not the door / The end is the beginning / I'll fear never more / I feel it deep inside / New life, another vision / Endless life, holy wisdom / New life, everlasting / & My faith in life will never fade away.* »

(La vie n'est qu'une illusion / Nos âmes lui survivront / Nul doute qu'il y a un lien / Avec l'Au-delà / Il y a une lumière après la vie / N'aie donc pas peur du Passage / La fin est un commencement / Je n'aurai plus jamais peur/ Je le ressens profondément / Nouvelle vie, autre vision / Vie éternelle, sagesse infinie / Nouvelle vie pour l'éternité / Et ma foi en la vie / Ne s'éteindra jamais).

Et sa foi dans la musique ? Yannick m'avoue qu'elle a été sérieusement ébranlée durant l'interminable enregistrement d'*Urban Tribu*. À l'origine de ses doutes, Bruce L. Johnson, chanteur, acteur et jazzman américain vivant en France, dont il avait accepté la présence à ses côtés. À la fois comme parolier, mais aussi – et pour son « plus grand malheur » – en tant que coach pour ses mises en voix et ses enregistrements à venir. Et le chanteur d'évoquer auprès de moi les singulières relations de travail imposées par son nouvel ami :

« J'avais fait la connaissance de Bruce à l'occasion des concerts organisés lors de la sortie de *Black & What !* Il faisait partie des choristes qui m'accompagnaient sur scène. Une belle voix, mais aussi un grand gaillard de plus de deux mètres. Il avait été un temps marine dans l'armée américaine. Lors de la préparation d'*Urban Tribu*, mon producteur, Franck Langolff, me proposa de solliciter un coach. D'un commun accord, notre choix s'arrêta sur Bruce. Sans imaginer que nos séances de travail allaient se transformer en enfer. Ce fut horrible ! Le chant, qui avait été jusqu'alors pour moi un plaisir, est devenu avec lui un boulot. Et quel boulot ! Imaginez des séances de travail dirigées par un marine ! On a passé plusieurs semaines sur une seule chanson. Je me suis accroché, mais ce fut très dur. Aujourd'hui, lorsque j'ai l'occasion de réécouter l'album, je me dis que nous avons bien travaillé, mais à quel prix ! Bruce était un maniaque. Il ne le faisait pas exprès : c'était sa nature. Il essayait de me faire chanter d'une manière qui n'était pas la mienne. Il était très technique, alors que je ne l'ai jamais été. C'était sa première expérience, et je crois sa dernière. En même temps, je prenais ça comme un exercice d'humilité, et j'ai pu tenir le coup. »

Son inspiration estampillée New Age, qui se caractérise par une approche individuelle et très éclectique de la spiritualité, plusieurs de ses amis chanteurs la partagent avec lui. Parmi eux CharlÉlie Couture dont Yannick fait la connaissance à l'occasion d'une journée de tournois « Enfants de la Terre ». Ce jour-là, à Nancy, d'où Couture est originaire, les deux hommes parlent moins chanson que tennis. D'une façon inhabituelle, toutefois, ainsi qu'il le confie : « Il m'en a parlé d'une manière tellement profonde que j'ai craqué pour le type ! » Avant d'ajouter : « CharlÉlie incarne la musique qui veut aller vers le sport, et moi le sport qui veut aller vers la musique. » Amitié aidant, les deux compères se reverront régulièrement à New York où le Français séjourne souvent alors que le Nancéien a pris depuis belle lurette l'habitude d'y enregistrer ses albums. C'est dans les studios d'Island Records qu'il y a notamment fait graver, en 1981, son premier grand succès, *Comme un avion sans ailes*, titre phare de *Poèmes rock*. Une quinzaine années plus tard, le même sortira son album *Casque nu* dont l'un des titres retiendra plus particulièrement l'attention de Yannick : *Champion tennis métaphore*. Et pour cause : par un heureux hasard, le Nancéien a enregistré la chanson le jour même où l'équipe de France menée par Yannick Noah gagnait la Coupe Davis à Malmö !

Autre rencontre marquante : celle de la chanteuse Carole Fredericks qui a fait partie trois ans plus tôt du trio à succès Goldman-Fredericks & Jones. Avec Yannick, la chanteuse, originaire du Sénégal, renoue avec son premier métier de choriste en participant à *Urban Tribu*. Elle y apparaît dans deux chansons. Bien plus tard, Jean-Jacques Goldman, grand faiseur de tubes, travaillera à son tour avec Yannick. Et avec un tout autre résultat que celui d'*Urban Tribu* qui, comme le précédent album, va se transformer pour Noah en cuisant échec commercial. Ses premiers concerts aux quatre coins de l'Hexagone n'ont pas fait davantage recette. « Nous jouions devant trois cents personnes, mais on se donnait à fond », se souvient-il avec amusement.

La star de tennis, devenue chanteur, n'aurait-elle pas encore trouvé son style ? La chanson ne serait-elle pour Noah qu'un passe-temps, un « hobby » pas forcément à prendre au sérieux ? Probablement les deux. L'un de ses autres amis l'avait pourtant mis en garde : le jazzman Dizzy Gillespie dont les relations avec l'ancien champion remontent à quelques années déjà. L'immense musicien est au courant des premiers pas de son ami dans le showbiz, mais reste pour l'heure un tantinet sceptique. C'est en tout cas l'impression que retirera Yannick d'un échange lors d'une soirée parisienne en sa compagnie, lorsque Gillespie lui aura conseillé de montrer davantage de rigueur dans sa nouvelle vocation : « Serre un peu la vis, Yann. Ne te laisse pas trop aller. C'est bien d'être relax, mais il faut être un petit peu plus sérieux. » Cette dernière allusion vise plus précisément la clôture du festival de jazz de Montreux en juillet 1993. Ce soir-là, le Franco-Camerounais a interprété quelques chansons, revêtu d'un simple pyjama. Certes, un ensemble classique, bleu marine à liséré blanc, mais tout de même un pyjama...

De là à mettre sa carrière de chanteur en sourdine, il n'y a qu'un pas que Yannick ne tarde pas à franchir. De production musicale il ne sera plus question avant de nombreuses années. Plus précisément, il faudra attendre 1998 pour assister à son retour dans un studio d'enregistrement...

Pendant ce temps, sur les courts de l'Hexagone, la rumeur gronde : le tennis français est mal en point. Et, pour tout dire, l'histoire de l'équipe de France ne rime plus qu'avec désillusions. Les éliminations se suivent et se ressemblent. Ce fut d'abord, on s'en souvient, la défaite de 1992 contre la Suisse, puis ce sera celle, l'année suivante, encore plus cuisante, contre l'Inde, à Fréjus. Individuellement, les résultats ne se révèlent guère plus brillants. À la fin de l'année 1994, plus aucun Français ne figure parmi les trente premiers au classement mondial. On n'a rien vu de tel depuis quinze ans ! Énumérons : Cédric Pioline, 10e l'année précédente, a dégringolé à la 45e place ; Boetsch pointe à la 31e. Quant aux Mousquetaires de 1991... Leconte se dit las de la compétition et Forget s'épargne encore des efforts. Ce qui n'empêche nullement les deux compères d'amasser des dollars de droite et de gauche. Selon *Forbes*, la hiérarchie des joueurs et joueuses les mieux payés au monde, au cours de cette même année 1994, s'établit comme suit : 1. Agassi, 61 millions de francs (soit 29,64 millions de nos euros, selon l'indice INSEE) ; 2. Graf, 43 MF ; 3. Becker, 37 MF ; 4. Edberg, 34 MF. Côté français, toujours selon le même magazine, les gains annuels sont certes moins faramineux, mais ne sont pas pour autant négligeables. Le sixtet gagnant réunit Delaître : 2,6 MF (485 914 €), Pioline et Boetsch : 2,2 MF (409 200 €), Forget : 1,7 MF (316 200 €), Leconte et Santoro : 1,2 MF (223 200 €). Pour tous, ces montants comprennent les prix des tournois et les primes d'engagement, mais hors contrats publicitaires.

Ces revenus juteux et l'esprit mercantile qui semblent alors régner dans le petit monde du tennis n'expliquent-ils pas, en partie, la désaffection du public que l'on constate année après année ? Seule certitude : la baisse régulière et inquiétante du nombre des licenciés en France. Nommé depuis peu à la tête de la FFT après le départ à la retraite de Philippe Chatrier, Christian Bîmes l'admet : l'équipe nationale accumule les contre-performances. Et d'expliquer : « En manque de vrais champions français depuis Noah, le tennis n'a plus la cote. » Et si, justement, on remettait l'ancien champion aux commandes du navire tricolore de Coupe Davis ? L'idée peut paraître farfelue, mais c'est la seule qui fasse alors l'unanimité auprès des joueurs. Qu'en pense l'intéressé, qui reste quand même le premier concerné ?

Reprendre du galon ? Yannick ne dit pas non. Sa carrière de chanteur ayant tourné court, il a désormais du temps disponible. Par ailleurs, n'a-t-il pas dit, au moment de son départ, qu'il restait à la disposition des instances dirigeantes ? Mais le plaisir est-il toujours là ? Il affirme que oui, que sa passion pour le tennis est loin d'être retombée. Dans ce sport d'individualistes forcenés, il n'ignore pas non plus que la Coupe Davis est la seule oasis tennistique où, l'espace de trois matches, les joueurs peuvent nourrir des sentiments amicaux, souhaiter la victoire d'un autre, vivre en équipe. Un substitut à l'ambiance familiale qui lui a tant fait défaut au cours de son adolescence ? Probablement. Mais Yannick est aussi un garçon généreux, il aime à partager, et la vie en groupe lui apporte un certain équilibre. Alors, pourquoi ne pas relever ce défi comme un exutoire dans une jungle où la végétation a trop souvent la couleur du dollar... ?

Reste la feuille de route qu'on lui tend. Elle est on ne peut plus claire : maintenir l'équipe tricolore dans le groupe mondial où elle n'est plus tête de série, et, pourquoi pas, regagner la Coupe Davis. Dans cette entreprise difficile, voire périlleuse, Yannick sait qu'il pourra compter sur le soutien de Patrice Dominguez, venu remplacer François Jauffret. Le nouveau tandem, on l'assure, est porteur d'un programme « rigoureux et novateur », assorti d'objectifs précis.

L'ex-futur capitaine pourra-t-il vraiment remettre en marche la « machine à gagner » de 1991 ? Difficile d'avancer un quelconque pronostic. Pour l'heure, Yannick se dit très heureux de retrouver ses copains et « très excité » par les tâches qui l'attendent. La première concerne le premier tour de la Coupe Davis, prévu pour février 1995, où la France retrouvera face à elle les États-Unis. Mais le chef de file Noah de prévenir : « Je ne suis ni un sauveur, ni un sorcier. J'ai un job, j'essaie de motiver les joueurs, de les inspirer, bref de les aider de mon mieux avec mon expérience, mes qualités, mes défauts. Parfois, cela suffit pour gagner, comme nous l'avons fait en 1991 avec Guy et Henri. C'était fantastique. Mais, parfois aussi, ça peut ne pas suffire. »

À preuve ce premier tour décevant des Internationaux d'Australie qui se déroule en janvier 1995. Pour son entrée dans le tournoi, c'est Cédric Pioline qui s'incline d'abord en cent six minutes face au Suédois Jan Apell, 105e joueur mondial ! Ses coéquipiers n'amélioreront pas le score, la plupart perdant leur match en trois sets. Dans les allées de Flinders Park, renommé depuis Melbourne Park, Yannick se montre contrarié par l'attitude de ses sélectionnés : « Ils joueraient un tournoi de plage, ça serait pareil. Franchement, on rase les murs ! Je comptais sur ces Internationaux pour tirer des enseignements. Or on a vu ce qu'on a vu ! » déplore-t-il. Autant dire que cette déroute tricolore augure mal de la prochaine rencontre prévue à Saint Petersburg (Floride) et comptant, elle, pour le premier tour de la Coupe Davis. Perplexe, Yannick n'en est pas moins déterminé : « Ceux qui ne se sont pas vraiment battus seront éliminés d'office. » En fait, il n'aura guère le choix, puisque seront retenus pour le voyage en Amérique : Forget, Boetsch, Delaître et Pioline...

Malgré ses espoirs, Yannick pourra-t-il y éviter la déroute de son équipe ? Il ne l'ignore pas : les Américains ne sont pas encore revenus de leur déconvenue lyonnaise de 1991. En même temps, et heureusement, aucun des quatre représentants américains présents dans le dernier carré à Melbourne ne foulera la surface de l'Arena de Saint Petersburg. Certes, l'équipe que formeront Jim Courier, Todd Martin et le double Palmer-Reneberg ne prête guère plus à l'optimisme à tout crin. Mais le Français a eu raison de faire confiance à ses joueurs. À commencer par Pioline qui, en ce premier jour de février, permet à la France de se retrouver à égalité avec les États-Unis à l'issue des simples. À partir de là, les tricolores peuvent encore croire à leurs chances. Un quasi-miracle si l'on considère leurs errances des mois passés.

Arrive le tour de Forget, arborant depuis peu un bouc. Mais là, patatras ! Face à Courier, le routier de la Coupe Davis accumule maladresse sur maladresse. Le poids des ans ? Probablement, si l'on en croit la seconde défaite qui l'attend en double. Associé à Delaître, il entretiendra certes l'illusion pendant un set, mais ce sera pour mieux s'incliner face au tandem Palmer-Reneberg. À ce moment, il faudrait impérativement gagner les deux derniers simples. Mais Forget s'effondre et voilà la France battue avant le cinquième match. À l'évidence, « ça n'était pas le week-end de Guy », résume sobrement Yannick.

Le même espère bien rebondir avec la prochaine étape majeure de son calendrier : Roland-Garros. Pour ce faire, il émet le vœu de réunir ses ouailles chez lui, à Nainville-les-Roches, pour une préparation méthodique et rigoureuse. Toujours cette recherche de l'effet de groupe auquel il croit dur comme fer. Mais, à l'heure du rendez-vous, ils ne sont que quatre à répondre présents : Forget, Delaître, Santoro et Jérôme Golmard, l'un des jeunes du clan. Le déclic se produira-t-il ? Yannick se veut fataliste : « S'il y a un blocage, il s'agit d'un blocage technique ou tactique. C'est que les mecs ne sont pas au niveau pour gagner Roland-Garros. Point. »

Fataliste, mais le plus heureux des hommes : c'est au cours de ce même mois de février 1995 que Yannick a en effet convolé de nouveau en justes noces. En fait, la nouvelle élue, Heather Carole Stewart-Whyte, vingt-six printemps, partage sa vie depuis trois ans. Mannequin britannique, elle a participé quelques années plus tôt aux défilés des plus prestigieux couturiers : Versace, Armani ou encore Saint Laurent. Dotée d'un joli filet de voix, elle a même fait partie des chœurs de *Hot'n Spicy*, l'un des morceaux d'*Urban Tribu,* second album de son chanteur de fiancé. Les deux jeunes gens se connaissent alors depuis quelques mois. En réalité, depuis ce jour où Yannick a été le destinataire d'un cahier de clichés adressé en guise de carte de visite par un photographe qui souhaite collaborer avec la star du tennis. Première surprise pour le jeune homme : le book en question ne contient que des photos de Heather. Mais elles sont suffisamment sublimes pour qu'il succombe aussitôt : « J'ai eu l'impression que quelque chose était en train de se dessiner pour moi... pour nous. » Le destin est en marche. Ou plutôt une soirée anniversaire habilement organisée à laquelle tous deux sont présents. Une idylle naît, nourrie d'intense passion et de rebondissements : « Nous avons parlé, parlé, parlé. Et puis, plus tard, nous nous sommes mariés. »

Pour célébrer leur union, le couple a jeté son dévolu sur la petite commune de Saussay, située à la limite du département de l'Eure. À quelques centaines de mètres de là, le célèbre château d'Anet. En ce jour béni, la future épousée est revêtue d'une élégante robe signée Hervé Léger. Le voyage de noces, lui, se déroulera au Mexique.

Issues du couple, deux filles verront le jour : Eleejah, née un an après l'union, et Jenaye. Comme pour les naissances de ses deux aînés, Yannick saura se montrer un compagnon « merveilleux de sensibilité » durant les grossesses de Heather. C'est celle-ci qui l'affirme, en décembre 1997, au moment où les Noah sont réunis aux Marronniers, un manoir de Touraine dont Heather vient de faire l'acquisition. C'est le premier Noël de Jenaye, née en octobre, et le bébé ne quitte guère les bras de sa mère. Eleejah, dite Poupie, est installée, elle, sur les épaules de Joakim, douze ans, le fils de Cecilia. Près de Yannick, Yelena, onze printemps. Pour une photographie de circonstance, toute la famille s'est rassemblée au pied du sapin traditionnel. À ce moment, tout semble sourire à ce couple phare des années 1990.

Aux yeux de Yannick, les Marronniers sont sans aucun doute le lieu idéal pour une famille recomposée. C'est là qu'avec Heather il accueille le plus souvent possible toute sa couvée. Tous alors vivent en paix dans cette grande bâtisse entourée de vingt hectares de forêts, avec terrain de sport, piscine et étangs où le chef de tribu aime à taquiner le goujon. Mais, bientôt, Yannick persuade son épouse de venir s'installer à New York avec lui. Pour le bien des enfants et pour se rapprocher encore un peu plus de ses deux aînés. Heather accepte volontiers le déménagement outre-Atlantique où elle va d'ailleurs très vite nouer des liens de complicité avec Cecilia. De quoi combler Yannick le pacifique...

Comblé, le capitaine de l'équipe de France de Coupe Davis l'est beaucoup moins. Car, depuis son mariage en février 1995, rien ne tourne vraiment rond du côté de ses joueurs. Ç'a d'abord été, en juin, le rendez-vous de Roland-Garros où, malgré plusieurs coups de sang de Yannick appelant au sursaut d'orgueil, ils n'auront pas répondu présents, laissant l'Autrichien Thomas Munster et l'Américain Michael Chang s'inviter en finale. Deux champions en pleine forme, contrairement aux cadors tricolores, Boetsch, Pioline et Delaître, qui ne seront pas davantage aux rendez-vous qu'ils s'étaient fixés. Quant à Leconte, lui, il a préféré briller par son absence. Il est vrai que « Riton la foudre » avait aussi une bonne excuse : une tendinite qui l'empêchait de jouer.

Quelques semaines plus tard, malgré cette débâcle, c'est à Yannick de créer la surprise en annonçant à trente-cinq ans son retour à la compétition ! L'occasion en est le tournoi de Gstaad comptant pour l'ATP Tour. Pour la petite histoire, il est vrai aussi qu'il y bénéficie d'une « invitation », autrement dit d'une faveur laissée à la discrétion des organisateurs. Que veut prouver par là l'ex-vainqueur de Roland-Garros ? Rien, à l'en croire. « Je suis venu pour le *fun* », affirme-t-il après son show qui, en définitive, tournera court. Curieuse prestation, en effet, qui l'a vu s'incliner face à... Pioline ! Le 41e mondial que Yannick, beau joueur, ne peut guère faire autrement que de sélectionner pour la préparation du match de Coupe Davis contre le Maroc...

Pour ce rendez-vous sur terre battue qui doit se dérouler à Casablanca, le capitaine ne l'ignore pas : les Français jouent leur avenir en Coupe Davis avec ce match dit « de barrage », autrement dit comptant pour leur maintien en première division. Certes, l'équipe marocaine ne figure pas parmi les meilleures mondiales, mais une mauvaise surprise ne saurait être exclue.

La formation tricolore ? Yannick ne tergiverse guère pour la constituer. Ce sera d'abord le duo Golmard-Forget pour le double, puis Pioline et Boetsch pour les simples. Bonne pioche mais quelques sueurs froides, puisqu'il faudra près de huit heures à ceux-là pour apporter les deux points tant attendus à la France. À l'annonce du résultat, l'homme aux dreadlocks peut enfin lâcher sur le ton de la plaisanterie : « Je remercie les joueurs d'avoir gagné le match de barrage contre le Maroc qui nous a maintenus dans le groupe mondial, et de m'avoir ainsi permis de conserver mon boulot ! »

Un boulot qui tourne parfois au sacerdoce. À Casablanca, Yannick n'est pas venu les mains vides. Aux petits ramasseurs de balles présents lors des trois jours de compétition, il a tenu à offrir discrètement des chaussures, payées sur ses propres deniers, afin qu'ils ne courent pas pieds nus parmi les riches...

Les Bleus vont-ils remonter la pente ? Autant le rôle du capitaine, revenu aux affaires, prête à discussion dans les tournois du Grand Chelem, autant son influence positive est incontestable en Coupe Davis. La suite des événements ne tarde pas à en apporter la démonstration.

Février 1996 : Forget et Noah n'en reviennent pas eux-mêmes. Unis dans la victoire comme aux plus beaux jours ! Une victoire, ou plutôt cinq victoires à zéro que l'équipe de France vient de remporter à Besançon lorsqu'elle réussit à éliminer le Danemark de sa route dès le deuxième jour du premier tour de la Coupe. Au tableau d'honneur : Pioline, qui a disputé les deux simples, ainsi que Forget et un nouveau venu, Guillaume Raoux, qui se sont partagé les deux autres avant de gagner le double. Le fait est là : Yannick a su à nouveau fédérer les énergies. Un capital confiance qu'il a bien l'intention de faire fructifier. D'autant plus qu'il se sent épaulé par des collaborateurs solides, ces mêmes piliers de l'ombre auxquels il tient à rendre hommage : « Il y a des gens qui travaillent plus que moi. Au début de la semaine, j'avais des préoccupations personnelles, et c'est Hagel qui a tenu la baraque. Nous formons désormais un groupe au sein duquel chacun a son importance. »

Parmi les autres membres de sa garde rapprochée, un nouveau venu : Jean-Jacques Poupon, également surnommé affectueusement « Cordix ». Presque quinquagénaire, ce Breton pur jus est un passionné de la raquette : « Il faut, pour en faire des modèles performants, mettre du plomb, par exemple, pour équilibrer la tête de la raquette », détaille cet ancien technicien de la société Babolat. Cordeur : c'est son métier depuis une vingtaine d'années. Une spécialité rare qui lui permet de travailler en 1989 pour l'équipe de France, qu'il intègre totalement sept ans plus tard. « Au début, ma société n'était que prestataire de services, puis Yannick m'a demandé d'être membre à part entière de l'équipe. » Pas question pour autant, pour ce résident de Concarneau, de se présenter comme un cadre du groupe : « Je reste à ma place, je fais le dos rond, je corde et je fais partie de l'équipe. Pas plus ! »

L'amélioration du climat de travail participe manifestement d'une prise de conscience de tous les protagonistes. Une confiance retrouvée qui permet à Yannick d'envisager sous les meilleurs auspices le match contre l'Allemagne, au deuxième tour, prévu pour le mois d'avril suivant à Limoges.

Pour ces quarts de finale de la Coupe, les organisateurs ont porté leur choix sur le Palais des sports de

Beaublanc, davantage connu comme un temple du basket-ball. Pour la circonstance, le précieux parquet a d'ailleurs été recouvert d'une couche de vingt centimètres de terre battue. Le choix de la capitale limousine ? La raison en est simple : mieux valent 7 000 places occupées qu'un Paris-Bercy à moitié vide, estiment les organisateurs.

En ce qui concerne la sélection, Yannick n'a eu que l'embarras du choix pour désigner les joueurs de simple. Le capitaine a suivi le fameux adage selon lequel on ne change pas une équipe qui gagne. Ce sont en effet les mêmes joueurs – Boetsch, Pioline, Forget et Raoux – qu'au tour précédent qui seront attendus en Haute-Vienne. L'Allemagne, elle, alignera Boris Becker, David Prinosil, Marc Goellner et Hendrik Dreekmann. Mais, à la veille de la rencontre, la « bonne » nouvelle tombe sur les téléscripteurs : en méforme, Becker a finalement déclaré forfait. Ce qui rassure tant soit peu le capitaine tricolore. Le rapport de forces s'annonce ainsi plus équilibré.

Du moins en apparence. Car Pioline et Boetsch doivent sacrément et longuement ferrailler avant de dominer leurs adversaires d'outre-Rhin. Pendant que la foule s'agite et s'exclame, Yannick, lui, réussit à conserver son flegme. Il est vrai que ses mimiques parlent pour lui. « Le coaching est un métier très difficile, explique de son côté Patrice Hagelauer. Dans la communication entre l'entraîneur et son joueur, on considère que les mots représentent 7 % du langage. Les gestes du corps, le visage, le regard, le comportement comptent, eux, pour 93 %. Il faut donc savoir comment se comporter avec le joueur, pas simplement comment lui parler. Par exemple, mieux vaut parfois ne rien dire que s'exprimer. Si cette expérience-là est généralisée, il va falloir que le fonctionnement et la formation du joueur et de l'entraîneur changent en fonction de ce nouveau besoin. »

La plupart du temps, Yannick reste sagement calé sur sa chaise, mais il lui arrive aussi de se lever pour rejoindre son joueur et lui prodiguer des conseils. Là, c'est au tour de Boetsch d'affronter Dreekmann. Le regard du capitaine ne perd pas un échange. À l'évidence, la performance qu'accomplit alors le tennisman, pendant quatre heures interminables, le remplit d'admiration. « Arnaud a battu un mec qui était ce jour-là plus fort que lui, constatera-t-il à l'issue de la rencontre gagnée par Boetsch. Il a plié, plié, mais il n'a jamais cassé. Quand il a commencé à recouvrer ses moyens, c'est l'autre qui a cassé. » C'est à ce moment-là aussi, celui de la victoire finale, que sa longue carcasse peut enfin se permettre d'exulter.

La suite ? Pour l'heure, Yannick ne souhaite pas en parler publiquement. Il est certes satisfait, mais ne se fait pas non plus trop d'illusions sur la portée de l'événement. Sans l'indisponibilité de Becker, la victoire aurait-elle été aussi assurée ? Par ailleurs, d'autres rencontres attendent son équipe, plus solide certes, mais qui, désormais, fonctionne moins à l'affectif. C'est en tout cas ce que constate l'entraîneur Patrice Dominguez : « Avant, Yannick était joueur et capitaine. Maintenant, il a pris ses distances avec des joueurs qui ne sont plus tous ses copains. Il a mûri et a trouvé sa juste place. »

N'empêche. Le tableau est tel qu'il est désormais permis de rêver. Comme en 1991 à Lyon, la France peut gagner. Ce ne serait plus alors une divine surprise, mais bien l'aboutissement d'une volonté persistante de vaincre.

Cette rage de vaincre, d'autres sportifs en sont alors imprégnés : en l'occurrence, les footballeurs du PSG...

13

Le « sorcier de Yaoundé »

Un astucieux coup franc de Youri Djorkaeff en direction de son coéquipier Bruno N'Gotty, dont le tir surpuissant trompe le gardien du Rapid de Vienne, et voilà le Paris-Saint-Germain qui remporte la première Coupe européenne de son histoire. Autant dire que le club revient de loin ! En effet, rien n'était joué dans les semaines précédant l'ultime match. Sous la direction de leur entraîneur Luis Fernandez, les Parisiens ont en effet voulu courir plusieurs lièvres à la fois ; mais une saison, c'est long ! À la veille de la rencontre décisive à Bruxelles, le PSG est au plus bas de sa forme et de nombreux supporters se montrent plutôt sceptiques au seuil de la finale. Le malaise est si profond que Yannick a aimablement été prié de venir remonter le moral des troupes avant l'épreuve tant attendue.

Pour ses amis du ballon rond, celui-ci accepte bien volontiers de se déplacer à Hendaye où l'équipe parisienne est réunie pour un stage préparatoire. Dans une ambiance à la fois studieuse et décontractée, il commence par faire projeter des vidéos de la victoire des tennismen pour la Coupe Davis de 1991. Puis, avec des mots simples, il leur explique comment susciter une énergie collective capable de transformer un match en exploit. Désormais, ils doivent apprendre à se regrouper au centre du terrain avant chaque match : leur façon de faire le vide autour de leur capitaine.

À ce dernier, ensuite, de savoir galvaniser ses joueurs, et, pourquoi pas, créer un état de grâce. Auparavant, tous tiennent à le féliciter pour avoir su réveiller le feu qu'ils avaient peut-être eu tendance à laisser sommeiller en eux. « Il nous a transmis sa rage de vaincre, tout en nous relaxant », se souvient Bruno N'Gotty, l'heureux buteur de la finale. Quant au rôle de gourou que certaines plumes commencent à lui attribuer, Yannick préfère le réfuter avec humour, mais parfois aussi avec véhémence : « J'ai déjà entendu ce reproche, et ça fait vraiment rigoler ceux qui me connaissent ! Je n'ai aucune prétention à énoncer une vérité absolue, ni à convertir qui que ce soit à mes idées. Je témoigne simplement de mon propre cheminement. C'est en pratiquant le yoga et la méditation, en apprenant à manger et à respirer autrement, en acceptant de ne plus vouloir contrôler ma vie à tout prix, que j'ai trouvé la sérénité. Si mon témoignage peut aider d'autres personnes, notamment des jeunes, à aller mieux dans leur corps et dans leur tête, tant mieux ! Pour le reste, je m'en fiche ! »

Le reste ? C'est tout ce que Yannick ne réalisera qu'après coup : « ce monde du non-dit, ces haines croisées ». Bref, rien de simple, mais des réactions si terriblement humaines. L'entraîneur Luis Fernandez y cède à sa façon en se déclarant particulièrement heureux et fier du triomphe de son équipe en coupe d'Europe – comment pourrait-il en être autrement ? –, mais de digérer assez mal les papiers dithyrambiques consacrés au « sorcier de Yaoundé ». Sa frustration, il l'exprimera dans un premier temps en privé, puis publiquement, à l'occasion d'un livre d'entretiens. Du Fernandez pur jus : « En fait, je ne peux pas accepter qu'on puisse s'approprier une victoire alors que mon staff et moi avions travaillé avec les joueurs pendant un an pour gagner cette coupe. À un moment donné, dans certaines situations, il faut avoir une certaine justesse, une certaine analyse. Nous, on a travaillé pendant un an, voire deux ans pour gagner, et c'est pas un mec qui vient et qui, en quarante-huit heures, fait gagner une coupe d'Europe, ça se saurait, sinon ! » Mais de nuancer aussi lorsqu'il affirme respecter « le grand champion et le grand personnage » qu'est à ses yeux Noah. Grand champion, grand personnage, oui, avant de balancer un nouveau tacle : « Mais je dis que, là, il a eu une attitude qu'il n'aurait pas dû avoir... »

Le rôle de Yannick se serait-il limité finalement à celui de « motiveur », comme le suggère encore Fernandez ? Un autre personnage haut en couleur partage ce point de vue : Philippe Lucas, le coach de Laure Manaudou, l'ex-championne du monde de natation. Supporter passionné du PSG, c'est à lui que les instances du club vont penser un moment, lors de la saison 2007-2008, pour sortir de sa mauvaise passe l'effectif de l'entraîneur Paul Le Guen. Lucas se déclare partant à condition toutefois de ne pas prononcer devant lui le nom de Noah. Et l'homme au look de *biker* de « balancer » à son tour : « Noah c'était de la trompette. Quand il a voulu faire pareil avec Mauresmo, il s'est pris une droite. Il sait faire se transcender les gars, mais, sur deux mois, c'est un autre travail ! Le Guen réalise un super boulot, mais je crois qu'il faut tenir un autre discours aux joueurs. Ils ont besoin d'un électrochoc ! » Sous entendu : pour remobiliser les troupes parisiennes afin d'assurer leur maintien en première division. Ce qui se fera en définitive de justesse, mais sans le soutien du controversé Lucas, sollicité entre-temps par la justice française dans le cadre d'une affaire financière concernant son club de Melun, pour laquelle il assure cependant ne « rien avoir à se reprocher ».

Retour à la victoire du PSG en ce jour de printemps 1996. Le soir même, de retour à Paris, joueurs et dirigeants parisiens se font une joie de fêter leur titre européen « à la maison ». Après les salons de l'Hôtel de Ville, puis de l'Élysée, c'est la descente en quatrième vitesse des Champs-Élysées. Là, leur joie, ils la partagent avec vingt mille fans présents. Puis tout le monde prend la direction du Parc des Princes. Il est 20 heures passées quand les héros de Bruxelles, accompagnés par Michel Denisot, président-délégué du PSG, Jean Tiberi, maire de Paris, et bien entendu Yannick, pénètrent sur la pelouse. Alors que la sono déverse la *Symphonie du nouveau monde,* tous rejoignent le podium placé au centre du terrain. La Coupe est brandie. À l'instant précis où, déjà, du côté du bois de Boulogne, des dizaines d'individus enjambent les grilles. En moins de dix minutes la fête est terminée. Protégés par un service d'ordre composé d'une soixantaine de « stewards », les joueurs et leurs amis se réfugient dans les vestiaires.

Pendant ce temps, sur la pelouse, les perturbateurs excités s'en donnent à cœur joie. Dans sa tribune présidentielle, Jean Tiberi feint de ne pas voir les bras tendus et ne pas entendre les cris de « Jean-Marie ! Jean-Marie ! », allusions explicites au leader du Front national, Le Pen. Le même leader d'extrême droite qui, quelques semaines plus tard, dira regretter que la plupart des membres de l'équipe de France, venus selon lui « de l'étranger », ignorent les paroles de *La Marseillaise*...

De l'immigration il est justement bientôt question au sein du gouvernement avec le projet de loi dit « Debré ». Un nouveau dispositif renforçant l'éloignement des étrangers en situation irrégulière, ainsi que leur rétention avant expulsion *manu militari*. Autant de mesures qui font bondir l'aîné de Zacharie Noah, footballeur camerounais et ancien professionnel à Sedan. Et Yannick de profiter des micros qu'on lui tend pour marteler combien cette loi, à ses yeux, « ne peut qu'engendrer des dérapages malheureux ». Il ne sera pas le seul à prendre la parole à ce sujet. Une trentaine de sportifs le rejoignent pour s'insurger contre le projet. Parmi eux, Daniel Herrero, manager du club de rugby du PUC (Paris Université Club), les boxeurs Jean-Baptiste Mendy et Nordine Mouchi qui rappellent que « le sport français doit beaucoup de ses performances aux enfants de toutes les immigrations qui ont fait la France, dans les quartiers comme aux Jeux olympiques ».

Le milieu sportif était resté plutôt timide sur le sujet avant ces saines réactions. Une timidité un peu forcée, il faut bien le reconnaître : en matière politique et idéologique, les fédérations, et encore plus les sponsors, n'apprécient pas forcément que leurs « représentants » empiètent sur des domaines qui, estiment-ils, ne sont pas les leurs...

Pour Yannick, le sien s'appelle désormais la demi-finale de la Coupe Davis, laquelle doit se dérouler dans les derniers jours de septembre 1996 à Nantes.

En débarquant dans le chef-lieu de Loire-Atlantique, Pioline fait figure de leader incontesté, à la grande satisfaction de son capitaine qui évoque alors une équipe « homogène ». Allusion à peine voilée aux problèmes de communication que Yannick et ses joueurs ont connus par le passé avec le beau et ténébreux Cédric. Peu enclin à l'échange dans la vie en général, le tennisman semble pourtant avoir accompli de considérables efforts. De toute façon, Yannick en est convaincu : c'est l'assemblage des personnalités qui fait tout le sel d'un groupe.

Mais voilà déjà son favori en train de frapper ses premières balles. Un bon début lors d'un premier set contrôlé face à Andrea Gaudenzi, numéro deux italien. Puis c'est un tie-break, dans le troisième, qui aurait pu lui profiter. Aurait pu, en effet, car c'est sans compter sur l'effondrement physique du Parisien. Une défaite incontestable pour Pioline qui s'avoue déçu mais pas effondré : « Je n'étais pas dans le coup, c'est tout. Il reste beaucoup de matches. » Sa façon de positiver « à la Noah » ? On peut le croire, puisque la suite des événements va se transformer en divine surprise.

Il est 20 h 23, ce dimanche, lorsque le Palais des sports de Beaulieu bascule dans l'ivresse. Comme en 1991 à Lyon, le clan tricolore se jette à corps perdu sur le court. À l'exemple de Yannick, il se met à hurler, à sauter, à se dandiner et frétiller devant cinq mille spectateurs qui imaginent déjà comment leur rêve va se poursuivre. Trois minutes auparavant, Arnaud Boetsch a bouclé son match, le cinquième et dernier, celui qui offre à la France le point de la victoire face à l'Italie. Trois sets face à Andrea Gaudenzi, vainqueur, l'avant-veille, de Pioline, le même qui s'est surpassé, quelques heures plus tôt, en battant le meilleur joueur de l'équipe italienne, Renzo Furlan ! Qui eût cru l'exploit possible après les deux déroutes en simple ? Et même, la veille encore, malgré la victoire du double Forget-Raoux ?

Pour être franc, peu y croyaient. Jusqu'à leur capitaine qui confiait avoir les « boules graves » : « Il y a des responsabilités dans la préparation de cette rencontre. » Ce n'est pas pourtant faute d'avoir joué son ultime carte, le samedi soir, sous la forme d'un « grand conseil de guerre ». Là, enfermés dans une chambre de leur hôtel, Yannick leur a longuement parlé. Mieux, il s'en est fait comprendre.

Sera-t-il entendu de la même façon lors de la finale – avec à la clé un nouveau « saladier » – qui se tiendra bientôt en Suède ? C'est une autre histoire. Pas la moins passionnante...

L'exploit ? Il faut s'y préparer encore et encore. Yannick le sait. Ses joueurs aussi, lorsqu'ils embarquent pour Quiberon. Au bout de cette terre bretonne, le capitaine va tout faire pour requinquer ses troupes. Une cure de thalasso dosant savamment préparations et entraînements pour Forget, Pioline, Boetsch, Raoux et Lionel Roux. Entre deux footings et les indispensables repas, il leur parle tactique, endurance, rage de vaincre.

Celle-là même qu'il leur a vissée au ventre lorsque, le 28 novembre 1996, sonne l'heure du départ pour la Suède.

Direction : Malmö où les attend la meilleure équipe du monde. Dans le sinistre hangar municipal où se déroule la compétition, c'est à Pioline d'ouvrir les hostilités contre Stefan Edberg. Pour le meilleur... et le pire pour son adversaire qui sort du central avec une entorse. Cette blessure l'empêchera d'affronter Boetsch le jour suivant. Mais son remplaçant, Thomas Enqvist, vingt-deux ans, ne demande qu'à en découdre. Et le Français va vite comprendre sa douleur : il est contraint de s'incliner devant le Suédois en deux heures de jeu. « J'étais trop juste. Je me suis accroché avec les moyens du bord », admet Boetsch. Sur sa chaise, contrairement à ses habitudes, leur capitaine s'est peu manifesté durant les parties. Tout juste a-t-il dit au premier de ne pas se laisser déconcentrer par la blessure de Edberg. Ou au second de laisser passer l'orage...

Une vraie fausse décontraction, en vérité. Car Yannick, sphinx imperturbable, de faire ses calculs : les deux équipes se retrouvent à un point partout. Autrement dit, la balle est désormais au centre.

Prochain round : le double qui oppose Forget et Raoux à Jonas Bjorkman et Niklas Kulti. Pari réussi pour les tricolores, qui permet à la France de mener deux à un. Mais le suspense continue avec l'égalisation des Suédois, après la victoire d'Enqvist sur Pioline au terme d'un match marathon. Reste l'ultime round, ou plutôt le finale dramatique qui se jouera le dimanche suivant entre Boetsch et Kulti. Là encore, un interminable suspense qui va durer neuf heures, pas moins, et qui s'achèvera par un ultime coup droit de l'Alsacien. Quelques minutes auparavant, le joueur à la bouille poupine a sauvé trois balles de match, et, à l'occasion d'un changement de côté, a rejoint Yannick : celui-ci lui a touché la main comme pour le masser, en le fixant très fort. Geste voulu : il lui permet de calmer en se calmant lui-même. Il sent que la légende est en marche. Un ultime coup droit, et ce sont trois victoires à deux : l'équipe de France vient de remporter la Coupe Davis cinq ans après l'épopée lyonnaise !

Les scènes de liesse qui suivent ces trois jours de folie sont désormais familières. Tout y passe : gesticulations, rires, larmes, cabrioles et ronde pour finir. Puis Yannick bondit vers son épouse Heather, accompagnée ce jour-là de Joakim, ou plutôt « Yooks », comme il le surnomme depuis l'enfance. Sa joie est aussi forte, son émotion aussi intense qu'en 1991 à Lyon. Quoi de plus naturel : qui avait parié sur cette heureuse issue ? qui avait imaginé battre les Suédois sur leurs terres ? Mais, pour Yannick, la victoire reste bel et bien, au premier chef, celle de fortes personnalités, « prêtes à sacrifier beaucoup de choses pour elle ». Et, on le sait, ce ne fut pas toujours le cas dans un passé récent. Quoi qu'il en soit, la magie Noah a une fois de plus opéré. Dans l'adversité, l'équipe s'est enfin soudée.

Comme il fallait s'y attendre, les vainqueurs, sitôt de retour dans leurs foyers, croulent sous les messages de félicitations. Cerise sur le gâteau, les voici reçus en ordre dispersé sur le perron de l'Élysée par Jacques Chirac. Après avoir raté son avion qui l'amenait de Genève, Yannick, lui, arrivera avec une bonne heure de retard au « Château ». Son locataire ne lui en tient pas grief. Bien au contraire : il lui rend un hommage appuyé en soulignant combien le capitaine « incarne la France ». Informé des propos du Président, Yannick en profite pour se livrer à une nouvelle de ses pitreries et confirmer, avec un fort accent africain, qu'il est bien « le représentant de la France ».

Le champion facétieux ne croit pas si bien dire : en janvier 1997, il est officiellement désigné pour diriger l'équipe de France de la Fed Cup, l'équivalent féminin de la Coupe Davis. Bien entendu, la rumeur en courait depuis déjà plusieurs semaines, et Yannick avait donné son accord de principe. D'autant plus facilement que la sollicitation émanait des joueuses elles-mêmes. Comptant sur son enthousiasme pour remporter la compétition, Mary Pierce, Julie Halard, Nathalie Tauziat et Sandrine Testud, qui réclamaient sa venue, se déclarent ravies. Ça tombe bien, car pour Yannick qui en a fait une de ses antiennes favorites, « dans le tennis, ce qui m'intéresse, c'est le jeu féminin... » Et comme un bonheur ne vient jamais seul, le nouveau capitaine apprend que son nouveau contrat portera sur trois années. Il est vrai que le travail ne manque pas...

L'histoire de la Fed Cup, Noah la connaît par cœur. En trente-quatre ans de participation, la France s'est souvent qualifiée en demi-finale, mais n'est jamais parvenue en finale. Autant dire que si les Françaises constituent des adversaires crédibles, il leur manque encore un petit quelque chose pour les rendre totalement performantes. Probablement cette rigueur et cette foi dans l'entraînement et la compétition qui ont abouti au triomphe tricolore en Coupe Davis. Bref, la « gagne » considérée comme un devoir.

De préparation il est rapidement question lorsque Yannick, de retour de vacances, arrête les dates d'un stage de préparation, prélude au premier tour censé opposer, au mois de mars suivant, le Japon à la France. Et les Françaises de jouer le jeu. C'est d'abord Tauziat qui parvient à arracher une victoire contre la Nippone Naoko Sawamatsu. Mieux, la veille, associée à Pierce, la même a déjà offert les deux premiers points à l'équipe tricolore en battant respectivement Sawamatsu et Ai Sugiyama. De quoi faire bondir de joie leur nouveau coach et de le faire déjà rêver de finale.

Auparavant, ses protégées doivent passer l'épreuve de la demi-finale. Celle-ci se déroule au mois de juillet suivant en Belgique. Ce jour-là, l'héroïne s'appelle Alexandra Fusai, vingt-trois ans, classée 43e mondiale. Pour la Nantaise, c'est une première expérience en Fed Cup. Coup d'essai et coup de maître pour la tenniswoman, jusque-là plutôt introvertie et qui ne trouve pas de mots assez forts pour remercier le « sorcier » Noah : « Oui, tout ça c'est grâce à Yannick. À cette sérénité qu'il a en lui et qu'il a su me transmettre. Il a tellement confiance en vous que vous êtes obligée d'avoir confiance en vous-même. Alors, ça aide ! Entre nous, sur le terrain, il se passe quelque chose... C'est fort, si fort... c'est quelque chose dans le regard... Oui, une sorte de force qui émane du regard... La foi, peut-être... ? »

La foi ou la méthode Coué, à en croire la Lyonnaise Testud qui explique comment, au fil des échanges, le « coach New Age » Noah, tout en prônant des valeurs simples mais authentiques, comme l'amour et le respect, prêche aussi les mêmes certitudes : « Il a deux phrases types. La première, c'est : "On est les meilleurs..." ; la seconde, c'est : "On y croit..." C'est génial !... »

Génial, le premier match qui opposera Testud à son adversaire néerlandaise, lors de la finale tant attendue, le sera tout autant. Nous sommes en octobre, et l'équipe de France vient de débarquer à Hertogenbosch. Ce jour-là, malgré le temps frisquet et une baisse de régime au deuxième set, Sandrine a largement pris la mesure de Brenda Schultz, numéro 1 des Pays-Bas, avant de s'imposer brillamment. Peu après, c'est au tour de Mary Pierce, née au Canada, de se débarrasser en une heure de Miriam Oremans. Rien ne semble alors devoir arrêter les fans de Noah. Si ce n'est Schultz qui, à la faveur d'un second match, s'empare de deux sets sur Pierce. Dans le public, les « Orange », avec leurs chapeaux biscornus, ont hâte d'assister à une victoire des leurs, et font entendre un raffût indescriptible. Mais les cris retombent vite lorsque Pierce est bientôt vengée par son amie Testud qui ne fait qu'une bouchée d'Oremans et offre par la même occasion – et quelle occasion ! – la Fed Cup à la France.

Comme leurs compères garçons, les joueuses tricolores peuvent alors exulter devant les neuf mille spectateurs présents – parmi lesquels trois cents aficionados français – au Brabanthallen, le même endroit qui accueillit l'année précédente le prologue du Tour de France. Et c'est bien dans la peau d'un maillot jaune que se sent à ce moment-là leur heureux capitaine, lequel ne peut s'empêcher de prendre ses championnes dans ses bras avant de les féliciter tendrement.

L'aventure collective de l'équipe de filles ne fait alors que commencer. Celle de Noah chanteur, elle, reprend sous la forme d'une version toute personnelle de *La Marseillaise,* revisitée reggae et pacifiste. Écoutons-le :

Pour les enfants de ta patrie / Le jour d'y croire est arrivé / Entre nous, la tyrannie, les bobards, c'est bien terminé / Efforçons-nous dans nos campagnes d'ouvrir nos esprits / À donner de la paix, de la tolérance / Retrouver les vertus de la France / Ô rêve, citoyens, formons enfin l'union / Vivons la liberté et la fraternité !

Comme son aîné Serge Gainsbourg qui avait lui aussi proposé en son temps une interprétation toute personnelle du chant guerrier signé Rouget de Lisle sous le titre *Aux armes et caetera,* Yannick devient la cible de plusieurs associations d'anciens combattants, émus et courroucés par cette parodie qu'ils considèrent comme un crime de lèse-patrie. La sanction ne tarde pas à tomber sous la forme d'une diffusion restreinte – voire d'une interdiction – du morceau sur les antennes radio.

La sortie du titre coïncide pour Noah avec la victoire de ses ouailles en jupettes et fait partie de son troisième album intitulé *Zam Zam.* Le titre, qui signifie « fou » en camerounais, est en fait celui du groupe qui accompagne Yannick depuis ses débuts, à l'époque où il s'était d'abord baptisé Les Frites. Au départ, une aventure sympathique : une petite cabane, puis un modeste studio où il fait venir des accros du rock et du rythm'n'blues. La plupart sont des amis de son cousin ardennais François Guibbaud, lui-même bassiste du groupe, et du producteur Franck Langolff. Certains rejoindront la petite troupe, puis s'en iront pour faire place à d'autres. Et tous ensemble de jouer, jouer et jouer encore pour voir jusqu'où ils sont capables d'aller. Mais toujours en prenant leur temps. Il y a là aussi, à la guitare, Michel Aymé, au synthétiseur Philippe Balatier, et le batteur Hervé Koster. Des potes avec lesquels Yannick aime à susciter discussions et débats : « Souvent, les opinions divergent. S'il y a impasse, c'est à moi de trancher, mais j'écoute toujours les uns et les autres. Même si elle n'est pas adaptée ou réalisable, une idée nouvelle peut contenir une évolution future. Il est primordial de comprendre ce qui détermine la position de chaque artiste, surtout quand la controverse devient passionnée. Nous avons tous des goûts différents. Le débat est essentiel pour la survie du groupe. En Coupe Davis, parfois, j'ai été amené à dire : "C'est moi le chef, c'est ma vérité, et on y va ! On part de la confiance que vous avez en moi. Dorénavant, plus personne ne discute mes décisions." Mais, avec des artistes, il n'y a aucune règle définie. Juste une exigence : que tout un chacun s'investisse totalement dans ce qu'il fait. » Et ce, malgré des moments de galère avec des concerts réunissant, dans le meilleur des cas, une dizaine de spectateurs. Parfois moins encore, comme durant cet épisode que Yannick aime à raconter :

Il se déroule à Pontivy, petite commune du Morbihan réputée pour son calme. Trop, peut-être, au goût du chanteur Noah qui doit s'y produire le soir même : « Quand nous sommes arrivés en ville, dans l'après-midi, il y avait des haut-parleurs qui annonçaient la venue de Yannick Noah et de son orchestre. On s'est dit qu'avec ça il y aurait du monde ! Ma chambre d'hôtel donnait sur le parking de la salle. Vers 21 heures, alors que je mettais mon habit de lumière, j'ai vu qu'il n'y avait personne en bas. Je me suis dit que les gens étaient sans doute sur un autre parking, derrière. Mais, quand j'ai ouvert la porte de la salle : presque personne. Il y avait là une maman avec son gosse, et un type avec un chien qui a aboyé pendant tout le concert. Et encore, ils n'étaient là que parce que les entrées avaient en définitive été proposées gratuitement ! Ce soir-là, on s'est dit que ça n'était pas gagné... » Mais pas question, toutefois, de laisser tomber ses potes pour tenter sa chance en misant sur son seul nom, du moins pour le moment, et Yannick de se justifier en ces termes : « Sans eux, je serais juste bon à chantonner sous la douche. Tout vient d'eux. C'est grâce à eux que je parviens à m'offrir des poussées d'adrénaline. »

Ses ambitions musicales mises provisoirement en veilleuse, des décharges d'adrénaline, il lui en faudra aussi une sacrée dose pour remonter le moral des garçons de l'équipe de France dont les résultats, depuis le début de cette même année 1997, n'ont guère brillé. Après avoir remporté le saladier d'argent, les voici éliminés par l'Australie dès le deuxième jour de matches du premier tour. Un échec révélateur de la crise que traverse alors le tennis tricolore ?

14

Vie privée, vie publique

« Pour l'heure, nous n'envisageons pas la défaite, mais nous envisageons la victoire ! » Par ces mots, Yannick donne à comprendre que si les Français ont le dos au mur, ils ont bien l'intention de se battre jusqu'au bout. Contre l'équipe de Belgique que le tirage au sort a désignée pour cette rencontre de barrage où la défaite n'est pas permise. Celle-ci signifierait en effet leur relégation en deuxième division. Et, cette issue, le capitaine ne veut pas y croire. Avant de se remémorer comment ses joueurs étaient passés par le même purgatoire, en 1995, lorsqu'ils avaient finalement réussi à arracher, face au Maroc, le droit de rester dans le groupe mondial. Par ailleurs, la France n'est-elle pas la tenante du titre, et a-t-on jamais vu son détenteur relégué ? Si, pourtant, à une reprise : les Bleus le furent en 1985 après leur échec contre la Yougoslavie...

Et l'histoire de bégayer, en ce jour de septembre 1997, lorsque la bande à Yannick – Roux, Raoux, Santoro, Boetsch et Pioline – doit s'incliner devant la Belgique. Une rencontre perdue après l'abandon pour blessure de

Pioline face à Johan Van Herck. Et une rétrogradation qui signe peut-être la fin d'une époque. Lucide, le capitaine Noah ne le nie pas lorsqu'il songe à une relève constituée de juniors qu'il réunirait dans une sorte d'académie du tennis : seule façon, à ses yeux, de les aider à franchir le cap de la compétition mondiale.

Si d'académie on n'entendra plus jamais parler, la relève, en revanche, semble en partie assurée avec l'arrivée d'un nouveau venu : Nicolas Escudé. Avec Pioline il est celui qui a décroché les meilleurs résultats depuis le début de l'année. Par ailleurs, cet adepte du service volée n'a pas eu encore le loisir de goûter aux joies du vedettariat. Deux bonnes raisons, pour Yannick, de vouloir l'embarquer pour la Finlande, première des deux étapes qui permettraient à la France de réintégrer l'élite.

L'air vivifiant dans lequel baigne alors Helsinki, la capitale finlandaise, va-t-il se révéler bénéfique aux tricolores ? Si la nouvelle équipe apparaît soudée, son avenir est encore fragile. Mais les Français ne vont pas décevoir, remplissant haut la main leur contrat face aux Scandinaves. Tous ont mis un point d'honneur à justifier la confiance de leur capitaine qui imagine déjà le match suivant contre Israël. Mais d'annoncer aussi qu'il s'agira pour lui de la dernière rencontre sous son capitanat...

Aussitôt dit, aussitôt fait. Après la victoire de ses joueurs qui signent ainsi leur retour parmi la crème du tennis mondial, Yannick confirme son départ afin de se consacrer, tient-il également à préciser, à ses enfants. Auparavant, joueurs et encadrement tiennent à le remercier à leur façon. D'abord par des applaudissements nourris et chaleureux. Puis en faisant mine de le porter en triomphe : mais, avec tact et humilité, le célèbre champion leur fait comprendre qu'il ne le souhaite pas. Pourtant la riposte ne tarde pas lorsque Guillaume Roux, farceur, réussit à lui couper un bout de tresse pour s'en faire des moustaches. On s'esclaffe, mais on a aussi du mal à dissimuler son émotion. Tous comprennent qu'une page est désormais tournée, à la fois pour eux et, on le sait, pour leur capitaine charismatique.

Qui le remplacera ? Yannick a son idée sur la question et, depuis plusieurs mois, la claironne à tous ceux qui veulent bien l'entendre. À ses yeux, seul Guy Forget possède les qualités pour reprendre le flambeau. Jadis cinquième joueur mondial, il est vrai que son compère, à trente-trois ans, est à la retraite depuis deux ans et, ce qui ne gâte rien, fait l'unanimité parmi les tennismen. Contrairement à Leconte dont la candidature, évoquée un moment, ne suscite pas la même empathie. De fait, au cours des mois suivants, Forget fera coup double lorsque la FFT l'intronisera non seulement au poste de capitaine de l'équipe de France Coupe Davis, mais aussi à celui de l'équipe féminine de Fed Cup.

Un nouveau satisfecit pour Yannick pour qui la conquête de la Coupe Davis aura marqué un tournant décisif dans sa carrière sportive. Il peut ainsi décliner désormais à sa façon sa carrière de joueur au passé : « J'ai aimé jouer sur le central, mais les finales de tournois du Grand Chelem sont définitivement derrière moi. » Des regrets d'abandonner le tennis ? Pas le moins du monde, affirme-t-il encore, conscient de son exceptionnelle destinée : « J'ai quitté l'Afrique, je suis allé en pension pendant dix ans, et, treize ans plus tard, c'est comme si j'avais gagné au Loto. Par la suite, j'ai voyagé, rencontré des gens. Aujourd'hui, je suis encore un étudiant de la vie. En fait, la seule chose à laquelle je n'étais pas du tout préparé, c'était à voir ma gueule en première page, à lire des choses que je n'avais pas dites et à supporter le regard de gens qui se disent : "T'as vu ce mec, c'est un pourri." Mais il faut bien continuer à exister. Avoir une philosophie. Je sais maintenant que je vais dans la bonne direction. C'est réconfortant, car j'avais peur à la perspective de mettre fin à ma carrière. Comme tous ces sportifs qui parlent de "première mort". Ceux que tu retrouves gros, fumant trois paquets de clopes. Ce sont souvent les très bons qui finissent comme ça. Pourquoi ? Parce qu'ils ont tout donné. »

Yannick ne croit pas si bien dire. Les exemples de ces champions à la reconversion franchement ratée ne manquent pas. Ainsi du prestigieux et richissime Björn Borg qui tentera un come-back dix ans après son départ officiel des compétitions. Pour le Franco-Camerounais, il ne serait franchement pas l'exemple à suivre : « Imaginez ce mec qui revient pour l'amour des applaudissements, pour le seul fait de remettre les pieds sur un central. Ça ne m'étonne pas. Pour lui, la vie n'a pas recommencé après le tennis, il s'est trouvé au contraire devant un énorme vide. Il passait son temps enfermé dans sa chambre à regarder des vidéos. Et maintenant il rejoue et se prend partout des branlées. C'est une triste histoire. »

La nouvelle page de sa vie, Yannick décide une fois encore de la tourner à New York où il emménage bientôt dans un appartement d'un immeuble de seize étages, au cœur de Manhattan, avec vue imprenable sur Central Park. Pour son plus grand bonheur, puisque c'est là qu'il passe désormais l'essentiel de son temps auprès de sa progéniture. Ses aînés, Joakim et Yelena, ont alors douze et treize ans ; les deux dernières sont encore au biberon. Autant dire des âges où un père doit se montrer présent. Et c'est peu dire que Yannick l'est à chaque heure de la journée : « Je suis à la maison, je change les couches de la petite, je conduis les grands à l'école, je vais aux matches de basket le samedi et le dimanche... et le mercredi soir ! Je suis là, quoi ! » Un juste retour des choses ? Le père Noah l'admet : « Mes enfants ont sacrifié beaucoup de choses pour me laisser faire ce que je voulais. Jamais personne dans mon entourage ne m'a reproché d'être à gauche, à droite, ni de m'éclater à travers ce truc complètement personnel qu'est le tennis. Ce n'est pas un problème de travailler. Pour ça, j'ai assez de pêche et je pourrais bosser tout le temps, mais c'est vrai que partir, c'est dur. Enfant, il y a des choses que je n'ai pas reçues ; d'où, chez moi, une certaine sensibilité. Voilà pourquoi je veux être là plus souvent. » D'autant plus lorsque son couple commence à battre de l'aile. Si la rumeur court depuis quelque temps dans les salles de rédaction, notamment à l'automne 1999 lorsque Heather quitte Yannick pour s'installer avec le producteur de musique Dan Koonoo, elle ne devient officielle qu'en juillet 2000, quand le divorce est prononcé par les tribunaux britanniques.

Banale histoire de couple, pourrait-on dire, si la séparation n'allait pas bientôt tourner au vinaigre par presse interposée. C'est Heather qui ouvre le feu en confiant aux micros qui se tendent son désespoir de mère séparée de ses enfants. En effet, c'est à Yannick qu'est revenue la garde de leurs deux filles. Nous sommes en janvier 2003 lorsque l'ancien top model exprime publiquement son chagrin de mère. Depuis un an, Yannick et ses enfants ont quitté l'Amérique pour la Suisse, plus précisément pour Thônex, chic commune de l'agglomération genevoise. Depuis la tragédie du World Trade Center, le 11 septembre 2001, l'air de New York est devenu « irrespirable » pour le chef de famille. Malgré tout, vingt-huit mois viennent de s'écouler sans que Heather ait pu entendre le son de la voix d'Eleejah et de Jenaye. Sauf une fois, à l'occasion d'un reportage de M6 intitulé *Les Quatre Familles de Yannick Noah*.

Cette diffusion télévisuelle, Heather affirme l'avoir d'autant plus mal vécue que son ex-époux y déclare assurer seul l'éducation des enfants, suite à la supposée « démission » de leur mère. « Il faut que je sois à la maison ; ça se fait pas, un papa qui s'en va. J'ai pas envie que mes petites soient élevées par une nanny... », avait exposé Yannick. « Revoir mes filles dans un reportage télé alors que, depuis deux ans, leur père s'y oppose, c'est un nouveau coup de poignard, un de trop, réplique aussitôt Heather. Personne n'a pensé que ces enfants avaient une mère, et qu'il fallait son accord. C'est comme si je n'existais plus. » Avant d'annoncer l'assignation de son ex-époux devant les tribunaux français afin qu'on lui accorde un équitable droit de visite. Mais ce n'est pas tout. Visiblement remontée, la jeune mère de famille tient simultanément à engager des démarches auprès de l'éditeur Sony afin que cesse la diffusion du vidéo-clip *Les Lionnes* où ses deux filles apparaissent aux côtés de leur papa chanteur. « Je trouve scandaleux qu'on utilise de si jeunes enfants à des fins promotionnelles, déclare-t-elle. Je voulais régler cette affaire discrètement, mais voir mes filles dans ce reportage m'oblige à réagir publiquement. » L'ancien mannequin nuance néanmoins son propos lorsqu'elle tient à rappeler combien « Yannick s'est toujours remarquablement occupé de tous ses enfants », signalant que malgré cette situation douloureuse, « il n'est pas question de lui enlever les filles... ».

De son côté, l'ancien vainqueur de Roland-Garros tient à démentir catégoriquement et publiquement les premières accusations tout en se disant prêt à trouver une solution amiable dans l'intérêt des enfants. Il rappelle comment un tribunal britannique lui avait confié leur garde, assorti naturellement pour leur mère d'un droit de visite que, toujours selon lui, celle-ci n'aurait jamais mis à profit.

Dans la drôle partie de tennis qui se joue alors, Heather tient à son tour à remonter au filet pour rectifier avec véhémence : « Je n'ai jamais démissionné, on m'a démissionnée ! » La nuance est de taille, et l'une des sœurs de Yannick la trouve même si pertinente qu'elle décide de voler au secours de la seconde épouse de son frère.

Pour se faire entendre, Zaza Noah – c'est son nom d'artiste peintre – a choisi les colonnes du *Parisien* dans lesquelles elle ne se montre pas très tendre envers son aîné : « Quand ma belle-sœur a voulu divorcer, elle s'est attirée toute la haine de la famille. On a fait de fausses attestations pour montrer qu'elle était incapable d'élever ses enfants. Et quand j'ai refusé de signer des horreurs pareilles, j'ai été moi aussi mise à l'écart par Yannick, ma mère et leurs proches. » Et la cadette des Noah d'enfoncer le clou en contant comment elle-même aurait subi les foudres familiales au moment de sa séparation d'avec le père de ses deux enfants, alors âgés de neuf et onze ans : « C'est la même histoire que Heather. Ma famille a voulu garder mes filles et me faire passer pour folle, jusqu'à ce que la justice l'oblige à me les rendre. »

Banals et cruels règlements de comptes au sein d'une famille aimante et soudée, mais chez laquelle deux divorces serviront de révélateurs à des rivalités fraternelles – amour et haine mêlés – aussi vieilles que le monde ? Sollicitée aux Antilles où elle partage aujourd'hui la vie d'un guitariste américain d'origine portugaise, Zaza ne souhaitera pas m'en dire davantage, si ce n'est à travers plusieurs courriels sibyllins évoquant son « ex-frère » Yannick qu'elle se dit encore disposée à vilipender. Tout en imaginant ce que pourrait être la fin de notre improbable dialogue : « Je verserai des larmes chaudes et nous finirons en grande rigolade. Ainsi va la vie... »

L'« ex-frère » Yannick ne dissimule pas sa gêne lorsque nous abordons le cas Zaza. Dans un premier temps, il me laisse entendre que les déclarations surprenantes de sa cadette n'auront guère d'effets sur le contentieux avec son ex-femme. Puis il me confie non sans amertume : « J'ai effectivement un souci avec ma sœur, qui est une artiste fantastique. Cela étant, nous sommes en désaccord sur pas mal de choses. Au sein de notre famille, Zaza est notre blessure. Pour résumer : nous avons une sœur qui est fâchée avec tout le monde. C'est terrible, car le temps passe et on s'y fait. À vrai dire, je n'ai toujours pas compris par quelle magie elle s'était retrouvée à vivre pendant deux mois avec Heather et son mari. Ils avaient probablement plein de choses à se raconter... C'est à ce moment-là qu'elle a fait cette singulière confession au *Parisien*... »

Un rebondissement dont se serait bien passée la star qui me livre ici et pour la première fois sa version du contentieux qui l'a opposé durant de longs mois à son ex-épouse. Écoutons-le :

« Lorsque j'ai divorcé d'avec ma première épouse, Cecilia, nous nous sommes rendus ensemble au tribunal. Nous en sommes ressortis pour aller boire un pot, toujours ensemble. Nous avions accepté le divorce, mais notre priorité a toujours été l'intérêt des enfants. Avec Heather, ce fut différent. Je n'étais pas prêt à divorcer. Le problème, c'est qu'elle avait rencontré quelqu'un. Je l'ignorais, et je l'ai finalement admis. Comme avec Cecilia, ma priorité resta les gosses. Mais il y eut rapidement un souci. Les enfants voulaient bien revoir leur mère, mais hors la présence de son compagnon. J'en fis part à un tribunal qui jugea l'argument par trop classique. D'où sa décision de m'envoyer balader. Un moment, je ne vivais plus, car mes filles étaient vraiment terrorisées à l'idée de se retrouver en présence de leur beau-père. Un jour, par hasard, on m'a instruit sur le singulier parcours de celui-ci. Je ne m'y étendrai pas. C'est l'histoire de Heather, et si vous la rencontrez, il y a de quoi écrire un bouquin. Vraiment ! »

À ce stade de son monologue, Yannick s'interrompt. Il ressent le besoin de se lever afin d'aller ouvrir une des fenêtres du salon, envahi par la fumée de nos cigarettes. Puis, d'une seule enjambée, il rejoint le canapé cossu où il s'est installé depuis le début de notre entretien. Visiblement, l'homme blessé tient à m'en dire davantage. Le voici d'ailleurs qui reprend :

« Au fil du temps, et comme elle, je suppose, j'apprends que ce type possède plusieurs identités, qu'il a été condamné une première fois pour importation de stupéfiants, puis pour trafic de chèques, puis pour escroquerie. Qu'il s'est rendu au Brésil afin de faire modifier ses empreintes. C'est à son retour en France qu'il décide de devenir boxeur. Il a pris trente kilos de muscles en un an. En tant qu'ex-athlète de haut niveau, je peux vous dire que ça n'est pas possible. Un jour d'entraînement, il tombe en syncope. Une histoire dramatique... »

Nouvelle pause obligée de mon interlocuteur dont l'une des assistantes vient de pénétrer dans le *lounge*. Elle souhaite connaître nos *desiderata* en matière de rafraîchissements. Ce sera de l'eau plate pour l'un comme pour l'autre. Yannick la remercie avec courtoisie, avant de poursuivre :

« Dès le départ, je me dis qu'il y a un *big* problème ! Je prends peur. Moins pour moi que pour mes filles. Bientôt, je commence à recevoir des menaces. J'ai encore plus peur pour mes enfants. J'interpelle à nouveau la justice. Après sept ou huit requêtes devant un juge britannique, on décide de m'accorder la garde totale. Une décision rarissime. De son côté, Heather se retrouve embarquée dans un cauchemar. Elle disparaît pendant deux ans. Vraiment disparue ! Un jour, mon avocat reçoit une lettre dans laquelle elle affirme ne rien désirer. Mais il est toujours impossible de la joindre. Parfois, on me dit qu'elle pourrait séjourner à Los Angeles, un autre jour ailleurs. Pendant ce temps-là, je m'occupe seul de l'éducation des enfants. Il faut les construire. Des moments pas toujours faciles. Elles me posent des questions : “Pourquoi maman n’est-elle pas là ?” »

En janvier 2003, on le sait, Heather réapparaît à la faveur des déclarations publiques déjà citées. Toujours selon Yannick, c’est le moyen qu’elle aurait choisi pour « régler ses comptes ». Mais de compatir : « Depuis, elle se remet d’un traumatisme psychologique profond. Et encore, je vous raconte là le centième de ce qui s’est réellement passé. Ce fut horrible ! »

Ces turbulences familiales ne seront pas sans conséquences sur les activités professionnelles de Yannick. Tant il est vrai que l’ancien champion, notoriété oblige, reste un homme particulièrement sollicité. À commencer par les tournois de seniors aux quatre coins de la planète – sept à huit par an –, rémunérés quelques dizaines de milliers de dollars, mais qui lui inspirent des sentiments mitigés : « Ça commence à ressembler à des réunions d’anciens combattants. Mais c’est toujours sympa de retrouver les vieux copains... »

De tennis il est encore question lorsqu’il se rend au siège parisien de l’hebdomadaire *Télésports* dont il est devenu depuis peu l’un des actionnaires. Ses autres associés s’appellent Jean-Yves Le Fur, éditeur du mensuel féminin *DS*, et Henri Elkaïm, un ancien de *Globe* et du *Journal du dimanche*. Comme son titre l’indique, le magazine consacre de nombreux articles aux sports, mais traités sous un angle people, tout en n’excluant pas les reportages et les pages de mode masculine. Sa façon de jouer la carte haut de gamme, avec un dos carré et un papier luxueux. Trop haut de gamme ? Probablement, puisque *Télésports* disparaîtra au bout de quelques mois d'existence. Ce qui n'empêche pas le Tintin reporter – Yannick s'est par exemple amusé à réaliser une interview de Cédric Pioline – d'apparaître bientôt dans plusieurs spots publicitaires essentiellement diffusés en France.

Ainsi lorsqu'il se transforme en héros d'une campagne pour une marque de confiserie, les bonbons M&M'S, ou pour la tisane Éléphant, la crème-dessert Danette, puis pour une ligne de vêtements et une autre du catalogue de La Redoute. Le rayon sous-vêtements n'est pas loin, puisque voici bientôt la star portant des slips Sloggi, propriété du groupe suisse Triumph International. Pour ce leader mondial du linge de corps comme pour les autres fabricants, le choix du Français ne doit rien au hasard : les sportifs dont l'image est suffisamment fédératrice pour plaire à toutes les catégories de clientèle se font rares. Yannick fait partie de ceux-là. Mieux : il est transgénérationnel. En clair, les plus âgés le connaissent en tant que champion, les plus jeunes comme un chanteur de talent. Loin de brouiller son image, ses allers et retours entre le sport, la chanson et l'action caritative lui ont permis de préserver notoriété et popularité grâce à une forte présence médiatique. Yannick, lui, y voit plutôt une forme de motivation qu'il analyse forcément avec humour : « J'incarne en quelque sorte les vieux de quarante-cinq ans. Y en a marre de voir des jeunes mecs bodybuildés ! »

Au total, beaucoup d'argent déversé par les annonceurs. Car, pour s'offrir la star Noah, Sloggi a dû accepter de débourser près d'un million d'euros pour un contrat courant jusqu'en 2006, soit cinq campagnes de pub. Somme rondelette à laquelle elle aura ajouté un avenant prévoyant un intéressement, autrement dit des royalties proportionnelles aux ventes réalisées. Et lorsqu'on apprend que celles-ci auront grimpé de 47 % en 2005, on peut affirmer, sans risque de se tromper, que l'affaire est particulièrement rentable pour tout le monde : Sloggi, Noah et son intermédiaire pour ce contrat particulier, VIP-Consulting.

Pour VIP-Consulting, puis pour Sportinvest Consulting, société spécialisée dans le management du droit à l'image des célébrités, que Yannick rejoindra bientôt, ce ne sont pas les demandes qui manquent : plusieurs par semaine. Mais, pour Yannick, la prudence est de mise. « Nous acceptons les campagnes à doses homéopathiques, car Yannick est très exposé en tant que chanteur », explique ainsi Catherine Adet, son assistante mandataire, qu'il a débauchée de chez ProServ. « Incontestablement, je suis très sollicité, je ne pense pas être très cher, confirme de son côté et avec espièglerie la star. Il doit y avoir un bon rapport qualité-prix. Nous trions beaucoup. Souvent, on veut juste mon nom, il n'y a pas d'investissement. Je souhaite qu'il y ait une logique, qu'il n'y ait pas juste le produit et moi. Et puis, j'ai toujours eu peur de la surexposition. Je crains de saouler ! »

On l'aura compris : même si le champion de tennis ne participe plus aux grands tournois, sa carrière publicitaire ne s'est pas ralentie pour autant. À preuve cette campagne de 2003 le présentant lors d'une de ses visites au siège social du Coq sportif à Saussheim, Haut-Rhin. Ou celle de l'été 2008, lorsque la société, devenue franco-suisse, profite de l'actualité des Jeux olympiques de Pékin pour faire réaliser une « web série » de dix-huit épisodes – *Le Coq loves China* – nous proposant un Noah dans des environnements où on ne l'attendrait pas forcément, mais avec un humour au second degré destiné à ravir les amateurs du « politiquement incorrect ».

En compagnie d'un acteur transformé en reporter sportif, on le retrouve ainsi dans une boîte de nuit du quartier chinois du XIIIe arrondissement de Paris, en train de se déhancher sur la musique de *Saga Africa* au milieu de danseurs asiatiques résolument enthousiastes. Il n'y est pas venu seul, puisque son aîné Joakim fait également partie du casting. Et pour cause : la nouvelle coqueluche du basket américain a signé elle aussi, quelques mois plus tôt, son premier contrat de sponsoring – d'une durée de six ans – avec le célèbre équipementier. Une affaire de famille, en quelque sorte, qui ne fait pas de jaloux, puisque sa sœur Yelena est déjà l'égérie de La Redoute-Création, la propre marque du vépéciste qui diffuse également tous les équipements du Coq...

Pour la société industrielle en quête de notoriété, l'idée est de profiter de l'aura du champion, toujours intacte, mais aussi de celle de l'homme et du chanteur véhiculant des valeurs universelles : celles de l'amour, de la fraternité, de la tendresse conjuguées à une peu banale volonté de vaincre. N'est-il pas un obstiné qui ose, comme le clame l'un de ses plus grands succès : *Pas de doute / Pas de peur / Tu peux avancer / Fais ta route / Il est l'heure / Tu dois essayer / Alors tu dois tout changer !*

Paradoxalement, l'interprète a longtemps hésité avant d'inscrire *Ose* à son répertoire. Il estimait qu'elle faisait un peu trop « donneur de leçons », ce qui n'est pas son genre. Puis il ose néanmoins la produire, quoique le refrain reste lourd à chanter : « Je regarde les gens dans les yeux et, sans rien connaître de leur vie, je leur balance : "Vas-y, vieux, ose !" D'un coup, sans crier gare, je m'adresse directement à eux : "Donne à ta vie sa vraie valeur..." » Or les gens, à sa vive surprise, en font désormais l'une de leurs chansons préférées lors de ses concerts. Et le titre lui vaut même chaque année des centaines de messages qui lui réchauffent le cœur. Des missives contenant toutes le même refrain : « J'ai osé », « Je vais oser », « Mon mari a osé ». « Son succès m'apporte confirmation qu'il est possible de rassembler des gens autour d'un même thème pourvu qu'il soit sincère. La conséquence en a été un sens accru de mes responsabilités comme chanteur par rapport à un public de plus en plus jeune. Pas mal de mères de famille mettent mes CD en voiture quand elles conduisent leurs mômes à l'école. Dans mes textes, j'y fais désormais très attention. »

Cette même attention le guide dans les autres activités qui lui tiennent tout autant à cœur. Ce sont d'abord les programmes des Enfants de la Terre et ceux de Fête le mur, dont il continue à s'occuper consciencieusement. Créée en 1996, le but de cette dernière association est d'inciter les gamins des quartiers défavorisés à se rendre sur les courts de tennis.

Les initiatives généreuses de la star portent leurs fruits. Aujourd'hui, grâce au soutien financier du ministère des Sports, de la Fondation Gaz de France, de la

FFT, la Fondation BNP-Paribas, la Française des Jeux, la fondation Carrefour Solidarités, Babolat, LCS, etc. Fête le mur est implantée dans une vingtaine de zones urbaines dites « sensibles ». Pour chacune d'entre elles Yannick n'hésite pas à mouiller sa chemise en sollicitant mécènes et sponsors, avant de se rendre lui-même disponible auprès de dizaines d'enfants qui l'accueillent avec enthousiasme. Ces rencontres, qu'il multiplie aux quatre coins de l'Hexagone, représentent pour lui de rares moments de bonheur. Des échanges chaleureux et emplis d'espoir qui se déroulent la plupart du temps à l'écart des caméras.

Les enfants adorent Yannick et il le leur rend bien. Entre eux le courant passe. Ce grand frère, le sourire aux lèvres, aime bien jouer, rigoler, à cent lieues de la condescendance ou de la démagogie de certaines stars. Les gosses l'assaillent comme des moineaux turbulents et il n'en éprouve aucun agacement. Avec ceux qui en font la demande, il accepte de même, c'est-à-dire sans rechigner, l'échange de quelques balles. Tout en se montrant attentif à ceux qui s'interrogent sur leur avenir. Son message ? « Je leur dis d'abord que c'est possible. Qu'il faut garder la tête haute, malgré tout. Et qu'ils n'ont pas le choix. Ils n'ont pas d'autre option qu'essayer de se battre et s'affirmer hors de la violence. Le problème, c'est que leur frustration les plonge dans la violence. Il faut donc qu'ils soient un peu encadrés. Aujourd'hui, lorsque je parle à des mômes de douze ou treize ans, je lis encore une lueur d'espoir dans leur regard. Mais, pour les plus grands, c'est fini : ils n'y croient plus. C'est très difficile de discuter avec eux, parce qu'ils en ont déjà pris plein la gueule. Et si, en plus, du côté politique, le seul discours qu'on leur propose, c'est la répression, alors oui, l'avenir se complique ! »

À d'autres moments, le ton des échanges se fait plus léger. Le prétexte en est souvent telle ou telle prestation télévisée de l'icône métisse. Les plus prisées restent sans nul doute ses parrainages de la Star Academy, sur TF1. Dans les jours qui suivent leur diffusion, la cote de leur bienfaiteur atteint des sommets : « Ils trouvent que c'est la "grande classe" d'être parrain de la Star Ac' ! Ils me posent mille questions quand je reviens les voir. Pour eux, c'est la chose la plus chic que j'aie faite de ma vie ! »

Champion du partage, Yannick a bien l'intention de se donner encore à fond de longues années. En effet, pas question pour lui de s'isoler dans sa tour d'ivoire à compter ses « biffetons », comme il le fait remarquer un jour avec humour lorsqu'on lui pose la question sur ses véritables motivations. Cela étant, ses deux associations n'ont pas l'exclusivité de son engagement. Les Restos du cœur, la lutte contre le sida, celle contre le racisme, la fondation Jean-Luc Lahaye, Cent Familles, Les Blouses Roses dédiées aux enfants malades : il est de tous les concerts destinés à venir en aide aux malades et autres déshérités. Sans oublier les Téléthon dans lesquels il tient à s'impliquer quasiment chaque année. Pas facile, d'ailleurs, de répondre à toutes les sollicitations des autres associations caritatives et humanitaires. « Avec Catherine Adet, son agent, qui l'accompagne depuis toujours, nous essayons de canaliser les demandes qui nous parviennent, explique Marie-Claire Noah. Mais les associations s'adressent parfois directement à lui, et, dès qu'on lui montre un enfant, il démarre ! »

Les siens et ceux de sa famille ne sont pas oubliés pour autant. À commencer par ceux qui vivent en France, où il décide de revenir s'installer en 2003. C'est dans les Yvelines, cette fois, qu'il trouve refuge. Un coin de verdure dans la forêt de Marly, entre Saint-Germain-en-Laye et Versailles. Comme me le confieront plusieurs habitants du bourg, Yannick y fait l'unanimité. Moins pour son fabuleux palmarès de champion que pour son éternelle gentillesse et l'attention particulière qu'il porte à l'éducation de ses deux dernières. Chaque matin, Yannick tient ainsi à accompagner ses petites à l'école du bourg. À l'évidence, c'est là un bonheur dont il ne pourrait se passer. Et si une raison majeure l'en empêche, il sait qu'il pourra compter sur le reste de la famille.

À une encablure, en effet, résident sa sœur Nathalie et son époux, l'ancien champion de tennis Patrick Proisy, reconverti depuis une vingtaine d'années dans le management des sportifs professionnels : d'abord comme représentant en France d'IMG (International Management Group), de l'Américain McCormack, qu'il quittera pour mieux y revenir à la fin des années 1990 ; entretemps, le businessman sera passé chez son principal concurrent, l'autre poids lourd du management américain, ProServ, créé par Donald Dell, déjà évoqué. Nous sommes alors en 1983 et Proisy y débarque officiellement pour défendre davantage les intérêts de son célèbre beau-frère. Sans grand succès, toutefois, d'après un ancien responsable de la société qui préfère conserver l'anonymat. Et au grand dam de Yannick qui semble n'avoir guère prisé la façon dont son partenaire occasionnel de tennis menait son business. Lorsque Proisy décide de jeter l'éponge, c'est par la bouche même de son ami Dell qu'il l'apprend. Les deux hommes taillent alors une bavette dans les allées du tournoi d'Anvers. Ainsi informé du changement d'affectation de son parent par alliance, Yannick se dit soulagé – enfin, à sa façon, c'est-à-dire avec un humour grinçant : « C'est bien. Il se retire avant que je ne le retire... » Mais, comme l'homme n'est pas à un paradoxe près, il faut aussi savoir que c'est au même Proisy que Yannick confiera peu après la gestion de ses affaires à travers IMG, la société américaine dirigée par McCormack, autrement dit le principal concurrent de Donald Dell ! Jusqu'au moment où l'ancien champion, devenu chanteur, préférera confier la gestion de son image à l'un de ses meilleurs amis, Olivier Devismes, l'un des patrons de Sportinvest Consulting. À l'entière satisfaction de Yannick qui, là encore, ne regrette pas de s'être définitivement séparé de son beau-frère, car, comme il me le confie, « Patrick est un vrai businessman, il ne pense qu'à ça : le business avant tout ! Sa façon de travailler est différente de la mienne. Personnellement, je pense qu'il ne faut pas tout mélanger. Mais voilà, j'ai fait l'erreur de le mettre en avant. Cela fait partie de l'expérience. Au final, je n'ai rien perdu, et lui non plus. Il n'y a pas eu de dégâts. Je trouve que c'est très bien qu'on se soit séparés. » Une version moderne de *Famille, je vous hais* ?

Pas forcément. Non loin de l'antre des Proisy se trouve le village de Thiverval-Grignon où sa mère a installé les bureaux des Enfants de la Terre. Elle n'y réside pas en permanence, car, comme son aîné, elle aime à parcourir le monde. C'est sa façon à elle de se ressourcer, comme me l'explique Yannick : « Ma mère est très curieuse de tout ce qui touche à la spiritualité. Elle cherche constamment des réponses à ses questions existentielles. Elle reste seule de longues heures à méditer. À marcher. Elle traverse des déserts, gagne le pôle Nord en kayak, franchit des cols, sillonne des chemins dans le monde entier. Ainsi remplit-elle sa vie et puise-t-elle l'énergie qui l'aide dans la tâche qu'elle s'est assignée depuis plus de vingt ans : aider les Enfants de la Terre. Pleine d'entrain et de projets, elle n'est jamais satisfaite ni rassurée. Elle avoue ne pas avoir encore trouvé sa vérité. Aussi continue-t-elle à faire face à ses interrogations. Trouvera-t-elle un jour une réponse qui l'apaise ? Je ne sais, mais il est beau de voir quelqu'un qui cherche sans relâche le sens de la vie. Elle est pour moi une source d'inspiration. »

Ses deux aînés, eux, font leur vie en Amérique. Joakim, *alias* Yooks, poursuit avec succès sa carrière américaine de basketteur sous l'aile protectrice de Donald Dell... Mais, après tout, pourquoi changer les équipes qui gagnent ? À l'évocation du parcours de son aîné, Yannick est intarissable : « Je crois qu'il s'est inventé tout seul », confie-t-il. Avant de conter : « Il a toujours été plein de certitudes, il a confiance, il fonce, il est comme ça depuis qu'il a sept ans. Son rêve se réalise, le mien aussi. On a joué ensemble, beaucoup, beaucoup. Il aurait pu y avoir rejet, mais pas du tout. Il a encore plein de choses à prouver, et il a trouvé sa voie. » Malgré quelques couacs inhérents à sa jeunesse, aurait pu ajouter son célèbre paternel...

Ainsi lorsque Yooks est interpellé sur la voie publique, au printemps 2008, une bouteille d'alcool à la main, ce qui est prohibé. Ou lorsque, quelques jours plus tard, il est pris en flagrant délit de défaut de permis de conduire. Enfin lorsque les mêmes limiers américains le retrouvent en possession de marijuana. Aux États-Unis où le joueur des Bulls est déjà une star, cette dernière affaire fait grand bruit. Le garçon fait amende honorable, mais sa grande gueule et ses manières de post-adolescent détonnent dans le microcosme de la grande ligue de la NBA.

Dans un premier temps, sa star de père relativise une situation sans doute « grave » en Amérique, mais pas forcément de ce côté-ci de l'Atlantique. Sa façon à lui de prouver encore et encore leur connivence ? « Pas du tout ! » s'étrangle Yannick lorsque je l'interroge sur les mésaventures de son fiston. Avant de me livrer sa propre version des faits :

« Joakim m'appelle un soir : "Papa, j'ai fait une grosse connerie." Avant d'entendre son histoire, je lui demande de patienter une minute. Je vais me servir un verre de rouge, je chope mon paquet de clopes et j'écoute. Je m'attends à une catastrophe. Il me raconte son histoire. Je lui dis : "Qu'est-ce que t'es con ! Mais qu'est-ce que t'es con ! Comment as-tu pu faire ça ?" Il faut d'abord savoir que le pépère, c'est 2,10 mètres, autrement dit une belle cible qui passe difficilement inaperçue. Par ailleurs, il faut dire que Joakim, c'est pas franchement un surdoué. C'est avant tout un super bosseur. Au départ, il a joué remplaçant dans une équipe de cadets, à Levallois. Il occupait alors la sixième ou septième place. Puis ce gamin, à force de bosser, est arrivé en NBA. Mais il aime aussi de temps en temps faire la fiesta. Ce jour-là, il est retourné voir ses copains d'université, alors qu'il est professionnel. Il commande des limousines, invite tout le monde en boîte. Aux États-Unis, tu n'as pas le droit de sortir dans la rue avec un verre d'alcool. Lui se pointe avec un gobelet en plastique à la main. Un flic est posté là. Il repère immédiatement mon "grand" Yooks. Basketteur ou pas basketteur, jour ou nuit, tu ne peux pas le manquer. Un de ses copains est en train de fumer un joint. Il lui demande de le garder un instant. Et le voilà arrêté pour usage de stupéfiant et consommation d'alcool ! Pis : en violation de la procédure en usage, le flic lui passe les menottes. Bref, la cata ! Bien entendu, les gens ne perdent pas de temps pour faire le rapprochement avec mes mésaventures passées. Mes potes ont beau jeu de rectifier en déclarant tous azimuts que je ne "fume" plus depuis quinze ans : trop tard, le mal est fait ! »

Après ses déclarations explosives de l'automne 1980 à *Rock & Folk*, déjà évoquées dans un chapitre précédent, la position de Yannick sur la dépénalisation de l'usage du cannabis a-t-elle changé ? Pas vraiment, à en croire ses confidences qui ont le mérite de la franchise : « Une fois pour toutes, je suis pour la dépénalisation de l'usage du cannabis. En revanche, je suis archi-opposé à l'usage des drogues dures. » Avant de s'interroger : « Peut-il y avoir un lien entre les deux ? Ce n'est pas prouvé, sauf dans certains cas précis. En ce qui concerne Joakim, ma position a été tout aussi nette. Je lui ai dit : "C'est la dernière fois que j'entends un truc pareil." Et c'est d'autant plus facile pour lui qu'il ne fume pas. J'ai également ajouté à son intention : "Arrête, et fais attention à l'influence de tes copains !" Après ça, je ne vais pas le pourrir. Je suis contre l'hypocrisie. Par ailleurs, il ne faut pas couper la communication avec ses gamins. Sinon, on prend le risque qu'ils fassent ça en cachette. En même temps, pourquoi n'arrête-t-on pas les dealers ? De grandes consciences parlent de dopage, mais qu'attendent-elles pour mettre les médecins coupables en taule ? Ce sont eux qui doivent être mis à l'ombre ! Le toubib, c'est son boulot, c'est sa déontologie qui est en cause. Pourquoi toujours s'acharner sur le pauvre mec qui ne sait pas ce qu'il fait, dans la plupart des cas ? Probablement est-ce dû à cette hypocrisie ambiante qui fait qu'on décide de faire tout à l'envers... »

À des années-lumière du sport et des problèmes de « fumette », c'est vers les sciences politiques que Yelena semble pour sa part avoir trouvé sa voie. Ce qui ne lui interdit pas de s'adonner à diverses activités artistiques. La peinture et la musique, entre autres. Comme pour son aîné, Yannick est tout aussi intarissable lorsqu'il s'agit d'évoquer Néna : « Elle est grande et jolie. Mais je la trouve surtout épanouie, sereine et équilibrée. C'est ça qui me réjouit. Chez les Noah, il y a beaucoup de discussions, de passions ; Yelena est celle qui apaise les débats. Avec leurs mamans, en tout cas, on a tout fait pour que nos enfants soient équilibrés. Par exemple, je ne mets jamais aucune pression sur leur avenir, ils sont responsables de leur destin. Je leur dis toujours : "N'ayez jamais de regrets, et faites ce que vous dicte votre cœur." Après, je peux canaliser leur énergie. Finalement, je ne suis pas un trop mauvais coach. »

Pas plus mauvais que son père, réfugié depuis belle lurette dans son antre familiale de Tongolo, à Yaoundé. Avec lui, Yannick tient à s'entretenir par téléphone aussi régulièrement que possible. L'ancien footballeur en profite pour le tenir au courant de la bonne gestion du club de tennis que son champion de fils, on le sait, a créé une vingtaine d'années plus tôt. Ce qui n'interdit pas à son aîné de séjourner dans le pays de ses racines, deux fois l'an en moyenne. Moins pour ses affaires que pour embrasser Maman N'Gon, sa grand-mère tant aimée, aujourd'hui disparue, et sa demi-sœur Zakia, fille de Zacharie, qui y a longtemps vécu. C'est aussi pour lui l'occasion de se recentrer et de remettre un peu ses priorités en place. « Lorsque je m'installe dans ma maison, je me détends, j'entends des rires, je relativise tout. Je retrouve la légèreté. »

Mais de m'expliquer aussi comment il ne peut imaginer s'y installer un jour définitivement : « Je ne suis pas dans la situation d'un travailleur immigré camerounais ayant passé toute sa vie en France, et dont le rêve est d'aller finir ses jours dans le pays de ses racines. Personnellement, je ne peux pas oublier que je suis né à Sedan, que nombreux sont mes cousins qui y vivent encore. Autrement dit, une partie de mes racines se trouve dans cette région ardennaise. Par ailleurs, si je décide demain d'aller passer dix ans au Cameroun, je sais que viendra toujours un moment où j'aurai envie de retrouver ma campagne des Yvelines. J'aime le soleil et la chaleur, mais je ressens aussi le besoin de me faire un hiver ou un printemps, de retrouver la pluie et la neige. Bref, de rééprouver toutes ces sensations qui me manquent forcément au Cameroun. À l'inverse, lorsque je réside trop longtemps en France, je ressens le besoin de retrouver l'odeur de la terre camerounaise, celle de mon enfance. En clair, j'ai besoin des deux et j'apprécie les deux profondément. »

Le pays de ses racines est aussi parfois la source d'inspiration de ses nouvelles compositions. Car, depuis 2000, il faut l'admettre, la carrière du chanteur Noah s'est pour de bon envolée...

15

Le citoyen-chanteur

1991-2000 : neuf ans déjà que Yannick pousse la chansonnette ou qu'il « fait le chanteur », comme il aime à dire avec humour. Un chemin pas forcément semé de roses, son étiquette de champion ne l'ayant pas nécessairement aidé. En même temps, rien que de banal : la plupart des nouveaux venus dans la variété ne galèrent-ils pas avant d'être reconnus comme d'authentiques artistes ?

Son coup d'essai – *Saga Africa* – a certes été un succès inattendu, mais n'a pas suffi à le rendre crédible (on dit aujourd'hui « bankable ») dans un milieu davantage habitué aux coups médiatiques qu'à une politique de longue haleine en faveur des auteurs-compositeurs.

L'un d'eux l'a parfaitement compris : Jean-Jacques Goldman, qui accepte bien volontiers de donner un coup de pouce à la carrière de l'interprète d'*Ambiance secousse*. Une affaire de famille, en quelque sorte : à l'origine de leur collaboration, en effet, le propre frère de Goldman, Robert, *alias* J. Kapler. Pourquoi ce pseudonyme ? Par goût de la clandestinité, ou « parce qu'il n'aime pas être sur la photo », comme le suggère Noah ? Les deux, probablement, d'autant que son style est fortement imprégné, disent ses détracteurs, de l'influence de son surdoué d'aîné. Car l'autre Goldman est aussi un auteur-compositeur renommé. On lui doit ainsi quelques-uns des plus grands succès des années 1990, dont les interprètes s'appellent Florent Pagny, Céline Dion, Michel Sardou ou encore Roch Voisine. Sans oublier Jean-Jacques qui l'a rapidement engagé comme manager, car l'homme possède aussi des talents de gestionnaire. Notamment à travers sa société de production Music Addict, basée à Montrouge, dans la banlieue parisienne.

Robert Goldman n'est pas un inconnu pour Yannick. La rencontre entre les deux hommes remonte déjà à quelques années. Selon notre héros, elle s'est déroulée lors d'un tennis-concert. D'autres auront suivi à l'occasion de soirées dédiées aux Restos du cœur, auxquelles tous deux participent activement. Il faudra cependant attendre 1999 avant que Yannick demande à Goldman-Kapler d'écrire pour lui et de le produire. Au détriment semble-t-il de son « manager » d'alors, Jean-Pierre Weiller, qui traînera quelques années plus tard son « ami » Yannick devant les tribunaux, ainsi que nous le verrons.

Aussitôt dit, aussitôt fait. Dans les mois qui suivent, Robert et Jean-Jacques Goldman sortent de leurs besaces plusieurs morceaux spécialement composés pour leur nouveau protégé. Yannick se souvient encore du jour où le premier est venu tirer la sonnette de l'appartement de son domicile londonien. Sous le bras : la maquette de l'album composé de chansons spécialement calibrées sur l'univers Noah. Yannick se dit agréablement surpris, mais aussi un tantinet mal à l'aise. Trois heures plus tard, ses doutes sont levés. « J'ai accepté, car les textes et les musiques m'allaient finalement bien. » Rien d'étonnant à cela : tous les morceaux sont inspirés de la vie même du Franco-Camerounais que le duo d'auteurs a épluchée à travers tout ce qui a été dit et écrit sur leur nouveau protégé : portraits, entretiens, émissions de télévision, etc. « Nous avons puisé dans son histoire, confirme Robert Goldman. Pour la plupart des artistes, ce sont les chansons qui créent un lien avec le public. Dans le cas de Yannick, c'est l'inverse : le lien existait déjà. Mais il fallait le mettre en musique. » Tout y passe : ses racines africaines, ses ancêtres, ses propres valeurs : l'amour, les enfants, la famille. Et même une chanson dédiée à son épouse d'alors, Heather Stewart-White. Une « très jolie chanson d'amour, très intime, mais qui n'est jamais sortie », révèle Noah. Avant de m'expliquer comment, quelques semaines avant son enregistrement, son couple avait explosé en vol...

Au total, douze titres sont retenus. La plupart parlent d'eux-mêmes : *Madingwa Africa, Jamafrica, La Voix des sages, Simon Papa Tara*. Ce dernier morceau est dédié, on le sait, au père de Zacharie Noah, autrement dit au grand-père paternel de Yannick, disparu prématurément dans des circonstances tragiques. Contrairement à l'attente de l'auteur et de son interprète qui avaient imaginé le succès de *La Voix des sages*, c'est *Simon Papa Tara* qui va devenir le premier choix des programmateurs de radio. Peut-être à cause de son ton mystique et joyeux ? Probablement aussi à cause d'une confusion de taille, qui ne fut pas dénuée d'importance aux yeux de Yannick : « Un jour, je me trouve au volant de ma voiture et j'entends l'animateur d'une radio lancer *Simon Papa Tara*, qu'il présente comme une chanson de Jean-Jacques Goldman, alors qu'elle a été écrite par Robert. En même temps, ce n'était pas entièrement faux, car Jean-Jacques était lui aussi impliqué dans le projet. Mais le fait qu'on associe son nom à la chanson m'avait aspiré vers le haut. Une sensation très forte... »

Pour les autres titres, et comme l'avait souhaité le chanteur, les rythmes sont festifs, voire résolument afro-reggae. « Le reggae de Bob Marley, ma première référence, et l'Afrique de mes racines », rappelle le petit-fils de Noah Bikié qui, au début des années 1980, avait eu également la chance d'assister au concert que son icône donnait alors au Bourget : « Nous étions tout un groupe d'amis, très loin de la scène, j'avais dansé toute la soirée avec ma copine sur les épaules. De bonnes vibrations nous entouraient. Fabuleuse soirée d'été ! Je me souviens du jour où j'ai acheté un bracelet éponge rasta aux puces de Saint-Ouen. Vert, jaune, rouge. Je volais littéralement sur le court, après. Il avait un pouvoir magique. J'étais Superman !... Bob était le plus grand. Comme l'était pour moi Fela que j'ai souvent vu et entendu chanter, notamment en Afrique. »

Cette même Afrique où Yannick tient à se déplacer pour compléter l'orchestration de son album. C'est à Kribi, station balnéaire de prédilection de la famille Noah durant sa jeunesse camerounaise, que l'interprète va trouver l'ambiance musicale dont il souhaite colorer son opus. En l'occurrence, des chœurs africains et la chorale de Saint-Dominique de l'Enfant Jésus, dirigés par Georges Seba, métis d'origine camerounaise et collaborateur de plusieurs artistes de renom : Deedee

Brigdewater, Alpha Blondy, Céline Dion, Kassav ou encore Nicole Croisille.

Cette présence permanente de chants africains, conjuguée aux mélodies limpides signées Goldman & Co, n'est pas étrangère au succès que va bientôt rencontrer l'album sobrement intitulé *Yannick Noah*. Une exigence de son producteur, pour lequel tout devait être focalisé sur le célèbre patronyme de son interprète. Sous entendu : *exit* le groupe Zam Zam, dont le nom était jusqu'alors indissociable de celui de l'artiste. En quelques semaines, *Yannick Noah* pulvérise les hit-parades de l'Hexagone. Mieux : il restera classé de longs mois parmi les meilleures ventes, pour atteindre plus d'un million d'exemplaires écoulés.

Et ce n'est pas fini. Afin de mieux amplifier ce succès, la maison de disques Sony et le « tourneur » Thierry Suc mettent sur pied une vaste tournée dans toute la France ainsi que dans les pays francophones limitrophes. À chaque étape, la salle qui reçoit l'interprète de *Simon Papa Tara* affiche complet. Rien d'étonnant à cela : il suffit d'assister à l'un de ses concerts pour constater l'ambiance délirante qu'il réussit à y créer. Celle-ci ne doit rien au hasard. Avant d'entrer en scène, c'est chaque fois le même rituel : un bain de foule sur fond musical, et l'amorce d'une communion entre le chanteur et les spectateurs qui ont fait le déplacement. Yannick sourit aux filles, embrasse les minots, se sent désormais totalement à l'aise sur scène.

Il était temps. Et Yannick n'a pas oublié le long chemin parcouru avant d'y arriver. Ce fut d'abord le fastidieux mais indispensable travail sous la direction d'un professeur de chant réputé, Annette Charlot, présentée comme une des meilleures spécialistes du phrasé chanté. Parmi ses élèves les plus célèbres : Julien Clerc, Michel Sardou et Johnny Hallyday, ou encore la comédienne Valérie Lemercier. C'est avec cette talentueuse pédagogue, alors presque octogénaire, qu'il a appris, au fil des semaines, à respirer, à placer sa voix, et surtout à maîtriser sa timidité. « Dès la première leçon, elle m'a dit : "Je vous ai entendu, vous avez une belle petite voix, mais on va essayer de la travailler. Mettez-vous debout, chantez, je vous accompagne au piano." Mais chanter quoi ? "Ce que vous voulez. Vous n'allez pas me dire qu'un grand gaillard comme vous est timide ! C'est très simple, si vous voulez être chanteur, il faut trouver ce qui vous va. Johnny, par exemple, se sent bien après un mois de musculation. Avec Michel Sardou, on a trouvé un truc : il s'habille en noir et il écarte les jambes. Là, il a l'impression d'être un homme..." »

Et Yannick de comprendre à partir de là qu'il lui faudra aussi accepter désormais d'être soi, purement soi. « Au début, je chantais comme quelqu'un d'autre, je faisais des reprises. J'adorais les rockers, mais je n'étais pas un rocker ! Ça m'a pris beaucoup de temps, pratiquement dix ans, pour trouver ma voie, une façon d'interpréter qui me ressemble. Depuis longtemps j'avais envie d'exprimer certains sentiments, certaines faiblesses. J'y serais parvenu, mais à quel prix ! »

Après un enregistrement *live* de l'un de ses concerts, reprenant la plupart des titres du *Yannick Noah*, et après une tournée à succès, triomphale, en 2002, où on l'a vu se produire dans les plus grands festivals – Francofolies, Paléo, Nyon et Spa –, Yannick décide de s'accorder une année sabbatique. Enfin presque, car le voici qui s'attelle bientôt à la confection d'un autre album original...

Très attendu, *Pokhara* tombe dans les bacs des disquaires au printemps 2003. *Pokhara ?* Le nom d'une ville du Népal, au pied de l'Annapurna, où le globe-trotter s'est rendu quelques mois auparavant afin d'y puiser l'inspiration de son futur opus. « C'est un lieu magique, perdu dans les montagnes, une petite ville au nord de Katmandou, un endroit où on a passé, mes musiciens et moi, des moments très forts », décrit-il. De fait, Yannick et ses amis auront passé une dizaine de jours dans les montagnes népalaises où séances de travail et tournage d'un clip auront alterné avec du trekking. De longues marches que l'athlète effectue sac au dos et pieds nus, comme le montrent plusieurs photographies reproduites en couverture et dans le copieux livret inséré dans son album. Sa façon à lui de se ressourcer dans un environnement exceptionnel. Des instants de solitude et d'une rare plénitude, à peine perturbés par des rencontres avec des Népalais aux sourires et aux regards formidablement rassurants : « Je me disais : si eux sont heureux et que moi je n'y arrive pas, je suis le roi des cons ! »

Autant dire que les morceaux composant l'album exaltent une fois encore la fraternité, la quête du bonheur, la foi, ces valeurs du bouddhisme tibétain dont il se dit toujours proche. Ainsi de *Si tu savais*, qui débute par ce quatrain : *Si tu savais mon frère / Ce qu'ensemble veut dire là-bas / Au cœur des monastères / Les dieux s'inclinent devant tant de foi.*

Pour les paroles et la musique, le chanteur-philosophe a de nouveau fait appel à Robert Goldman-Kapler qu'une équipe sera venue épauler, composée de Jacques Veneruso, Gildas Arzel et Erick Benzi, trois auteurs-compositeurs confirmés qui travaillent depuis de longues années avec la fine fleur de la variété francophone. Ce trio d'amis inséparables a fait un temps partie du même groupe, baptisé Canada. Celui-ci connut son heure de gloire en 1987 avec le tube *Mourir les sirènes,* avant de se séparer puis de se reconstituer en 2007 sous le nom d'El Club. Eux aussi sont des potes de Jean-Jacques Goldman à qui ils ont inspiré bon nombre de succès. Quant à celui de *Pokhara,* il ne se fera pas non plus attendre : six mois après son lancement, l'album est sacré « disque de diamant » (plus d'un million d'exemplaires).

Comme il fallait s'y attendre, deux titres retiennent surtout l'attention des programmateurs de radio, et, par là, l'oreille du public. En particulier *Si tu savais,* qui a été concocté par Robert Goldman. Il ouvre l'album et, par là, donne le ton à l'opus. En voici le dernier quatrain : *Si tu savais / Il suffit de donner / Si tu savais / Aimer c'est partager / Le bonheur, c'est partager.*

Des paroles que n'aurait pas désavouées Johnny Hallyday qui, pour fêter cette année-là son soixantième anniversaire, va mettre le feu au Stade de France et dans une dizaine de villes de l'Hexagone. Des dates programmées par le producteur du maître du rock français, Jean-Claude Camus, dont la fille, Isabelle, partagera bientôt la vie de Yannick. L'idylle s'est nouée lors d'un récent concert des Rolling Stones à l'Olympia. La nouvelle dame de cœur donnera naissance en septembre 2004 à un petit Joalukas. Entre-temps, le compagnon chanteur de la productrice de télé – *Un gars, une fille*, sur France Télévisions – a assuré la première partie des spectacles de Johnny.

Au départ, dans l'entourage du Franco-Camerounais, on n'est pas franchement emballé par le projet. Ce que me confirme Yannick soi-même : « On estimait qu'en termes de plan de carrière, cela ne m'apporterait pas grand-chose. Mais, personnellement, l'idée me séduisait. Avec Johnny, nous nous étions croisés quelquefois. Puis, j'en entendais souvent parler par Jean-Claude Camus. De grandes envolées d'amour qui me plaisaient. Dans un premier temps, j'ai trouvé la proposition de Johnny assez chic. Dans un deuxième temps, j'ai estimé que le challenge n'était pas évident. Se retrouver en première partie du spectacle d'un tel monstre sacré représentait sans nul doute un risque pour moi. » Sous entendu : comment vont réagir les fans du dieu Johnny ? À son grand soulagement, Yannick, qui assure les levers de rideau, va s'attirer davantage d'applaudissements que de sifflets. Un signe qui ne trompe pas la bête de scène qu'est Johnny : « Les spectateurs l'ont regardé au début avec curiosité, et ils ont vite accroché. C'est un authentique showman, très cool, plus près de Marley que de Hendrix. On n'a pas sans raison, et à ce point-là, la sympathie du public. »

Au terme de son exténuant périple, et à raison de quarante mille spectateurs en moyenne par stade, ce seront au total près de huit cent mille personnes qui auront souhaité « bon anniversaire » à l'inusable roc de la variété hexagonale. Et qui, par ricochet, auront réservé un fabuleux accueil à son ami Noah, qui a si bien su chauffer l'enceinte des stades avant l'apparition de leur idole. « En définitive, tout s'est bien passé, artistiquement parlant », me confirme Yannick. Avant de nuancer son propos lorsqu'il me dit avoir regretté l'absence de complicité avec l'inoxydable rocker, tout au long de leur tournée-marathon : « C'est vrai que j'ai ressenti une légère déception. Personnellement, je fais un tout avec mon équipe. On s'éclate en musique, mais aussi sur le plan humain. On se connaît bien et on s'apprécie. Je pensais que ce serait la même chose avec Johnny, qu'on allait pouvoir passer un peu de temps ensemble. L'organisation d'une tournée le permet. En fait, nous ne nous sommes quasiment jamais vus. Avant le concert, Johnny ne voit personne. Et après pas davantage. Avant de monter sur scène, il était en pleine tension, alors que nous, nous décompressions. Finalement, nous n'avons rien partagé. J'étais déçu, car j'avais très envie de le rencontrer. Quelques années plus tard, il semble qu'il m'en a voulu après l'une de mes déclarations sur ces stars qui se réfugient en Suisse pour raisons fiscales. J'en faisais partie, puisque j'ai vécu deux ans à Montreux à la fin des années 1980. Mais j'en étais revenu. J'ai sorti quelque chose comme : "Moi, je ne me mélange pas avec ces gens-là !" Il a pris cela pour lui, et m'a fait part de sa contrariété. À mon tour, je lui ai fait dire que ma déclaration ne le visait pas personnellement. Cet incident mis à part, je crois qu'il m'aime bien... »

Le succès commercial de *Pokhara* aidant, le producteur et le tourneur de Yannick peuvent envisager une nouvelle tournée, mais dont leur poulain sera cette fois l'unique vedette. Arrêtée pour l'année 2004, celle-ci va lui permettre de se montrer sur les scènes des plus grands festivals. Le coup d'envoi est prévu en mars au Zénith de Lille, pour s'achever en juin à Nice. Entre-temps, la petite troupe de musiciens et la vedette voyageront à bord d'un bus à impériale dans une ambiance de folie. Au total, ce sont près de soixante-dix concerts que Yannick et ses « frères » Zam Zam auront assurés avec le même enthousiasme, et, ce qui ne gâte rien, à guichets fermés – soit près d'un demi-million de spectateurs.

À chaque étape, Yannick éprouve le même plaisir à se retrouver devant un public conquis. À la sortie, les mines réjouies témoignent de ce bonheur. Le moins surpris n'est pas celui qu'on pense. « Avant chaque concert, j'entends les gens crier mon prénom – "Yannick ! Yannick !" – et j'en suis bouleversé, me confie ainsi l'icône métisse. Je n'y crois pas. Je ne m'y fais pas. J'ignore pourquoi ils m'appellent ainsi. Je trouve ça presque pas normal. Mais j'apprécie d'autant plus. Le doute, la remise en question constituent pour moi une démarche naturelle. C'est vrai que je fonctionne beaucoup à l'instinct. J'ai toujours une petite sirène qui m'avertit que les choses vont marcher ou pas. Parfois, cela paraît facile, alors que ça ne l'est pas. Lorsque cela paraît facile, ce n'est pas normal. En fait, chaque jour est un nouveau défi. »

D'autant plus lorsqu'il interprète avec sa voix suave certains titres méconnus de ses deux derniers albums. Ainsi de *J'aime les gosses*, qu'il avait commandé à son ami Benzi. À en croire ce quadragénaire marseillais, paroles et musique seraient venues toutes seules, comme une évidence. Bref, un jeu d'enfant, si l'on ose dire : « Il suffit de passer une journée avec Yannick pour voir combien les gosses sont émerveillés devant lui. Il leur donne spontanément du courage, il sait jouer avec eux. Les mômes en ont de la lumière dans les yeux... » Et il est bien vrai que si Yannick aime les enfants, ceux-ci le lui rendent bien.

Une autre heureuse surprise attend le public lorsque la star lui propose sa version personnelle du célèbre morceau écrit par Georges Brassens : *Dans l'eau de la claire fontaine*. Paradoxalement, ce n'est pas Noah qui a eu l'idée de l'inclure dans son répertoire, pour la bonne raison que la chanson, aussi curieux que cela puisse paraître, ne lui était jamais revenue aux oreilles. Mais Robert Goldman a trouvé le texte de Brassens en parfaite adéquation avec la tonalité de *Pokhara*. Dans un premier temps, Yannick s'est déclaré sceptique : « Je lui disais : “Attends, c'est quoi, ce délire ? C'est quand même une chanson de Blanc !” L'album était déjà terminé, en plus ! Et puis, j'ai écouté... je suis tombé sous le charme de la mélodie, je l'ai chantée et rechantée, et je me suis régalé ! »

Les quatorze mille spectateurs qui se déplacent au Palais omnisports de Paris-Bercy espèrent bien, eux aussi, se régaler du concert que Yannick leur offre en ce début d'octobre 2004. Mais déjà plusieurs dizaines de fans se mettent à scander son prénom « Yannick ! Yannick ! », tandis que d'autres, impatients, frappent dans leurs mains et tapent des pieds. Comme les plus grands, le Franco-Camerounais fait attendre son monde. Puis la musique rythmée et sensuelle éclate soudain dans la salle et le voici qui déboule sur scène. Sous un déluge d'applaudissements, il se déhanche. L'assistance continue à l'ovationner. Yannick parle et on l'écoute, captivé par son murmure nonchalant. Puis il entonne en camerounais *No Melene Me Ziga Nda,* un résumé en deux phrases du parcours d'un homme à la fois pudique et heureux : « J'ai tracé ma route, voilà où j'en suis... Je ne suis que ça... »

Moitié d'une chose, moitié d'une autre, aurait pu ajouter Noah qui l'exprimera à sa façon avec la sortie, à l'été 2005, de son album suivant, *Métisse(s).* C'est également le titre du morceau qui ouvre l'opus et qu'il interprète en duo avec Disiz la Peste. La rencontre entre les deux hommes ne doit rien au hasard. À en croire Yannick, son ami, de son vrai nom Serigne M'Baye Gueye, né dans le quartier des Épinettes-Aunettes, à Évry, de parents sénégalais, est l'un des symboles de ces jeunes insurgés des banlieues dont il conçoit la colère. « Derrière quelques gamins excités brûlant des bagnoles, affirme-t-il, c'est toute la société qui flambe. » « En France, on n'a pas beaucoup de héros colorés qui vivent bien leur différence sans être forcément dans le revendicatif ni dans le consensuel », complète de son côté le rappeur vedette. Avant d'expliquer à son tour les raisons de l'admiration qu'il voue à son aîné : « Noah n'a jamais eu de complexe d'infériorité, contrairement à nous, gamins métis des banlieues. Il portait des locks, fumait, semblait dire à tous : “Je vous emmerde ! ”, remportait Roland-Garros, s'improvisait chanteur et insistait, même si ça ne marchait pas. »

En l'occurrence, *Métisse(s)* va marcher au-delà des espérances du producteur Goldman et de la maison de disques Sony avec laquelle Yannick est également sous contrat. L'album atteint les trois cent mille exemplaires vendus malgré les nombreuses reprises – certes, en *live* – de son précédent opus. Un succès comparable à celui réservé à son album suivant, *Charango*, concocté avec les mêmes compères (Goldman-Kapler, Veneruso et Arzel), qui grimpera facilement aux premières places du Top 10 de 2006, avant d'être sacré disque de diamant l'année suivante. Un triomphe qui le transforme en troisième, puis deuxième meilleure recette du show-biz français. Les revenus du chanteur sont alors estimés à plus de deux millions d'euros. Et comme un bonheur ne vient jamais seul, voici Yannick désigné par les sondages comme le personnage préféré des Français ; il devance pour la première fois l'ex-footballeur Zinedine Zidane et le chanteur Sardou.

L'état de grâce perdure pour l'ancien tennisman reconverti dans les accords. Drôle, doué, humble et charismatique, la nouvelle star de la variété plaît à tous, sans pourtant faire œuvre de renouvellement. Car, là encore, avec les textes de *Charango*, du nom d'un instrument des Andes, ce sont les mêmes messages humanistes – partage, paix et tolérance – qu'il tente de faire passer. « C'est un moment de respiration, de trêve, se justifie-t-il. Le texte doit inspirer l'atmosphère : le calme ou le rythme, selon les morceaux. Mais il s'agit toujours, il est vrai, d'envoyer un message optimiste. »

Une nouveauté, toutefois, lorsqu'il prône l'urgence du réveil écologique avec la chanson *Aux arbres citoyens*, signée Cyril Tarquiny et Christophe Battaglia, apparenté à Erick Benzi. Celle-ci débute ainsi : *Le ciment dans les plaines / Coule jusqu'aux montagnes / Poison dans les fontaines / Dans nos campagnes...* Puis revient l'appel noahsien, un brin inspiré de l'hymne national : *Aux arbres, citoyens ! Il est grand temps qu'on propose / Un monde pour demain !*

Dans la foulée de la sortie de *Charango*, et comme il l'a fait deux ans auparavant, Yannick entame une série de spectacles qui lui feront parcourir les scènes de France en passant par la Suisse et la Belgique. Un périple exténuant qui va durer huit mois, sur cent quatre-vingts étapes, toutes saisies à chaque fois d'une véritable « noahmania ». Son secret ? Il se résume en quelques mots : simplicité, grand cœur et douceur, ces mêmes qualités qui émanent de ses chansons. Pour lui, quel bonheur d'entendre le public reprendre en cœur ses refrains ! Il est vrai aussi qu'il se démène comme un beau diable pour mettre de l'ambiance. Il apprend à son public à chanter, à faire des « ahhh », des « ohhh », des « ehhh », des « yeah, yeah », à se bouger le popotin et à taper dans ses mains. Bref, pas question de s'ennuyer avec ce grand frère, ce pote, cet homme doux et vigoureux qu'on vient applaudir en famille. Pour tous, il est le super héros consensuel et fédérateur.

Super héros ? Enfin, pas toujours... Ce deuxième jour d'avril 2008, tout commence bien dans la salle de spectacle bruxelloise de Forest National. Une fois encore, Yannick se produit à guichets fermés. Après plus de deux heures de show au cours desquelles le chanteur a enchaîné les titres en toute décontraction et dans une ambiance surchauffée, le public se déclare ravi. Jusqu'au moment où il décide de jouer les prolongations. À l'évidence, il a envie de faire la fête. Non prévue au programme, le voici qui entonne une reprise du groupe Téléphone, *La Bombe humaine*, puis c'est au tour de ses musiciens et choristes – neuf au total – de pousser la chansonnette. Une première heure passe ainsi avec un spectacle aux allures de radio crochet. Probablement las ou prévoyants, de nombreux spectateurs commencent à quitter la salle. Ils ne sont plus qu'une centaine lorsque les techniciens entourant la scène commencent à trouver la fête un tantinet longuette. La star les rassure : « On paiera les heures sup' ! », tout en exigeant qu'on éteigne les *sunlights*. Les mêmes hésitent et n'apprécient guère les invectives qui suivent. « Ta gueule ! » lance ainsi Yannick à l'un d'eux qui le prie poliment de terminer son show. Pour l'artiste, il ne s'agit pas là d'une insulte, mais d'un *running gag*. En clair, un comique de répétition, puisqu'il a déjà utilisée l'injure en cours de spectacle. Puis, visiblement éméché – si l'on en croit une vidéo amateur diffusée sur le Net, au cours de laquelle il annonce une pause pour « aller boire un coup » – le voici qui poursuit son concert improvisé en jouant les choristes sur un titre qui fait délirer les rares spectateurs encore éveillés : *Mets ton doigt dans mon c...* Bonjour, la poésie ! Et d'enchaîner avec d'autres titres aussi « engagés » – même Annie Cordy, la plus française des chanteuses belges, aura droit à un hommage avec sa célèbre *Bonne du curé* – pendant une demi-heure encore, avant de jeter définitivement l'éponge, au grand soulagement des techniciens et autres agents de sécurité. Ceux-ci estiment qu'il vaut parfois mieux savoir s'arrêter à temps... ou que le chanteur aurait été mieux inspiré de répandre *La Voix des sages*, comme dit si justement son tube...

De son propre aveu – et hormis bien sûr cette fausse note belge –, si Yannick aime la scène, c'est d'abord pour cette communion avec un public sans cesse renouvelé. Mais c'est aussi pour l'immense sentiment de liberté qu'elle procure, ce soulagement de ne pas être seul, contrairement à ce qu'il a vécu, parfois de façon douloureuse, sur les courts de tennis. C'est enfin la possibilité de pouvoir organiser sa prestation à sa guise, comme en ces moments d'improvisation qui le voient délaisser son répertoire personnel pour interpréter des titres signés des plus grands noms de la variété. Ainsi des morceaux intitulés *Le vent nous portera* (Noir Désir), *Roxane* (Police), *Highway To Hell* (AC/DC), *Satisfaction* (Rolling Stones), ou encore celui de son chanteur fétiche, Bob Marley : *No Woman, No Cry*. Façon de faire partager ses goûts et de surprendre un public qui ne se fait guère prier pour reprendre en chœur ces standards musicaux.

Mais Yannick sait le récompenser lorsqu'il multiplie à son intention les apartés, le plus souvent emplis d'humour. Ainsi de cette soirée au Zénith de Caen où, dans la chaleur étouffante d'une soirée estivale, il en fait la remarque à sa manière : « Il doit y avoir un microclimat, ici, c'est pas possible ! » Et, comme à chacune de ses interventions, le public en délire ne peut s'empêcher de scander : « Yeah ! Yeah ! »

À d'autres moments, c'est un homme de scène plus grave qui prend la parole. Lorsqu'il aborde ainsi, sans se prendre toutefois au sérieux, ses thèmes récurrents : la fraternité, l'antiracisme, sa volonté d'offrir un monde meilleur aux enfants, ou encore sa version revue de *La Marseillaise*... Bref, lorsqu'il confie ses doutes et ses révoltes d'homme engagé. Cette même conscience citoyenne qui le pousse à participer à divers festivals à vocation humanitaire.

En septembre 2007, c'est par exemple le cas à Stavelot, du nom d'une petite ville francophone de Belgique où il est l'invité vedette d'Afro'diziak. Au-delà de l'événement festif et musical annoncé par ses programmateurs qui ont inscrit ce festival dans une démarche volontariste, pluriculturelle, prônant les métissages et la tolérance, Yannick a donné son accord pour qu'une partie des recettes de son concert soit distribuée entre diverses œuvres dont les noms constituent aussi tout un programme : Médecins du désert, Cap Sud, l'Association des Femmes d'ici et d'ailleurs, ou Couleur café...

Les grands élans de générosité envers les plus démunis n'évitent pas certains déboires. Comme en ce jour de la même année 2007, lors du concert donné à Nantes par les Enfoirés au profit des Restos du cœur. C'est une fois encore un gros succès populaire : près de soixante mille entrées, mais aussi l'occasion d'un malheureux couac, vite dénoncé par Yannick. Comme d'habitude, les producteurs de la soirée ont prévu d'héberger les artistes venus chanter bénévolement à proximité du lieu de la fête. Mais c'était sans compter avec les exigences des trente-six vedettes qui ont choisi de s'installer à plusieurs dizaines de kilomètres de là, en l'occurrence dans le décor de l'Hermitage, le luxueux palace de La Baule. Difficile, pour les organisateurs, de leur opposer un refus et de ne pas prévoir un car pour rembarquer la petite troupe de stars, une fois le rideau tombé. De car, pourtant, Yannick ne veut pas entendre parler ; et de le clamer haut et fort, lorsqu'on l'informe de la destination finale du voyage : « Je viens chanter bénévolement pour les Restos du Cœur, je ne vais tout de même pas en profiter pour aller me faire héberger dans un palace pour milliardaires ! » Puis de tourner les talons pour s'engouffrer dans une voiture amie qui le déposera quelques minutes plus tard devant l'entrée d'un hôtel Mercure, à Nantes, d'où il repartira le lendemain après avoir réglé la note de sa poche...

Un coup de gueule justifié ? Difficile à dire, puisque, quelques jours plus tard, Yannick rectifiera le tir au micro d'une radio privée, affirmant être resté dans l'ignorance des tarifs préférentiels accordés à la troupe des Restos par le fameux palace de La Baule. Façon diplomatique d'éviter une polémique forcément nuisible à l'œuvre humanitaire ? L'histoire ne le dit pas. À noter toutefois qu'en mars 2008 la star manquera à l'appel de la nouvelle tournée intitulée « Les Secrets des Enfoirés ». Une absence remarquée, à laquelle la star ne fournira aucune raison officielle. De là à voir une ombre de rancune à la suite de la polémique de l'année précédente...

La polémique, difficile à Yannick d'y échapper lorsqu'il décide de s'envoler, cette même année 2007, pour le Cameroun. Deux concerts y sont prévus : à Yaoundé, la ville de sa jeunesse, et à Douala, la cité portuaire où plusieurs dizaines de journalistes attendent avec impatience la conférence de presse précédant son spectacle. L'humeur des reporters n'est pas franchement à l'enthousiasme. Les premières questions fusent sous forme de griefs. On trouve ses engagements humanitaires trop « blancs », on lui reproche de ne pas faire une musique suffisamment africaine, bref, ne pas être africain. Mais le Franco-Camerounais n'est pas homme à se laisser faire et rend coup pour coup. À un impertinent qui le brocarde sur son argent distribué avec parcimonie aux Camerounais, celui qui se définit comme un « guerrier pacifiste » réplique du tac-au-tac, avec l'accent camerounais de son enfance : « Mais qu'est-ce que je te dois, à toi ? ».

L'adage est bien connu : nul n'est prophète en son pays. Et il n'y a pas de raison que Yannick y échappe, même s'il considère poétiquement que son pays à lui est « ailleurs ». D'origine franco-gabonaise, l'insolite et talentueux auteur-compositeur-interprète Jann Halexander, qui fait quelques années carrière en France, se souvient lui aussi du malaise parfois ressenti au sein de sa communauté, lors des apparitions sur les petits écrans de l'ancien tennisman devenu chanteur à succès : « En 1991, dans les pays africains francophones, il a été difficile d'échapper au matraquage de *Saga Africa*, diffusé sur les chaînes câblées et très regardées CF I et TV 5. Mais les réactions étaient mitigées. J'avais neuf ans et je me souviens que de nombreux Gabonais, parmi lesquels pas mal de collègues de travail de mon père, faisaient carrément la tronche lorsqu'ils voyaient Noah apparaître dans la petite lucarne. Notamment ce jour où il a entamé sa danse particulière, façon chenille, suivi par des Blancs tout excités, comme en quête d'exotisme bas de gamme, de sensations fortes "à l'africaine". En fait, rares étaient les membres de mon entourage qui portaient de l'estime au personnage et à ce qu'il représentait. La plupart jugeaient ses prestations télé définitivement pathétiques, et comparaient ses chansons à des patchworks aseptisés dont les rares rythmes africains n'étaient là que pour attirer l'oreille des Occidentaux. Ce qui n'était pas le cas, en revanche et tout naturellement, des membres de la communauté française vivant à Libreville, qui se déclaraient fans à l'écoute de ses albums. En même temps, il est métis, comme moi, et semble avoir plutôt bien réussi sa vie – réussi à être ce qu'il est, c'est-à-dire épanoui. »

Épanoui, certes, mais parfois très contrarié par certaines mœurs de ses amis africains. À l'automne 2006, l'affaire fait ainsi les choux gras de la presse camerounaise : Noah aurait perçu dix-sept millions de francs CFA pour avoir participé à la préparation psychologique des Lions indomptables, l'équipe nationale de football qui vient de participer à la récente Coupe d'Afrique des nations (CAN). En France où il est en tournée, l'ancien champion tombe des nues à l'écoute du compte rendu du « scandale » que lui fait son père Zacharie depuis Yaoundé. Que faire, que répondre ? interroge Yannick. Ne rien dire serait sans doute la meilleure attitude, mais, dans ce cas, ses détracteurs auraient beau jeu de répondre d'autres allégations. Après réflexion, les deux hommes décident donc de répondre à leur tour en montant au créneau médiatique. À Zacharie de multiplier, au cours des jours suivants, les entretiens avec la radio locale, ainsi que dans les colonnes du *Messager*. Devant le journaliste de ce quotidien réputé pour la qualité de ses reportages, l'ancien footballeur se fait le porte-voix de son célèbre rejeton, affirmant que Yannick n'a accepté sa nomination qu'à la seule condition « de ne pas entrer dans les lignes de rémunération de la Fécafoot », la Fédération camerounaise de football. Et de rapporter le contenu de ses échanges avec son aîné, à l'évidence froissé par cette publicité dont il se serait bien passé : « Papa, tu leur répètes – et je le ferai moi-même quand le moment sera venu – que je n'ai rien touché et que je ne veux absolument rien toucher ! Je ne vois pas pourquoi je servirais d'appât à des gens pour dix-sept millions. Je ne vois pas pourquoi je demanderais ces mêmes millions pour la CAN qui s'est déroulée au Caire, alors que je n'y étais pas ! »

Tandis que d'autres y étaient, aurait pu ajouter l'athlète-chanteur, visiblement remonté contre certains dirigeants et cadres du ministère des Sports de son pays. L'argent aurait-il été détourné, sur son dos, parmi les hautes sphères du pouvoir ? C'est la thèse que reprennent bientôt plusieurs titres, jubilant dans leur rôle de justiciers. Pour mieux dévoiler le pot aux roses : oui, des sommes ont bien été débloquées au titre du billet d'avion de Noah pour l'itinéraire Tunis-Le Caire-Paris-Yaoundé ; oui, plusieurs millions de francs CFA ont été prévus pour rémunérer le préparateur psychologique ; mais voilà le hic : Yannick a lui-même payé de sa poche ses voyages, et il était absent lors du tournoi de la CAN. Alors ? Rien, si ce n'est qu'aucune des sommes – l'équivalent de 25 000 euros – prétendument déboursées au profit du Franco-Camerounais n'est revenue dans les caisses de l'État. Qui en aura profité ? L'histoire ne le dit pas. Seule certitude : la vive contrariété exprimée du côté du ministère camerounais des Sports à la suite de cette « sortie médiatique » de la famille Noah... Et de Yannick en particulier, qui, désormais, ne manquera jamais une occasion de dénoncer les dérives du pouvoir en place : « Un des pays les plus corrompus au monde où il n'y a vraiment pas grand-chose, où tous les gosses, plus mignons les uns que les autres, ont tous des gros ventres parce qu'il y a des problèmes de malnutrition... »

Le ministre des sports camerounais a finalement été remercié : les 200 000 euros qu'il déclarait avoir versés à Yannick Noah avaient en réalité été détournés à son propre profit.

De l'argent qui corrompt, de l'argent qui achète, de l'argent qui écrase, pour paraphraser l'ancien président de la République François Mitterrand, Yannick n'a pas fini pour autant d'entendre parler. Ainsi lorsque, au printemps de 2008, il devient lui-même la cible d'un de ses anciens managers...

16

Une regrettable affaire

De cette saga judiciaire, celui qui est devenu depuis quelques années le chouchou des Français se serait bien passé. Yannick s'en passe d'ailleurs en partie lorsque, ce lundi 3 mars 2008, il préfère briller par son absence sous les lambris de la chambre civile du tribunal de grande instance de Paris où les magistrats l'ont convoqué. Il est vrai que nous sommes alors en pleines vacances scolaires et que Noah, en père attentif, a préféré accorder son temps précieux à ses enfants. En revanche, ses avocats, eux, sont bien présents, et auront beau jeu de faire entendre sa version des faits qui lui sont reprochés. Ces mêmes faits sur lesquels la star a toujours refusé de s'exprimer publiquement. Exception faite lors de notre rencontre réalisée dans le cadre de cet ouvrage et sur laquelle je reviendrai après en avoir exposé les éléments.

Le dossier en question ? Il tient en quelques lignes : le manager Jean-Pierre Weiller s'estime floué par l'artiste Noah dont il affirme avoir géré les affaires musicales entre 1998 et 2001. Pour ce motif, il lui réclame le paiement de son dû dont il a fixé lui-même le montant : la bagatelle de 459 943 euros...

L'audience est ouverte. Bille en tête, les avocats de l'artiste, Simon Tahar et Barbara Rosnay, jugent « outrancières » les prétentions de Weiller. Avant d'argumenter. De fait, martèlent-ils, aucun accord signé n'a jamais lié les deux hommes, si ce n'est une lettre que leur client a adressée, en juin 2001, pour signifier son congé à celui qu'ils définissent comme une simple « courroie de transmission des informations données par les uns aux autres ». Les uns et les autres ? L'explication suit lorsqu'ils désignent Robert Goldman, le producteur de Noah, les patrons de la maison de disques Sony, et Thierry Suc, dont la société, TS3, organisa les tournées du chanteur à travers la France.

Simple courroie de transmission ? Plusieurs mois après le procès qui l'a opposé à son « ami » Yannick, Jean-Pierre Weiller n'en revient toujours pas. Au cours de notre entretien, cet affable quinquagénaire se dit « blessé, humilié » par ce portrait caricatural.

Pour Weiller, né d'une mère normande et d'un père alsacien, tout commence au début de l'été 1998. Par l'intermédiaire d'une relation professionnelle, le voici sollicité par des membres de Zam-Zam, le groupe musical de Noah, alors à la recherche d'un manager capable de relancer leur carrière musicale. Après les échecs cuisants des premiers albums, ceux-ci ont en effet bien du mal à se faire admettre dans la grande famille de la variété française. Ce n'est pas pourtant faute, pour leurs précédents managers, d'avoir essayé. Parmi eux, Mourad Malki qui travailla deux ans et demi à leur côté durant la calamiteuse épopée d'*Urban Tribu*. Dix ans après leur séparation à l'amiable, ce professionnel réputé du showbiz hexagonal analyse les raisons des échecs à répétition de son ancien poulain : « Yannick n'est pas un créatif, mais un interprète. Les musiciens qui l'entouraient non plus, mais ils feignaient de l'être. Cela, Yannick avait du mal à le comprendre, parce que c'est un affectif, parce qu'il voulait avant tout s'éclater avec une bande de potes. Mais, sur un pur plan artistique, c'était n'importe quoi. Le problème entre nous est né de là. Deux approches différentes du métier : Yannick, qui reste pour moi un humaniste extraordinaire, mais qui est alors phagocyté par de plus ou moins bons musiciens qui se la jouent ; et moi, qui suis à la recherche d'authentiques concepteurs, susceptibles de mettre en adéquation une création musicale originale et un personnage tout à fait fascinant. Ce que Weiller réussira magistralement grâce à ses relations et à son carnet d'adresses fourni, et parce que c'est un visionnaire... »

Peu banal, en effet, l'itinéraire de ce passionné de musique, d'abord bassiste dans un groupe de jazz rock, avant de devenir « label manager » chez Philips-Phonogram. C'est à ce moment-là, à la fin des années 1970, que Weiller fait la connaissance de Bob Marley à Londres où le chanteur jamaïcain enregistre ses premiers succès. Amitié aidant, c'est encore lui qui a accompagné en 1981 la dernière tournée en France du prince du reggae, lequel va décéder peu après à Miami d'un cancer.

Miami est aussi la destination que choisit de rallier Weiller. En souvenir de son idole, certes, mais aussi parce que son épouse en est originaire. En Floride, le Français lance sa propre société, Europa, destinée à faire découvrir les artistes européens : le violoniste et jazzman Stéphane Grappelli, le groupe anglais National Health, entre autres. Au fil des mois, le succès de son entreprise – une vingtaine de distributeurs à travers le pays – attire l'attention du créateur d'Island Records, Chris Blackwell, que le Frenchie connaît déjà ; le Jamaïcain est le découvreur et le producteur du regretté Marley.

À New York où il s'est entre-temps installé, Weiller se voit confier un poste au sein d'Island, réputée pour son indépendance et son flair musical. Le succès aidant, Blackwell, francophile comme pas un – il est vrai qu'il a longtemps été le compagnon attitré de Nathalie Delon –, insiste pour que Weiller retourne à Paris afin d'y créer une filiale. Island Records France est née.

L'Amérique n'est pas oubliée. En 1985, il y retourne ainsi pour une mission que vient de lui confier Jack Lang, alors ministre de la Culture du gouvernement socialiste dirigé par Pierre Mauroy. Le résultat : un rapport dédié aux industries musicales aux États-Unis.

Entre-temps, l'industrie musicale anglo-saxonne a continué à se développer sous la forme et l'effet des concentrations. Island Records est ainsi récupérée par la major Polygram avant d'être à son tour absorbée au sein du groupe Universal. Un mauvais coup pour Weiller qui décide de retourner à Miami comme manager d'artistes, via une nouvelle société baptisée Uno Mundo. Mais l'affaire tourne court, suite au « pétage de plombs » de son principal interprète. C'est à ce moment-là que Jean-Pierre Weiller est une nouvelle fois de retour à Paris pour y faire la connaissance de Noah.

La rencontre a été organisée par François Guibbaud, le cousin guitariste de Yannick, et se déroule dans le cadre du café branché Zébra, dans le XVIe arrondissement. Nous sommes en 1998 et la maison de disques East West, avec laquelle le Franco-Camerounais est sous contrat, vient de produire l'album éponyme *Zam Zam*. Seul hic : le succès tant escompté se fait attendre.

Entre Yannick et son nouveau manager, bientôt baptisé à l'américaine « JP » (pour Jean-Pierre), le contrat est clair : à Weiller de mettre à profit sa notoriété et ses nombreuses relations dans le show-biz pour booster sa carrière de chanteur, en contrepartie d'une rémunération fixée, toujours selon Weiller, à 20 % sur les albums et les spectacles à venir. À commencer par cette tournée organisée sous l'égide de la FNAC afin de promouvoir *Zam Zam*. Mais c'est compter sans la frilosité des patrons d'East West qui ne souhaitent pas investir, comme Weiller l'imagine, sur Yannick et sa bande de musicos. Pour le manager, c'est là un motif de rupture qu'il a tôt fait de négocier, et de façon plutôt avantageuse pour son nouveau poulain.

Exit, donc, East West, mais pour quoi faire et avec qui ? Les réponses de l'homme d'affaires, au réseau relationnel étendu, sont déjà prêtes lorsqu'il joint Noah, qui réside alors à l'étranger. Selon lui, il est indispensable de s'associer à des auteurs de talent et à une compagnie de disques digne de ce nom, susceptibles d'insuffler l'élan nécessaire à leurs projets communs. Les candidats ? JP a son idée sur la question, mais, il le sait, le chemin est toujours long avant de parvenir à un accord.

En attendant, il se débrouille pour dénicher un nouveau promoteur de spectacles qui accepte de travailler sans l'aide d'une maison de disques. L'oiseau rare lui apparaît sous les traits de Sylvain Mustaki, à la tête de C2B, prêt à donner sa chance au tennisman qui veut devenir chanteur. Et, à entendre Mustaki, la partie est loin d'être gagnée pour atteindre les premières places des hit-parades : « C'était le difficile début de la carrière scénique de l'artiste, et il y avait des efforts à déployer en tous domaines. » Mais, comme il faut bien commencer par quelque chose, le voici qui met sur pied une série de concerts à travers la France, dont l'intérêt est moins de gagner de l'argent que d'aguerrir le débutant. Sur l'affiche, son nom apparaît enfin en aussi gros caractères que celui de Zam-Zam, ce qui n'était pas le cas jusqu'alors, au grand dam de Weiller qui, dès le départ, estimait plus habile de mettre en avant le patronyme de l'ex-champion de tennis, plus vendeur que celui de son groupe.

Au début de 1999, cette première tournée new-look n'est pas encore achevée quand Weiller n'est pas peu fier de faire part à son nouveau boss des premiers résultats de ses démarches. Dans sa besace, plusieurs bonnes nouvelles. C'est d'abord la réaction positive d'Olivier Montfort, le PDG de Sony Music, qui se déclare vivement intéressé par les nouvelles orientations présentées par son ami Weiller. Dans l'esprit du manager, si un changement de maison de disques s'impose, il doit aussi se conjuguer avec une réorientation fondamentale du style de l'artiste, notamment à travers un répertoire musical mieux adapté à son personnage. Et d'imaginer le reggae ou, plus largement, la world music comme nouvelle image de marque.

Les autres bonnes nouvelles que JP délivre à Yannick concernent justement les auteurs de renom contactés et qui, tous, se disent prêts à s'associer à l'élaboration d'un nouvel album. Deux d'entre eux retiennent particulièrement l'attention du tandem : Johnny Clegg, le célèbre Zoulou blanc d'Afrique du Sud, alors à l'apogée de sa carrière, et Robert Goldman, dont j'ai déjà évoqué le parcours. Définitivement coopté, celui-ci a tôt fait de féliciter Weiller pour sa « trouvaille » : « Ça m'a fait plaisir de voir que toi et moi (toi avant moi), nous avons perçu le potentiel de Yannick... »

Lorsque l'album *Yannick Noah* tombe dans les bacs des disquaires, en septembre 2000, dix-huit mois se sont écoulés depuis les premiers contacts établis par Weiller. Autant de temps au cours duquel le manager n'a perçu aucune rémunération. Et en a même été de sa poche : fabrication d'affiches, déplacements, frais de dépassement d'un clip tourné à New York que, curieusement, ni Sony ni Goldman n'ont accepté d'assumer, parce que, à les en croire, « un dépassement de budget n'est pas tolérable... » *(sic)*. Mais le manager ne s'offusque pas : par définition, sa rémunération est liée à celle de son artiste. Celle que tous deux espèrent après la négociation que Weiller vient d'entamer avec la société Music Addict, autrement dit avec le producteur Robert Goldman. Une signature qu'il finit par décrocher en juin 2000 à la suite de longues et coutumières discussions.

Parole donnée, parole tenue. Dans les semaines qui suivent la signature tant attendue, Yannick ne se fait guère prier pour s'acquitter de la première rémunération due à Weiller, soit 70 000 francs (environ 12 000 de nos euros selon l'indice INSEE) qui correspondent précisément aux 20 % de l'avance – 350 000 francs (environ 60 000 €) – négociée avec Goldman. De son côté, et ainsi qu'il s'y était implicitement engagé, le PDG de Sony récupère dans la foulée le projet en licence. À lui, ensuite, d'assurer la promotion et la distribution de l'album au cours des mois à venir.

On le sait, *Yannick Noah*, la composition éponyme concoctée par les frères Goldman et consorts, va rapidement connaître un immense succès, d'abord sous la forme d'un single, puis en album. Ce succès n'est pas non plus le fruit du hasard, mais résulte de la conjugaison de plusieurs paramètres : le talent des auteurs, celui de leur interprète, mais aussi une promotion médiatique tous azimuts dont l'un des rouages reste Weiller. Presse écrite, émissions de radio et de télévision, concerts, sites Internet : celui-ci mouille sa chemise, présent sur tous les fronts. Lors du procès de mars 2008, son avocat, Me Jean Aittouares, en énumérera le détail non sans délectation : près de deux mille courriers échangés, des centaines et des centaines d'heures passées au téléphone ou en démarchages. C'est toujours son client qui a initié les premiers rendez-vous avec musiciens, compositeurs ou réalisateurs comme Jacques Veneruso et Erick Benzi. Un travail de tous les instants, parfois fastidieux, mais aussi exaltant pour Weiller, particulièrement réjoui du succès phénoménal qui s'annonce. À la fin 2001, la publication des chiffres officiels de vente de l'album est là pour le confirmer : plus d'un million cinq cent mille exemplaires ! Une réussite et un parcours sans fautes pour le PDG de Sony, Olivier Montfort, qui tient à féliciter Weiller « d'avoir été à l'origine du contact avec Sony, et d'avoir contribué fortement au retour de Yannick chanteur avec un répertoire adapté ».

Lorsque le patron de la Major International prend sa plume en juin 2001 rien ne semble plus aller, pourtant, entre Yannick et son manager. Aspirant à régulariser ses relations contractuelles, celui-ci lui a soumis, en janvier de cette même année, un projet de contrat en bonne et due forme reprenant les termes de leur accord verbal intervenu voilà déjà près de trois ans.

Les mois défilent. Weiller est toujours sans nouvelles du contrat censé officialiser leurs relations. Le précieux document lui parviendra-t-il au moment de la nouvelle répartition des redevances, arrêtée à la fin du mois de juin 2001 ? Il l'espère. Destinataire d'une missive, le manager l'est effectivement quelques jours avant cette date butoir. Elle lui a même été remise en main propre par Noah, lors d'un bref échange à l'issue d'un concert donné par l'artiste dans un lycée parisien dans le cadre de la Fête de la musique. À sa grande surprise, son contenu n'est pas celui auquel il s'attendait. Non signée, elle émane des Zam-Zam et se résume à quelques lignes. Y est évoquée la fin de ses relations avec le groupe, et donc, par la force des choses, avec le leader de celui-ci. Une rupture qui n'ose pas dire son nom, mais justifiée par « trop d'erreurs, de malentendus, trop de tensions ». Sans autres précisions. Un post-scriptum, cependant, sous la forme d'une compensation financière à venir – 100 000 francs (environ 17 200 €) –, que Weiller interprète comme un solde de tout compte.

Dans un premier temps, Weiller s'avoue incrédule. Il croit même un moment à une mauvaise plaisanterie. Mais de se remémorer aussi combien ses relations avec les membres du groupe se sont dégradées depuis quelque temps. Ainsi qu'il l'avait subodoré, Robert Goldman s'est en effet rapidement défié de cette « famille » de musiciens au talent pas forcément avéré. Les Zam Zam auraient-ils alors vu en Weiller l'oiseau de mauvais augure, avant de le transformer en victime expiatoire ? Le manager le suggère par l'énoncé de certains indices, mais ne peut en apporter la preuve. En même temps, il se souvient comment son prédécesseur, Mourad Malki, avait déjà fait les frais d'une sérieuse mésentente avec le groupe. Ce que celui qui est devenu aujourd'hui l'un des patrons de la société Potar Hurlant me confirme en ces termes : « J'ai cessé ma collaboration avec Yannick au début de la fabrication de l'album *Zam Zam*. Les musiciens étaient alors devenus les patrons de l'affaire et étaient ingérables. On m'a ainsi fait comprendre qu'ils en avaient marre de travailler avec un empêcheur de tourner en rond, un mec qui n'était jamais d'accord avec eux. Yannick avait eu la faiblesse de leur laisser croire que le pouvoir leur appartenait, à eux aussi. C'est dans cet esprit qu'il m'a débarqué. Il m'a appelé pour m'annoncer la fin de notre collaboration. Il m'a dit avec sincérité : "On ne peut plus travailler ensemble, car toi et les musiciens, vous ne vous entendez pas." »

Noah sous l'influence d'une communauté fraternelle où chacun doit pouvoir s'exprimer comme il l'entend, une « commune » New Age, en quelque sorte ? Pas aussi simple que cela, m'expliquera la star. Mais il y a aussi l'art et la manière. Contrairement à Malki, Weiller, lui, n'aura pas droit à une explication franche et amicale. Celle-là même qu'il sollicite sans tarder, par un *email* dans lequel il tient aussi à rappeler tout le travail accompli près de trois années durant : « Je me suis toujours battu pour tes intérêts, les plaçant avant les miens, et sans faire de vagues, à ma manière. » Puis, en termes sobres et courtois, de lui suggérer de reconsidérer sa position.

En vain. Du côté de Yannick, qui fait la navette entre New York et Londres où s'est installée son ex-épouse Heather Stewart-White, c'est le silence radio. Weiller s'avoue déçu par le comportement de celui qui n'est pas encore considéré comme la personnalité préférée des Français, mais est déjà reconnu pour ses multiples talents et sa grandeur d'âme. Et si Yannick n'était après tout qu'un homme comme les autres, avec sa fragilité, ses lâchetés, ses petites trahisons ? s'interroge-t-il. Mais alors, pourquoi lui ? Et, surtout, pour quelles raisons ? Confronté un temps à des difficultés financières, son ami en fait-il une affaire d'argent ? A-t-il été influencé par un entourage d'hommes d'affaires qui jugent « outrancières » ses prétentions ? Hormis cette lettre de juin et ses formules vagues, Weiller ignore toujours les motifs profonds qui justifient son brutal débarquement.

Dépité, Weiller l'est encore lorsqu'il rédige une seconde missive à l'adresse du nouveau champion des hit-parades afin de le convaincre de reprendre leur collaboration : « Je pense que je le mérite professionnellement, humainement, pour ma famille, et pour continuer à penser que l'on puisse être idéaliste, même si la vie s'est chargée depuis longtemps de nous faire perdre notre innocence. »

Cette même innocence perdue qui le contraindrait, expose encore le manager, à entamer une procédure judiciaire au cas où...

La menace d'un procès ? Yannick y croit à peine, mais préfère prendre les devants. En deux temps. C'est d'abord une lettre adressée depuis New York à son ex-manager, en date du 30 novembre 2001, dans laquelle il évoque les motifs de leur séparation : « un très grand nombre de points de désaccord, voire de mésentente » entre Weiller et son entourage. Puis l'interprète de *Donne-moi une vie* souligne ce que fut, à ses yeux, la réalité de leurs rapports : « Tu as certes initié les contacts avec Robert Goldman, mais lorsqu'il a accepté de produire mon dernier album, il a fait appel à son équipe habituelle, composée de personnes que tu cites dans ton courrier. Il est donc vraiment abusif d'affirmer que tu as consacré trois ans de ta vie, "jour et nuit", à ma carrière. Je ne rentre pas dans le détail, mais nous avons tous le sentiment de n'avoir pas vu le même film. » Et de regretter enfin son refus d'accepter le versement d'un honoraire complémentaire de 100 000 francs.

Pour Weiller, qui se dit « humilié et sali », mais qui sait aussi parfois se transformer en *killer*, l'affaire est entendue. Puisqu'il est impossible de faire entendre raison à « son » artiste, ce sera désormais à la justice de trancher.

Nous sommes alors en mai 2002 et Jean-Pierre Weiller ignore alors quels méandres va devoir emprunter l'interminable procédure qu'il vient d'engager. Il devra ainsi patienter jusqu'au printemps 2003 avant de pouvoir lire les contre-arguments de la défense, se résumant à une simple demande d'annulation de son assignation. Au passage, Mes Tahar et Rosnay en profitent pour redéfinir son rôle de manager, qu'ils réduisent désormais à celui « d'un secrétaire particulier ayant ponctuellement rendu des services pour lesquels il aurait été rémunéré au coup par coup ». Le même refrain, si l'on ose dire, que reprendra en chœur le duo Goldman-Suc à l'occasion du procès du printemps 2008. Mais celui-ci peut-il faire autrement, au risque de perdre la « poule aux œufs d'or » de la variété française qu'est alors devenu le chanteur franco-camerounais ?

Face aux arguments des avocats de Noah, les magistrats s'étonnent. Piqués au vif, ils légitiment la démarche de Weiller en exigeant la nomination d'un expert, lequel est désigné dans la foulée : en l'occurrence, Francis Mercury, ancien grand reporter de la télévision au temps de la célèbre émission *Cinq Colonnes à la une*, puis présentateur du journal télévisé dans les années 1960 avant de devenir conseiller des programmes à TF1. La même chaîne qu'il aura quittée pour créer sa propre société de production audiovisuelle dont il gère les activités parallèlement aux missions que la justice lui confie parfois. Sur sa carte de visite, l'avenant septuagénaire peut en effet s'enorgueillir de divers titres d'expert auprès de différentes institutions judiciaires. Aujourd'hui, sa feuille de route se résume à quelques lignes : à lui de réunir les parties, de préciser le montant ainsi que le mode de calcul des sommes perçues par les uns et par les autres, bref, de recueillir tous les éléments qui permettront au tribunal « d'apprécier le contenu et l'incidence du travail de Weiller sur l'orientation de la carrière de Yannick Noah ».

Aussitôt dit, presque aussitôt fait. Cinq mois après ce jugement, une première réunion se tient dans le quartier des Halles, à Paris. À la convocation de Francis Mercury ont répondu présents Weiller, bien entendu, mais aussi le producteur Robert Goldman et le tourneur Thierry Suc. Également sollicité, Yannick, lui, ne montrera pas le bout de son nez. Un coup pour rien pour son adversaire. Reportée au mois de juin suivant, la deuxième réunion d'expertise se déroulera normalement. À la satisfaction de Mercury qui tient à remercier la star de s'être déplacée. À l'autre bout de la pièce, Weiller et son avocat Jean Aittouares ne mouftent pas, mais n'en pensent pas moins. Ces deux-là sont tout aussi surpris de la fausse décontraction affichée par le conseil de Noah. Celui-ci n'a pas cru devoir se munir de nombreuses pièces exigées aux termes de plusieurs « dires », comme le stipule le jargon juridique. En clair, des demandes de pièces aux allures d'injonctions dont Me Aittouares avait établi la liste exhaustive. Mais soyons juste : ce jour de juin 2004, c'est un Yannick intarissable qui se présente devant l'expert Mercury. Même si ses explications sont souvent alambiquées, pour ne pas dire franchement brumeuses. Ainsi de sa définition du rôle de son ancien bras droit : « Ce n'est pas parce qu'il y a écrit "manager" qu'il occupe des fonctions de manager ! C'est comme mon père que j'appelle papa et qui n'est pas mon père... »

Étranges propos, avouons-le. Mais au biographe bienveillant et curieux de se poser de légitimes questions. Qu'a voulu précisément signifier Noah à travers cette étrange formule : que son manager n'a jamais été son manager et que son père n'est pas en réalité son père ? En attendant de recueillir les explications de son auteur, comprenne qui pourra ! À commencer par Francis Mercury qui ne demande pas davantage d'éclaircissements, car son célèbre interlocuteur a déjà enchaîné en lui confirmant la nature des accords qui le lient à Weiller : « Les gens avec qui je travaille n'ont pas de contrat écrit... », martèle-t-il.

L'interprète de *Saga Africa* aurait-il manqué à sa parole, voire trahi la confiance de son ancien manager ? Si Weiller en éprouve le douloureux sentiment, ce ne sera toutefois pas celui des magistrats du tribunal de grande instance, enfin réunis à Paris en mars 2008, au bout de six années de procédure...

Reprenant les grandes lignes du rapport Mercury, ceux-ci confirment que la collaboration entre les deux hommes a bien débuté en 1998, avant de préciser que Weiller a bien défendu les intérêts du chanteur jusqu'à l'été 2001. Mais que la fonction de « manager » ne peut cependant lui être reconnue, car elle est sans fondement juridique en droit français, contrairement à celle d'« agent d'artiste » qui, elle, est clairement définie et réglementée, notamment pour ce qui est de sa rémunération, qui ne peut excéder 10 % des gains de l'artiste. Toujours selon eux, « le manager ne peut donc réclamer plus que ce que la loi a accepté pour l'agent d'artiste, et doit exercer une activité différente de celle de l'agent, sauf à enfreindre la loi ». En conclusion : au plaignant d'accepter les 15 245 euros que le chanteur se propose de lui verser en guise d'« indemnisation »...

Pour Weiller, aujourd'hui gérant d'une société de distribution de produits dérivés du show-biz, on est loin du compte, soit le demi-million d'euros réclamé et justifié, selon lui, par les chiffres livrés aux magistrats. C'est ainsi qu'au titre de la seule exploitation de *Yannick Noah*, ventes de l'album, concerts et droit à l'image réunis, son chanceux interprète a récolté au total la coquette somme de 2,3 millions d'euros. De quoi voir venir, pour Yannick, qui devra cependant et une nouvelle fois se justifier à l'occasion d'un second procès – en appel, cette fois – prévu pour la fin de l'année 2009...

En attendant cette nouvelle échéance judiciaire, Noah accepte bien volontiers, et pour la première fois, d'évoquer son différend avec son ancien ami Weiller. Sans complexe et sans tabou. Mais, bien entendu, en livrant une version qui diverge de celle de son ex-collaborateur. Rien d'étonnant à cela. L'enjeu financier est de taille. Mais pas seulement. Car, comme on pourra le lire dans la transcription intégrale de son propos, que je me propose de reproduire ici, c'est toute sa philosophie existentielle que l'interprète de *Couleurs d'aimer* tient à mettre en évidence. Ainsi lorsqu'il tient, en guise de prologue, à me conter comment, au moment du triomphe de *Saga Africa,* dix ans avant le véritable début de sa carrière musicale, son premier agent, Eric Ghenassia, a tenté de le convaincre de devenir une star de la variété : « Il m'a balancé : "Tu as été star du tennis, je vais faire de toi une star de la musique ! Voilà comment on va faire : pendant deux ans, tu vas porter des lunettes noires ; tu seras entouré en permanence de gardes du corps ; tu ne te déplaceras qu'en limousine, et tu ne parleras plus à personne. Je te le promets : dans deux ans, tu seras une star !" Effectivement, c'était une manière de voir les choses. Mais moi, j'éclate de rire et je lui dis qu'il n'a rien compris. J'ajoute : "Si c'est le prix à payer, cela ne m'intéresse pas !" Il n'avait pas compris que j'aime les gens et que j'ai envie d'être proche d'eux, sans avoir à jouer un rôle. En même temps, jusqu'où aller avec les autres ? Est-ce que j'en dis trop ou pas assez ? Est-ce que j'en donne trop ou pas assez ? En fait, j'ai toujours considéré que j'avançais à l'égard des autres comme un funambule. »

Cela fut-il le cas avec Jean-Pierre Weiller ? Leur différend n'apparaît-il pas d'abord comme un méchant contentieux entre celui-ci et les Zam-Zam ? Yannick ne le nie pas, mais m'affirme aussi qu'il considère cet aspect comme « secondaire » : « Oui, nous discutons beaucoup entre nous, mais, en général, nous tombons d'accord. Dans le cas contraire, la décision finale me revient toujours en tant que leader du groupe. Ce que n'a pas compris Jean-Pierre, qui avait des soucis avec beaucoup de gens. Et, pour parler franchement, avec tout mon entourage professionnel. Je savais qu'il avait des contentieux avec tout le monde, mais je ne suis pas intervenu. Je me suis montré un peu con, en voulant le protéger. Mais, à un moment, ça n'allait vraiment plus, et j'ai tranché. Il ne devait plus travailler avec nous. Par ailleurs, a surgi un gros malentendu : il affirme être mon manager ; je lui réponds qu'il ne l'est pas. Il veut me faire signer un contrat ; je refuse. À partir de là, il a décidé de m'assigner en justice. »

La suite de son récit, c'est sous la forme de questions-réponses que Yannick accepte de me la livrer. En voici le *verbatim* :

– *Est-ce bien Jean-Pierre Weiller qui vous a présenté Robert Goldman ?*

– Non. Je connaissais déjà Robert. Nous nous étions rencontrés plusieurs fois auparavant, notamment lors de galas en faveur des Restos du cœur. Idem pour Jean-Jacques.

– *Comment Weiller s'est-il retrouvé parmi vos collaborateurs ? Et quelle était précisément sa mission ?*

– Jean-Pierre m'a été présenté un jour par mon cousin François Guibbaud. Nous nous sommes rencontrés dans un endroit proche de la Maison de la Radio. François me l'a présenté comme quelqu'un pouvant s'occuper de nous, c'est-à-dire des Zam Zam. À l'époque, j'ignore tout du métier. Je ne sais pas ce qu'est un régisseur, un assistant, un manager. Je dis OK, mais sans trop savoir ce qu'il va faire. Il aura certes accompli des tâches, mais sans comparaison, par exemple, avec celles que réalise aujourd'hui Catherine Adet, ma plus proche collaboratrice. Celle-ci vérifie tout, organise tout, prend même parfois des initiatives, parce qu'elle me connaît bien. Jean-Pierre a fait du travail, mais j'avais toujours en quelque sorte le *final cut*. Puis, à un moment donné, ça n'a plus été vivable. Ça allait trop loin. Mais peut-être ce fut ma faute, aussi, d'avoir trop mélangé l'affectif et le travail. On essaie de ménager les uns et les autres, jusqu'au moment où on s'aperçoit que l'on fait fausse route. C'est ce qui s'est passé. À un moment donné, ça n'était juste plus possible avec Jean-Pierre. Ce n'est pas une mauvaise personne. Je pense même qu'un jour on se retrouvera. Sauf qu'aujourd'hui on se retrouve par le truchement des avocats. On sort des papiers, des tonnes d'*emails*. On se dit que ça n'est pas possible d'en être arrivés là. Le tribunal a pris une première décision en ma faveur. Elle me paraît juste. Il a fait appel. Puisqu'il faut aller jusqu'au bout, allons jusqu'au bout...

– *Weiller dit : Yannick m'a donné sa parole, et il l'a trahie. Vous ne lui avez jamais dit : « Tu es mon manager, tu auras 20 % de mes gains » ?*

– Je n'ai pas le souvenir d'avoir dit à Jean-Pierre : « Tu es mon manager. » Pour une raison très simple : à l'époque, et c'est encore le cas aujourd'hui, il n'y a pas de définition claire du métier de manager. Dans mon esprit, un manager est quelqu'un qui chapeaute tout. Mais lorsque, très rapidement, je me suis aperçu qu'il était incapable de remplir cette mission-là, j'ai tout arrêté.

– *Était-il si difficile pour vous de vous détacher des Zam Zam ?*

– Je n'ai jamais coupé le cordon avec eux. J'ai fait un premier album avec Milan Zdravkovic, un deuxième avec Franck Langolff, puis j'ai fait venir auprès de moi mon cousin François Guibbaud, alors qu'il travaillait à Los Angeles. Le groupe est né à partir de ce moment-là. François connaissait des musiciens. Il y a eu Hervé à la batterie, puis Philippe et Michel, parti parce qu'il a eu d'autres propositions. Ce qui ne nous empêche pas de nous téléphoner tous les jours. Le groupe est donc formé. Nous partons en tournée à bord d'un bus. Nous jouons devant des salles vides, mais nous passons là des moments extraordinaires. On fait un album. Échec cuisant, mais on se marre bien. Puis je rencontre Robert Goldman. Je leur dis qu'à compter de ce moment ce sera différent. Ils resteront mes musiciens pour les tournées, mais ils ne seront plus impliqués dans le contenu de mes albums à venir. Ç'a été un choc. Mais je ne pense pas qu'un seul d'entre eux, aujourd'hui, regrette cette nouvelle orientation de ma carrière. Grâce à elle, ils sont passés de salles vides à des salles pleines. Ils ont pu faire l'acquisition d'appartements. Ils peuvent s'occuper de leurs enfants, même si nous jouons et passons beaucoup de temps ensemble. L'année dernière, j'ai passé plus de temps avec eux qu'avec ma famille. Forcément, ça crée des liens. En même temps, j'ai le sentiment profond que ce qu'on donne, c'est du vrai. On est bien ensemble, et le public le perçoit ainsi. On n'est pas les meilleurs musiciens, on n'est pas les meilleurs chanteurs du monde, mais ce qu'il en ressort, c'est une vraie joie.

– *À l'expert judiciaire Francis Mercury, vous avez déclaré, pour définir le rôle de Weiller : « Ce n'est pas parce qu'il y a écrit* manager *qu'il occupe des fonctions de manager. C'est comme mon père, que j'appelle papa, qui n'est pas mon père. » Je n'ai pas bien compris le sens de cette dernière phrase concernant votre père...*

– C'est quoi, ces conneries ? Je ne me souviens pas d'avoir dit ça. Peut-être ai-je voulu faire de l'humour, comme j'en fais parfois avec un de mes musiciens lorsque je l'interpelle ainsi : « Alors, ça va, papa ? » Tous mes potes sont des papas. Mais je ne vois pas le rapport avec ce que vous me lisez. Par ailleurs, pour en terminer avec l'affaire Weiller, est-ce que je peux vous dire un truc qui vous fera comprendre beaucoup de choses ?

– *Allons-y !*

– Lorsque je débarque à Paris, on me loge au stade de Roland-Garros. J'ai dix-sept ans et je suis un peu perdu. Arrivent les championnats de France juniors, et je tombe sur une bande de potes rencontrés sur les courts : Alain et Didier qui jouent pour la Ligue de Paris. Leur père est médecin. Ils m'invitent chez eux, boulevard Suchet. On se lie d'amitié. Leur famille devient la mienne. Ce sont mes meilleurs amis. On sort beaucoup. On mange ensemble le couscous, le vendredi soir. Alain et Didier ont également un frère plus jeune, handicapé. Un merveilleux adolescent, Hervé, que nous avions affectueusement surnommé « Howard ». Sa seule passion : la musique. C'est un authentique fan de Johnny. On le sort tout le temps. Il nous accompagne, notamment lors de mes premiers enregistrements en studio. Lorsque l'album paraît, je souhaite mettre son nom dans la liste des personnes à remercier. Puis je me ravise. Je fais imprimer sur la pochette « Manager : Hervé F. » ! Bien entendu, il n'a jamais été mon manager, mais c'était juste comme ça, pour lui faire plaisir. Cela n'a rien à voir, mais avec Jean-Pierre c'était un peu la même chose. Une personnalité attachante, mais qu'on avait peur de casser. Nous avions de vrais sentiments à son égard. Pas seulement moi. Robert s'est comporté de la même façon lorsqu'il l'a hébergé, durant une période assez longue, parce qu'il était à l'époque sans domicile. Il y avait ce truc qui nous faisait dire : « Allez, ça va lui faire du bien... » Et me retrouver avec lui devant des avocats pour m'entendre dire que sur une pochette de disque son nom apparaissait en tant que manager a été pour moi très déstabilisant. Je n'ai pas envie d'être méchant avec lui, mais lorsqu'il a fallu accomplir un vrai travail, il n'était pas celui-là. Le résultat de notre collaboration fut décevant. Encore une fois, je ne lui veux que du bien. Mais il est allé trop loin. Notamment lorsqu'il participe à des séminaires où il raconte sa mauvaise expérience avec moi... Une agressivité que je ne comprends pas.

Ensuite, il me traîne devant les tribunaux. Il fait venir un expert. À la fin, le mec dit qu'il n'y avait rien. Humainement, je pensais que Jean-Pierre valait ce que je lui ai proposé. Je pense que c'était plutôt bien. Maintenant, il me demande beaucoup, mais il n'est pas question pour moi de transiger. J'en fais une affaire de principe.

Une regrettable affaire ? Yannick le pense. Mais c'est à la justice, désormais, de trancher à nouveau. En attendant, un autre rendez-vous – plus pacifique, celui-ci – attend la star au pays des Helvètes...

17

Le guerrier pacifique

Juin 2008 : depuis plusieurs heures, bravant la pluie, une foule compacte se presse dans le quartier de Plainpalais, à Genève. Elle est venue assister à un concert, tout en suivant le match de football retransmis sur deux écrans géants. Très géants : soixante mètres carrés. Il faut bien ça pour suivre de près la première rencontre du championnat d'Europe des nations qui se joue ce soir-là. Mais déjà des guitares saturées balancent les premiers riffs annonçant l'arrivée imminente du chanteur Noah. Pieds nus, comme il en a l'habitude, le voici qui s'avance en se déhanchant au-devant d'un public visiblement déjà conquis. « Allez, les Bleus ! Allez, les Bleus ! » ose proférer Yannick dès sa deuxième adresse à ses fans. Avant de se reprendre pour un « Hop, Suisse ! Hop, Suisse ! » qui soulage la majorité des spectateurs venus l'applaudir ce soir-là dans la cité de Calvin.

Les pieds nus ? Ce n'est pas seulement par confort ; ce sont aussi les premiers mots d'un des titres phares de l'album *Charango*. Un morceau au message explicite : *Les pieds nus, dormir sous la lune / Tu dis « ça c'est bien » / Un peu de riz, ta seule fortune / Tu dis « ça c'est bien » / Si c'est assez bon pour toi / C'est assez bon pour moi / Je n'ai pas besoin de plus que ce tu as...*

La chanson terminée, et après des applaudissements nourris, Yannick interpelle une fois encore son public. « On n'est pas bien, là, sous la pluie ? » lui lance-t-il avant de faire sauter, d'un geste vif, sa chemise et ne garder qu'un gilet sur sa poitrine dénudée. Débordant d'énergie et d'humour, l'artiste va ainsi poursuivre son show pendant près de deux heures...

Musique et sport, sport et musique, n'est-ce pas là toute la vie de Noah ? À l'automne 2006, les anciens de l'Institut national des sports (INSEP) ne s'y trompent pas lorsque, en présence du ministre Jean-François Lamour, ils tiennent à l'honorer dans l'enceinte du stade Charléty, à Paris. Une fête mémorable dédiée à sa double carrière, sportive et artistique. Point d'orgue de la soirée, la remise du trophée Micheline-Ostermeyer, du nom de la triple médaillée olympique de 1948 – lancers du poids et du disque, ainsi que saut en hauteur – reconvertie en une concertiste renommée au piano. Depuis sa création, et avant Yannick, le trophée portant son nom n'a été attribué qu'à un seul athlète français : le coureur de demi-fond Michel Jazy.

Comme ils l'avaient déjà fait pour son illustre prédécesseur, les organisateurs tiennent d'abord à projeter un film retraçant ses principaux exploits tennistiques. Puis c'est au tour du héros du jour de prendre la parole. Dans ses brefs remerciements, la star y va de son humour habituel, sans pour autant dissimuler l'émotion qu'il ressent à ce moment : « Quand Alain Mimoun racontait pour la vingt-cinquième fois l'arrivée de son marathon à Melbourne, j'avoue que ça me faisait bâiller. Mais, maintenant, quand je revois ces images de moi, là, devant vous, j'en ai les larmes aux yeux. » Forcément conquis, les invités triés sur le volet y vont de leurs applaudissements. Ce qui n'ôte rien à leur sincérité ni à leur plaisir d'être présents pour saluer celui que Georges Vigarello, professeur à Paris-V, ex-prof de gym devenu sociologue du corps humain, définit comme un « être rare et précieux, et l'inverse du héros classique, loin de nous et proche des dieux ». Avant d'expliciter : « C'est un héros moderne ; il est très proche des gens. On devine qu'il en a bavé. Il est donc vulnérable, comme nous. »

Les instances dirigeantes de la Fédération française de tennis ne sont pas en reste lorsqu'elles tiennent, deux ans plus tard, à honorer à leur tour leur exceptionnel champion. En ce jour de mai 2008, la pluie paralyse Roland-Garros, mais les intempéries n'empêchent nullement Yannick de se transformer en véritable attraction du Village, l'espace réservé aux VIP's, et dont l'une des allées portera désormais son nom en souvenir des fabuleux Internationaux de 1983, victoire considérée comme l'une des grandes dates du tennis du XXe siècle. Au même titre que, pour le football, celle de la coupe du Monde de 1998. Tout le monde se souvient de l'immense ferveur populaire qu'avaient alors soulevée les deux événements.

Pour immortaliser celui qui attend aujourd'hui Yannick, une meute de photographes ont spécialement fait le déplacement. Ils attendent de pied ferme le tennisman-chanteur qui, comme souvent les grands, sait se faire désirer. La démarche chaloupée, coiffé d'un chapeau, une sucette dans la bouche, il finit par se montrer avec trois quarts d'heure de retard. Un feu nourri de flashes s'abat sur celui qu'on n'attendait plus. Visiblement de bonne humeur, la star ne peut s'empêcher de lancer, un sourice malicieux au coin des lèvres : « Mais c'est quoi, ce bordel ? » Sa façon à lui d'apprécier une nouvelle fois l'ampleur de sa popularité. Et, pourquoi pas, de voler par la même occasion la vedette aux joueuses et aux joueurs qui attendent la fin de l'averse persistante pour disputer enfin les Internationaux de France 2008. Cela étant, les pronostics ne se montrent guère optimistes. On vient d'annoncer que les deux meilleurs espoirs tricolores, Jo-Wilfried Tsonga et Richard Gasquet, seront absents pour cause de blessures.

Pendant ce temps, au milieu des caméras, des appareils photo et des parapluies, Yannick se refuse pour sa part à évoquer le nom d'un éventuel successeur : « Je ne m'en cherche pas. Maintenant, le jour où un Français figurera dans le Top 5, il aura sa chance dans tous les tournois du Grand Chelem. »

Vingt ans après son sacre, il faut en effet se rendre à l'évidence : la France attend de lui donner un successeur capable de répéter son exploit. Certes, Henri Leconte en 1988, Cédric Pioline en 1993, Arnaud Clément en 2001, Jo-Wilfried Tsonga au cours de cette même année 2008 ont disputé des finales. Mais aussi des finales perdues. Avec ses airs de Mohamed Ali, Tsonga pourra-t-il un jour inverser la tendance ? Son côté zen, son jeu d'attaque, sans oublier son métissage et son côté showman ne rappellent-ils pas Noah ? Celui-ci est conscient qu'il sera dépassé un jour par une nouvelle génération. Il se montre d'ailleurs très attentif à cette relève qui point de temps à autre à l'horizon : les Tsonga, Mahut, Monfils et Simon. Mais de prévenir : « Être champion, c'est un parcours, une éducation, c'est quelqu'un qui va au bout de soi-même. » Sous entendu : il y a des champions qui sont arrivés en demi-finale alors qu'ils n'avaient pas le talent pour cela, tandis que d'autres, qui le possédaient, n'ont jamais dépassé le deuxième tour. Et d'en profiter pour livrer son diagnostic : « Il faut avoir envie de réussir, envie d'exister très fort. Pour certains, c'est la seule condition d'être entendus, vus, écoutés, aimés. Il faut une cassure. Nos joueurs sont trop équilibrés, trop normaux. »

Trop normaux, trop lisses, trop prudents dans leur existence ? C'est probablement ce que Yannick veut signifier. Lui qui, à l'approche de ses cinquante ans, revendique tout à la fois ses échecs, ses conneries de jeunesse, ses excès, ses propos à l'emporte-pièce, mais aussi cette capacité rare d'avoir toujours su rebondir. Notamment après sa fameuse victoire de 1983 qui sonna l'alarme annonçant ses nombreuses blessures et fêlures à venir. Mais le héros malgré lui a aussi su trouver le temps du recul, de la réflexion, de la construction d'un bonheur tranquille. Fini, pour lui, cette folie de vaincre, l'acquisition abrutissante d'automatismes que l'on prétend naturels, quand il faut sans cesse s'exhorter à être méchant dès l'instant où l'on se trouve dans l'arène face à dix mille personnes. Fini, ce tennis ressemblant par trop, comme il le dit, à « un jeu de cons », où on travaille avec ses jambes et ses bras, mais pas avec sa tête !

Doué d'une rare intelligence et d'une sensibilité qui le rend aussi parfois si fragile, versatile, lunatique, le guerrier formaté pour vaincre à tout prix, voire pour

« tuer », a, au fil du temps, laissé la place au personnage plus pacifique du citoyen engagé : le « guerrier de lumière » si cher à l'écrivain Paulo Coelho. Mais à quel prix ! Celui d'une succession de drames intérieurs chez un homme qui, face à son destin, a voulu en comprendre à la fois le sens et la portée. Il y est magnifiquement parvenu en privilégiant le cheminement spirituel sur l'action, sans pour autant occulter tout à fait celle-ci. Car rien de cela ne l'empêche de continuer à faire la fête et de rester à l'écoute de l'autre : « La gloire, c'est à la fois excitant et très dangereux. Il faut garder les pieds sur terre, savoir que cela va et vient. Je l'ai vécu il y a longtemps. Aujourd'hui, j'apprends davantage à renvoyer la balle que lorsque je jouais au tennis... »

Le dernier voyage ? Yannick m'avoue y avoir pensé, à une certaine époque. Au cours de cette fameuse année noire de 1983 lorsque, psychologiquement écrasé par sa victoire à Roland-Garros, il avait finalement préféré fuir la France. Mais, aujourd'hui, avec ses enfants et, un jour, ses petits-enfants, il reconnaît naturellement avoir énormément à perdre. Au jeu de l'épitaphe qu'il aimerait qu'on grave un jour à son intention, la star se donne le temps de la réflexion avant de répondre : « Qu'est-ce que je laisserai, au fond ? » Puis, avec une émotion non feinte : « Il a fait ce qu'il a pu... »

Ainsi de son engagement auprès des plus défavorisés, dont il s'est fait le porte-voix en s'impliquant sur le terrain. Ainsi de ces albums et de ces tournées à guichets fermés. Ainsi de ce quotidien de la vie, qu'il affectionne particulièrement : car s'il y a les autres, pour la plupart inconnus, ceux qui comptent le plus composent sa famille de cœur. Il s'agit de son staff, de ses musiciens.

Malgré les hauts et les bas inhérents à la vie d'artiste, beaucoup sont là depuis ses débuts en 1991. Plus tard ont débarqué les frangins Goldman. Jean-Jacques, pour lequel Yannick ne cache pas son admiration : « Pour moi, c'est la classe, me souffle-t-il. Chez lui, il y a bien sûr l'écriture, le talent. Mais aussi sa façon de mener sa barque. J'admire l'équilibre qu'il a su trouver entre sa famille et sa carrière. Sans oublier la générosité discrète qui est la sienne, notamment en faveur des Enfants de la Terre. » Puis il y a le frère, Robert, maître d'œuvre mystérieux et talentueux de ses premiers albums. Pas franchement un ami, mais un auteur et un producteur de confiance avec qui il est justement, en cet automne 2008, en train de négocier ses nouveaux contrats : « On fait du business, et ça n'est pas très agréable. Il a son avocat, et j'ai le mien. On discute et puis, en définitive, ça ira... »

Ça ira jusqu'à la sortie d'un prochain opus, peut être en 2010, mais aucune date n'est arrêtée pour le moment. Et pour cause : Yannick et Goldman sont toujours à la recherche du thème susceptible de les inspirer. « Peut-être quelque chose sur le 9-3, ou bien sur Biarritz... », me glisse Noah avec un sourire espiègle. Quoi qu'il en soit, l'album ne laissera pas indifférent, tant le citoyen-chanteur a encore beaucoup à dire. Sur scène et même, bientôt, sur grand écran.

C'est au cours de cette même année 2008 que Yannick a en effet accepté de revêtir l'habit d'acteur pour *Safari*, un film signé Olivier Baroux, l'un des humoristes du duo Kad et Olivier. Ces débuts devant la caméra, voilà longtemps que l'ex-champion de tennis y aspirait.

Quelques années auparavant, il avait déjà fait une apparition à l'écran : dans un court métrage intitulé *Bob*, réalisé par Rémi Boudet. La star des hit-parades y campait le rôle d'un rocker, rôle qui lui allait comme un gant même si le film ne connut pas un grand succès en salles. D'autres projets ont fait long feu. Ainsi, en 1992, lorsqu'on annonça son premier grand rôle dans un téléfilm de Georges Lautner destiné à TF1. Une comédie humoristico-policière, style *Starsky et Hutch*, dans laquelle Yannick devait jouer le rôle d'un journaliste muté dans les services secrets. Mais, pour d'obscures raisons, ce long métrage ne sera jamais tourné. Quatre ans plus tard, c'est le rôle d'*Hannibal Tartarin* qu'il aurait dû endosser, mais, là encore, le projet n'aura pas abouti.

Aujourd'hui, et pour de bon, c'est dans la peau d'un chef de village que Baroux l'a invité à se couler : « Olivier m'a taillé un rôle sur mesure, très rigolo. Quant à l'ambiance sur le tournage, elle a été fantastique », me confie le comédien débutant. Il est vrai que Baroux n'en est pas à son coup d'essai. Pour le grand écran, il a déjà signé une comédie, *Ce soir, je dors chez toi,* projetée en 2007 sans être toutefois couronnée d'un franc succès. Son second opus, *Safari,* connaîtra-t-il un meilleur sort ? Aux spectateurs de juger sur pièces lorsque la comédie sortira en salles, en avril 2009.

Comme son titre l'indique, celle-ci a été tournée sur fond de savane, plus précisément en Afrique du Sud, censée représenter le Kenya. Un plaisir certain pour Yannick dont l'amour pour le continent noir n'est pas un secret. À ses côtés, un duo de comédiens confirmés, chargés de lui donner la réplique : Omar Sy, venu de la télévision, qui s'essaie là à un rôle de militaire ; et Kad Mérad, héros de *Bienvenue chez les Ch'tis,* qui campe ici un guide terrorisé par la faune locale qui l'entoure.

Dans ces vrais débuts au cinéma, faut-il voir une nouvelle touche ajoutée à la palette de talents de Yannick ? Voire l'amorce d'une nouvelle carrière ? Notre héros ne le pense pas et m'assure : « À la limite, je suis moins fasciné par le métier de comédien que par le fait d'interpréter un rôle, un personnage qui me convienne. » Comme celui qu'il aurait dû jouer en juillet 2009 sous la direction du réalisateur Henri Helman : un téléfilm destiné à France Télévisions, contant les aventures de Joseph de Bologne, alias le chevalier de Saint-Georges, fervent abolitionniste, plus connu sous le surnom de « Mozart noir ». Fils naturel d'un planteur de Guadeloupe et d'une esclave, Bologne fut en effet le premier compositeur noir de musique classique à la cour de Louis XV avant de devenir le confident de Marie-Antoinette. Mais Yannick a finalement choisi d'y renoncer au cours des semaines suivant la fin du tournage de *Safari* dont il a certes apprécié l'ambiance, mais aussi les contraintes : celles propres au septième art, avec ses impératifs techniques, ses interminables attentes, sans oublier l'immense frayeur qui saisit le comédien lorsqu'il se retrouve seul au monde sous l'œil noir de la caméra. Rien à voir avec une scène devant laquelle des milliers de fans scandent votre prénom et s'ébrouent aux premiers « Yeah ! Yeah ! » Une belle occasion ratée, sans doute, pour Yannick. En même temps, il l'a dit et répété à l'envi : la priorité de ses priorités reste sa famille. Celle-là même pour laquelle il décide, en septembre 2008, d'établir ses pénates à New York : « Je veux que mes jeunes enfants grandissent dans un environnement bilingue et que ces cinq enfants, issus de trois mariages, vivent plus près les uns des autres. »

Ce havre de paix, Yannick le partage donc désormais avec Joalukas, le « bout de chou », blondinet aux yeux lavande, qu'il élève avec sa compagne Isabelle Camus ; avec son aîné Joakim qui a su sortir avec intelligence de l'ombre paternelle pour devenir l'une des stars du basket-ball américain et, pourquoi pas, bientôt français ; avec sa fille Yelena qui pourrait se distinguer dans une carrière de mannequin, voire de comédienne ; avec ses deux filles Eleejah et Jenaye, discrètes et sérieuses, dont les talents ne demandent qu'à s'épanouir. Tous font partie de la tribu Noah, aimante et soudée. Tous sont plutôt fiers de leur illustre paternel, aux allures de patriarche ravi et apaisé. Lui n'en oublie pas pour autant une mère et un père toujours présents, des géniteurs à qui il doit sa vie de champion hors du commun et de chanteur aussi doué qu'inspiré. Mélange des genres qui en aurait fait chuter plus d'un parmi le commun des mortels. Pas lui. Les raisons en sont simples : elles ont noms désir et plaisir. Mais aussi amour et partage.

ANNEXES

SOURCES

Chapitre 1 : *Une enfance ardennaise*

Entretien avec Yannick Noah, par l'auteur, le 20 octobre 2008 ; entretien avec Nicole Discrit, par l'auteur, le 28 septembre 2008 ; entretien avec Alain Lambert, par l'auteur, le 15 septembre 2008 ; entretien avec Yannick Lambert, le 2 octobre 2008 ; *L'Union*, 30 avril 1986, *L'Ardennais*, 30 avril 1986 ; *L'Équipe*, 9 novembre 1983 ; Yannick Noah, *T'as pas deux balles ?*, Stock, 1984 ; *Poèmes oubliés*, par Lucien-Marcel Perrier, imprimerie Bayart, 1993 ; entretien avec Claude Lambert, par l'auteur, le 26 septembre 2008 ; *L'Union*, 15 février 1988 ; entretien avec Claude Dugauguez, par l'auteur, le 2 octobre 2008 ; entretien avec Claude Brény, par l'auteur, le 4 octobre 2008.

Chapitre 2 : *Simon Papa Tara et Maman N'gon*

Marie-Claire Noah, *Il fait beau pour un mardi*, Le Cherche Midi, 2000 ; Jean-Laurent Poli, *Yannick*, l'Archipel, 2006 ; *Sports Illustred*, 15 août 1983 ; *Le Messager*, 9 novembre 2006 ; *La Force du rêve*, documentaire de Isabelle Camus, Philippe Lezin et Didier Varrod, Productions 22, 2005 ; ABC SportsBeat ; entretien avec Yannick Noah, par l'auteur, *op. cit.*

Chapitre 3 : *L'envol*

Entretien avec Patrice Hagelauer, par l'auteur, le 9 septembre 2008 ; entretien avec Alain Lambert, par l'auteur, *op. cit.* ; *Rolling Stone,* n° 30, juin 2005 ; Gilbert Prouteau, *Balle de match,* Amiot-Dumont, 1954 ; *Vie privée, vie publique,* France Télévisions, juin 2008 ; entretien avec Alain Georgeault, par l'auteur, le 2 septembre 2008 ; entretien avec Yannick Noah, par l'auteur, *op. cit.*

Chapitre 4 : *Le conscrit*

Rolling Stone, n° 30, juin 2005 ; Entretien avec le général Joseph-Claude Tignères, par l'auteur, le 15 mai 2008 ; *Rock & Folk,* n° 164, septembre 1980 ; *Le Matin de Paris,* 29 août 1980 ; lettre du docteur Jean-Pierre Cousteau à l'auteur, le 9 septembre 2008 ; entretien avec Yannick Noah, par l'auteur, *op. cit.*

Chapitre 5 : *L'ami « Hagel »*

Métro, 4 juin 2008 ; *Elle,* 7 novembre 1983 ; *Sports Illustred,* 15 août 1983 ; Yannick Noah, *T'as pas deux balles ?,* Stock, 1984 ; *Le Figaro,* 23 mai 2008 ; ESPN Classic Sport entre autres ; *Le Figaro,* 23 mai 2008 ; entretien avec Patrice Hagelhauer par l'auteur, *op. cit* ; entretien avec Yannick Noah, par l'auteur, *op. cit.*

Chapitre 6 : *Le sacre*

Entretien avec Patrice Hagelhauer par l'auteur, *op. cit* ; *Métro,* 4 juin 2008 ; *Paris Match,* 5 décembre 1983 ; *Sports Illustred,* 15 août 1983 ; entretien avec Pierre Darmon, par l'auteur, le 11 septembre 2008 ; entretien avec Yannick Noah, par l'auteur, *op. cit.*

Chapitre 7 : *Le blues du businessman*

Entretien avec Pierre Darmon, par l'auteur, *op. cit* ; entretien avec Yannick Noah, par l'auteur, *op. cit.*

Chapitre 8 : *L'« exil » américain*

Entretien avec Yannick Noah, par l'auteur, *op. cit.* ; *T'as pas deux balles ?, op. cit. ; Paris Match* n° 1815, 9 mars 1984 ; Photos publiées dans *Paris Match* n° 1816, le 16 mars 1984 ; *Le Monde du tennis,* n° 70, 1986 ; *T'as pas deux balles ?, op. cit. ; Noah par Noah,* Le Cherche Midi, 2005 ; *Le Monde,* 7 mars 1987 ; entretien avec Patrice Hagelhauer par l'auteur, *op. cit.*

Chapitre 9 : *Les années noires*

Entretien avec Yannick Noah, par l'auteur, *op. cit.* ; *L'Équipe Magazine,* 23 mai 1987 ; *Paris Match,* n° 1996, 28 août 1987 ; entretien avec Patrice Hagelhauer par l'auteur, *op. cit ;* entretien avec Marcel Perrier, par Gérard Kancel, *L'Union,* le 7 octobre 1987 *; Le Journal du dimanche,* 23 décembre 2007 ; *Le Parisien,* 26 mai 2007 ; *L'Humanité,* 3 juin 2000 ; entretien avec Pierre Darmon, par l'auteur, *op. cit.*

Chapitre 10 : *Vraie fausse sortie*

Entretien avec Patrice Hagelhauer par l'auteur, *op. cit* ; Préface de Y. Noah de l'ouvrage de souvenirs d'Henri Leconte, *Je voulais vous dire...,* Plon, 2004 ; Henri Leconte, *Je voulais vous dire..., op. cit. ;* Yannick Noah, *Secrets, etc.* Plon, 1997 ; entretien avec Yannick Noah, par l'auteur, *op. cit.*

Chapitre 11 : *La bande à Noah*

Entretien avec Patrice Hagelhauer par l'auteur, *op. cit* ; *Psychologie,* n° 228, mars 2004 ; *L'Équipe,* 31 mars 1992 ; *Secrets, etc. op. cit. ;* entretien avec Pierre Darmon, par l'auteur, *op. cit.* ; entretien avec Yannick Noah, par l'auteur, *op. cit.*

Chapitre 12 : *Yann la Cigale*

Entretien avec Yannick Noah, par l'auteur, *op. cit.* ; *Forbes,* novembre 1995 ; entretien avec Patrice Hagelhauer par l'auteur, *op. cit* ; entretien avec Mourad Malki, par l'auteur, le 18 septembre 2008.

Chapitre 13 : *Le « sorcier de Yaoundé »*

Entretien avec Patrice Hagelhauer par l'auteur, *op. cit* ; *L'Humanité,* 30 novembre 2002 ; Luis Fernadez, *Luis contre-attaque,* Hugo & Cie, 2007. Avec la collaboration de Daniel Rolo ; Philippe Lucas, *Entraîneur,* Michel Lafon, 2008 ; *France Football,* le 28 mars 2008 ; entretien avec Jean-Pierre Weiller, par l'auteur, le 15 septembre 2008 ; entretien avec Mourad Malki, par l'auteur, *op. cit.* ; entretien avec Yannick Noah, par l'auteur, *op. cit.*

Chapitre 14 : *Vie privée, vie publique*

C'est leur destin, Les Quatre Familles de Yannick Noah, M 6, 17 janvier 2003 ; *Paris-Match,* n° 2802, 30 janvier 2003 ; *Vie privée, vie publique,* France Télévisions, juin 2008 ; *L'Expansion,* 26 décembre 2005 ; *Le Nouvel Observateur,* n° 2074, 5/08/2004 ; courriel de Zaza Noah à l'auteur, en date du 31 octobre 2008 ; entretien avec Yannick Noah, par l'auteur, *op. cit.*

Chapitre 15 : *Le citoyen-chanteur*

Entretien avec Me Jean Aittouares, par l'auteur, le 10 septembre 2008 ; *Madame Figaro,* 10 juin 2006 ; Jaquette du CD *Yannick Noah ;* entretien de Yannick Noah avec Anthony Martin, RTL, 2003 ; *Paris Match, n° 2952,* 15 décembre 2006 ; entretien avec Mourad Malki, par l'auteur, *op. cit. ; La Dernière Heure,* 3 avril 2008 ; entretien avec Jann Halexander, par l'auteur, le 11 janvier 2008 ; *Le Messager,* 6 septembre 2006 ; *L'Humanité,* 6 mai 1999, entretien avec Élise Karlin, par l'auteur, le 16 septembre 2008 ; entretien avec Yannick Noah, par l'auteur, *op. cit.*

Chapitre 16 : *Une regrettable affaire*

Entretien avec Me Jean Aittouares, par l'auteur, le 10 septembre 2008 ; Entretien avec Jean-Pierre Weiller, par l'auteur, *op. cit.* ; Rapport d'expertise en date du 30 mars 2006 ; courriel de Robert Goldman en date du 14 mars 2000 ; lettre de Olivier Montfort en date du 20 novembre 2001 ; courriel de Catherine Adet en date du 20 avril 2001 ; lettre du groupe Zam Zam en date du 18 juin 2001 ; Jugement du tribunal de grande instance de Paris rendu le 13 mai 2008 ; entretien avec Mourad Malki, par l'auteur, *op. cit. ;* entretien avec Yannick Noah, par l'auteur, *op. cit.*

Chapitre 17 : *Le guerrier pacifique*

Entretien avec Jean-Pierre Weiller, par l'auteur, *op. cit.* ; *L'Humanité,* 11 avril 1992 ; *Le Figaro,* le 26 mai 2008 ; *Télé 7 jours,* 7 août 1992 ; entretien avec Patrice Hagelhauer par l'auteur, *op. cit* ; lettre de Marie-Claire Noah à l'auteur, le 9 septembre 2008 ; entretien avec Yannick Noah, par l'auteur, *op. cit.*

ARCHIVES AUDIOVISUELLES

Archives INA FR3 Côte d'Azur, 1978 ; *Noah en liberté,* 21/4/1982 ; *Tennis à Roland-Garros,* Antenne 2, 6/6/1983 ; *Les Jeux du stade,* France 2 ; 11/6/1983 ; *Le Grand Échiquier* de Jacques Chancel, réalisation André Flédérick, 16/4/1984 ; *De bonne source,* TF1, 18/3/1987 ; *Le Passé retrouvé : Yannick Noah au Cameroun,* de Mireille Dumas, TF1, 26/5/1989 ; *Les Fruits de la passion,* de Gérard Holz, Antenne 2, 1990 ; *Sacrées Vacances,* animé par J.P. Foucault, TF1, 3/7/1991 ; *Sport 3 Dimanche,* France 3, 1/12/1991 ; *Stade 2,* Antenne 2, 1/12/1991 ; *Bas les masques,* de Mireille Dumas, réalisation Dominique Colonna, 21/9/1993 ; *Taratata,* de Naguy, Antenne 2, 3/3/1993 ; *Fréquenstar,* de Laurent Boyer, M6, 18/6/1995 ; *Polémiques,* de Michèle Cottta, France 3, 28/1/1996 ; *Envoyé spécial, Noah l'Africain,* France 2, 15/5/1997 ; *Fréquenstar,* de Laurent Boyer, 22/6/1997 ; *Un jour en France,* de Marie-Laure Augry, France 3, 10/5/1999 ; *Thé ou café ?,* de Catherine Ceylac, France 2, 3/12/2000 ; *Nulle part ailleurs,* Canal+, 31/5/2001 ; *Vivement dimanche prochain,* de Michel Drucker, 16/9/2001 ; *Tout le monde en parle,* de Thierry Ardisson, France 2, 1/2/2003 ; *Yannick Noah, la force du rêve,* réalisé par Isabelle Camus, Philippe Lezin et Didier Varod, Productions 22, France 2, 21/12/2005 ; *Taratata,* de Naguy, France 2, 14/5/2005 ; *Vie privée, vie publique,* de Mireille Dumas, réalisée par Dominique Colonna, France 3, 2008.

BIBLIOGRAPHIE

Chéret André et Gendrot Claude, *Il était une fois Yannick Noah*, Hachette, 1984.

Demongeot Isabelle, *Service volé*, Michel Lafon, 2007.

Figueras-Lenattier Agnès, *Vous avez dit tennis ?* Dualpha, 2002.

Lambert Claude, *Ardents Ardennais*, Terres Ardennaises, 1993.

Leconte Henri, *Je voulais vous dire*, Plon, 2004.

Levaillant Luc, *Yannick Noah*, Casterman, 1997.

Noah Yannick, *T'as pas deux balles ?* Stock, 1984 ; *Balles de match* (avec Christian Colin), Solar, 1981 ; *Secrets, etc.* (avec Dominique Bonnot) Plon, 1997 ; *Noah par Noah*, Cherche Midi, 2005 ; *Traits métis*, Delcourt, 2007.

Martin Anthony, *Yannick Noah de A à Z*, Prélude et fugue, 2004.

Poli Jean-Laurent, *Yannick*, L'Archipel, 2006.

Vileyn Pascal, *Tout le tennis en 150 questions-réponses*, (préface de Y. Noah), Chiron, 1997.

PALMARÈS SPORTIF

1972

Champion du Cameroun en double messieurs (avec son père Zacharie Noah).

1973

Champion du Cameroun en double (avec Zacharie Noah).

1974

Champion de France minimes par équipes avec la Côte d'Azur.

1975

Champion de France cadets.
Victoire aux Internationaux d'Australie cadets.

1976

Champion d'Europe cadets à Berlin (Allemagne).

1977

Champion de Wimbledon juniors.
Champion de France juniors.
Champion de France juniors en double.

Victoire aux Internationaux d'Italie juniors.
Victoire au tournoi juniors de Toronto.
Vainqueur de la coupe d'Europe des Jeunes.
Champion de France par équipes seniors avec Nice.
Vainqueur de la Sunshine Cup à Miami (États-Unis contre l'Afrique du Sud.

1978
Victoire en ATP à Manille (Philippines) et Calcutta (Inde).
Champion de France (*Le National*) en double (avec Dominique Bedel).
Champion de France seniors par équipes (Tennis Club de Nice).

1979
Victoire en ATP à Nancy (France), Madrid (Espagne), Bordeaux (France).
Champion de France (*Le National*) en simple.
Champion de France (*Le National*) en double (avec Pascal Portes).
Coupe Galéa (avec Pascal Portes et Thierry Pham).

1980
Champion de France (*Le National*) en simple.
Champion de France (*Le National*) en double (avec Pascal Portes).

1981
Victoire en ATP à Richmond (États-Unis), Nice (France).
Champion de France (*Le National*) en simple.

1982

Victoire en ATP à La Quinta (États-Unis), South Orange. (États-Unis), Toulouse (France) et Bâle (Suisse).
Champion de France (*Le National*) en simple.

1983

Victoire aux Masters de Madrid (Espagne), Hambourg (Allemagne).
Victoire aux Internationaux de France de Roland-Garros (France).

1984

Victoire aux Internationaux de France de Roland-Garros en double (avec Henri Leconte).

1985

Victoire en ATP aux Master de Rome (Italie), Washington (États-Unis), et Toulouse (France).

1986

Victoire en ATP Forest Hills (États-Unis) et à Wembley (Grande-Bretagne).

1987

Victoire en ATP à Lyon (France) et Bâle (Suisse).

1988

Victoire en ATP à Milan (Italie).

1990

Victoire en ATP à Sydney (Australie).

1991
Capitaine de l'équipe de France masculine victorieuse de la Coupe Davis.

1996
Capitaine de l'équipe de France masculine victorieuse de la Coupe Davis.

1997
Capitaine de l'équipe de France féminine victorieuse de la coupe de la Fédération.

DISCOGRAPHIE

1990 – *Saga Africa* (45 tours)

1991 – BLACK & WHAT ! : *Don't Stay – What A Different Kind Of Mummy – Yola – My Love Is Gone – My Friend Joe – Night Of Blues – Yelena – Sad Situation – Balle à terre – Daddy's Friend – Saga Africa*

1993 – URBAN TRIBU : *Be Gone – Woman Of The Sun – Get On Back – Peace & Love – Comme tous les deux – Let It Slide – Honey Warriors – Hot'n Spicy – New Life – The Break – Ufo*

1998 – Zam Zam : *Yaka – Madingwa – O Panama – Yéyéyé – Vagabond (pour de bon) – NPFLG – Nous – Cool Med – Les frites – Oh rêve – Madingwa (version longue)*

2000 – YANNICK NOAH : *Madingwa – Simon Papa Tara – Écoute – Sans moi – Jamafrica – Les Lionnes – La Voix des sages – Ni divin ni chien – J'aime les gosses – No Melene Me Ziga Nda – Entre ta peau et la mienne – Quand la danse*

2002 (Live) : *Madingwa – Les Lionnes – Écoute – Abakouilla – Entre ta peau – Ni divin ni chien – No Melene Me ziganda – Jamafrica – Quand la danse – Sans moi – Simon Papa Tara – Yaka – Saga Africa – La Voix des sages (No More Fighting) – Freedom (Redemption Song) – Oh rêves*

2003 – POKHARA : *Si tu savais – Ose – Laissez-nous essayer – J'aurais dû comprendre – Quand ils sont là – Mon eldorado – Yé Mama Yé – Au niveau du sol – C'est là – Tout le monde – Chaque matin – Yessaï – Dans l'eau de la claire fontaine*

2005 – Métisse(s) : *Métisse(s) – Take Your Time – Ose (Live 2004) – Mon eldorado (Live 2004) – Yé Mama Yé (Live 2004) – J'aurais dû comprendre (Live 2004) – La Bombe humaine (Live 2004) – La Voix des sages (Live 2004) – C'est pour toi – En attendant – Le jour s'est levé*

2006 – Charango : *Donne-moi une vie – Danser – Aux arbres citoyens – Je suis tombé – Couleurs d'aimer – Assez bon pour moi – C'est toi – J'y crois encore – Destination ailleurs – Saga Africa – Un jour, le combat – Te quiero – Dans et sur mes bras*

2008 – Destination ailleurs (single) : *Destination ailleurs – Couleurs d'aimer*

*

Yannick NOAH a également participé à diverses compilations au profit d'associations caritatives :

1998 – *Les Enfoirés en cœur* (parmi les autres interprètes : Native, Smaïn, Patrick Juvet, Laurent Voulzy, Renaud, Pascal Obispo, Alain Souchon, Elie Semoun)

2002 – *Solidarité inondations* (parmi les autres interprètes : Francis Cabrel, Patrick Fiori, Jean-Jacques Goldman, Zazie)

2004 – *Hymne à l'enfance* (parmi les autres interprètes : Amade, Alain Souchon, Corneille, Willy Denzey, Johnny Hallyday, Nadyia, Renaud)

2005 – *Le Train des Enfoirés* (parmi les autres interprètes : Jean-Louis Aubert, Chimène Badi, Axel Bauer, Isabelle Boulay, Patrick Bruel, Calogero, Gérard Darmon, Elsa, Lara Fabian, Patrick Fiori, Liane Foly, Garou, Jean-Jacques Goldman, Jenifer, Michael Jones, Lââm, Catherine Lara, Marc Lavoine, Maxime Le Forestier, Lorie, Maurane, Nastasha St Pier, Michel Sardou, Hélène Ségara, MC Solaar, Roch Voisine, Ophélie Winter, Zazie, Julie Zenatti)

2005 – *Sol en Cirque* (autres interprètes : Zazie et Francis Cabrel)

2006 – *Le Village des Enfoirés* (parmi les autres interprètes : Liane Foly, Muriel Robin, Corneille, Patricia Kaas, Raphaël, Julien Clerc, Francis Cabrel)

2007 – *La Caravane des Enfoirés* (parmi les autres interprètes : Amel Bent, David Hallyday, Bénabar)

REMERCIEMENTS

Je tiens à remercier chaleureusement pour leurs témoignages, suggestions, leur aide et parfois leurs non-dits :

Me Jean Aittouarès, Pierre Barre, Claude Brény, colonel André Cazenave-Vergez, Dr Jean-Pierre Cousteau, Pierre Darmon, Nicole Discrit, Claude Dugauguez, Claude Durand, Max Fulgenzy, Alain Georgeault, Hélène Guillaume, Patrice Hagelauer, Robert Jégaden, Élise Karlin, Sophie Kucoyanis, Alain Lambert, Claude Lambert, Yannick Lebert, Mourad Malki, Catherine Meredieu, Isabelle « Zaza » Noah, Marie-Claire Noah, Josseline Rivière, général Joseph-Claude Tignères, Jean-Pierre Weiller.

Ainsi que les archivistes du musée Roland-Garros et ceux de la Bibliothèque nationale François-Mitterrand. Sans oublier Catherine Adet et son enthousiasme communicatif.

Enfin, ma gratitude la plus fervente va à Yannick Noah que je remercie pour son amicale et professionnelle collaboration. Que soient saluées ici sa disponibilité et sa sincérité.

Dans la perspective d'une future réactualisation de l'ouvrage, l'auteur est d'ores et déjà vivement intéressé par toutes les remarques et critiques que les lectrices et les lecteurs voudront bien lui faire part via son éditeur ou à son adresse *email* : bviolet@noos.fr

TABLE

« Pour l'éditeur, le principe est d'utiliser des papiers composés de fibres naturelles, renouvelables, recyclables et fabriquées à partir de bois issus de forêts qui adoptent un système d'aménagement durable.

En outre, l'éditeur attend de ses fournisseurs de papier qu'ils s'inscrivent dans une démarche de certification environnementale reconnue. »

Composé par Nord Compo Multimédia
7, rue de Fives, 59650 Villeneuve-d'Ascq

Impression réalisée par
CPI BRODARD ET TAUPIN
La Flèche

pour le compte des Éditions Fayard
en février 2009

Imprimé en France
Dépôt légal : mars 2009
35-57-3440-1/01
N° d'impression : 51384